Mitbestimmung in Europa

W0192307

Schriftenreihe der Hans- und Traute-Matthöfer-Stiftung
»Frankfurter Beiträge zu Wirtschafts- und Sozialwissenschaften«

Herausgegeben von Prof. Dr. Richard Hauser, Prof. Dr. Hugo Kossbiel
und Prof. Dr. Werner Meißner

Band 3

Armin Höland, Prof. Dr. jur., lehrt an der juristischen Fakultät der Martin-Luther-Universität Halle-Wittenberg Bürgerliches Recht, Arbeits- und Sozialrecht, Europarecht und Rechtssoziologie.

Armin Höland

Mitbestimmung in Europa

Rechtliche und politische Regelungen

Campus Verlag
Frankfurt/New York

Die Deutsche Bibliothek – CIP-Einheitsaufnahme

Ein Titelsatz für diese Publikation ist bei
Der Deutschen Bibliothek erhältlich
ISBN 3-593-36492-1

Besuchen Sie uns im Internet: www.campus.de

Inhalt

5

Vorwort

Alle Versuche der Verwirklichung von Mitbestimmungsrecht auf europäischer Ebene sind bisher zäh und unergiebig verlaufen. Auch nach drei Jahrzehnten rechtlicher und politischer Bemühungen gibt es keine gemeinschaftsrechtlich gefasste Mitbestimmungsordnung für die Arbeitnehmer in der Europäischen Gemeinschaft. Immerhin existiert seit 1994 mit der EG-Richtlinie 94/45/EG über die Einsetzung eines Europäischen Betriebsrats (EBR) oder die Schaffung eines Verfahrens zur Unterrichtung und Anhörung der Arbeitnehmer in gemeinschaftsweit operierenden Unternehmen und Unternehmensgruppen[1] eine mittlerweile in alle Rechtsordnungen der Mitgliedstaaten umgesetzte Vorstufe. Die EBR-Richtlinie enthält zwar nach ihrer rechtlichen Konzeption und ihrem normativen Gehalt – zumindest nach deutschem Verständnis – kein Recht der Mitbestimmung, macht jedoch ein in diese Richtung gehendes Organisationsangebot mit faktischen Erweiterungsmöglichkeiten.

Der Unterschied zwischen der Dynamik europäischer Rechtsentwicklung in vielen Regelungsfeldern des Binnenmarktes, im Bereich der Grundfreiheiten, der Wirtschafts- und Währungspolitik, in sonstigen Politikbereichen, wie z. B. Umwelt, Verkehr, Verbraucher, Energie, aber auch in den Bereichen des Arbeitsschutzrechtes und des individuellen Arbeitsrechts auf der einen Seite und der Zähigkeit der Entwicklung von Mitbestimmungsrecht auf der anderen Seite ist erklärungsbedürftig. Der Erklärungsbedarf hat zwei Ausprägungen. Zum ersten interessieren die Gründe für den erstaunlichen Entwicklungsrückstand, zum zweiten Ansätze gesetzgebungspolitischer Abhilfe.

Die Gründe für den Entwicklungsrückstand bei der Herausbildung von Mitbestimmungsrecht liegen offenkundig nicht im Bereich des gesetzgeberi-

---

1   ABl. Nr. L 254/64 vom 30.9.94.

9

schen *Könnens*, sondern im Bereich des politischen *Wollens* der Mitgliedstaaten der E(W)G. Es gibt nur wenige Regelungsfelder, die seit dem Pariser
EG-Gipfel von 1972 so umfassend und variantenreich von der EG- bzw.
EU-Kommission vorbereitet, revidiert und wieder aufbereitet worden sind,
wie die Rechtsetzungsvorschläge zur Arbeitnehmermitbestimmung. Die
Behauptung, dass sie bislang am fehlenden politischen Willen der Mitgliedstaaten gescheitert sind, bedarf ihrerseits genauerer Bestimmung. Zum einen
erklärt sich das Nicht-Wollen der Mitgliedstaaten aus einem im Primärrecht
der Gemeinschaft angelegten Nicht-*Müssen*. Die Mitbestimmung gehört zu
den Regelungsthemen, zu welchen der Ministerrat nur einstimmig Mindestvorschriften erlassen konnte. Die Auslenkung der Sozialpolitik 1992 auf die
Beschleunigungsspur des Abkommens über die Sozialpolitik (SozAbk),
welches durch die Schlussakte zum Vertrag über die Europäische Union,
dem sog. Maastricht-Vertrag, am 7.2.1992 als Protokoll Nr. 14 dem Vertrag
zur Gründung der EG beigefügt worden ist, hat daran ebenso wenig geändert
wie die Überführung dieses Abkommens in den EG-Vertrag durch den Vertrag von Amsterdam 1997.[2] Nach wie vor ist in dem neuen Art. 137 Abs. 3
EGV (ex Art. 118a EGV und Art. 2 des Abkommens über die Sozialpolitik)
die Mitbestimmung dem Beschlussmodus der Einstimmigkeit des Rates
unterworfen. Welche tatsächliche Beschleunigung durch veränderte Ab-
stimmungserfordernisse im Rat erreicht werden können, belegt die erwähnte
EBR-Richtlinie von 1994, die auf der Grundlage des Art. 2 Abs. 1 SozAbk
gemäß dem Verfahren der Zusammenarbeit nach dem alten Art. 189 c EGV
(nunmehr Art. 252 EGV) mit qualifizierter Mehrheit verabschiedet werden
konnte.

Da jedoch auch das thematisch gebundene Abstimmungserfordernis der
Einstimmigkeit eine zwischen den Hohen Vertragsparteien des EG-
Vertrages vereinbarte und damit im Grundsatz niederlegbare Hürde ist, ver-
weist die Suche nach den Gründen der Schwerfälligkeit EG-europäischer
Rechtsetzungsinitiativen zur Mitbestimmung auf die hinter dem Beschluss-
fassungsmodus stehende Frage nach den Gründen der besonderen
"Sensibilität"[3] dieses Regelungsthemas. Zum Tragen kommt hier, dass Mit-
bestimmung als rechtliche Ausprägung der industriellen Beziehungen in

---

2   Siehe hierzu Rose Langer, in: Jan Bergmann / Christofer Lenz (Hrsg.), Der Amster-
     damer Vertrag, Köln 1998, Kapitel 4 "Sozialpolitik", S. 93 ff.

3   So Rose Langer a. a. O.

besonderem Maße Teil der sozialen, politischen und rechtlichen Überlieferungen einer Gesellschaft ist. Aufgrund ihrer vielfältigen Verknüpfungen mit dem jeweiligen "Gesellschaftsvertrag", mit der jeweiligen Kompromissordnung im Kampfverhältnis zwischen organisiertem Kapital und organisierter Arbeit und mit der jeweiligen rechtlichen und wirtschaftlichen Kultur eines Staates bzw. einer Gesellschaft untersteht Mitbestimmung einem vergleichbar ausgeprägten Souveränitätsvorbehalt wie sonst die zentralen Funktionen des Staates. Ihren rechtlichen Ausdruck findet die in diesem Sinne "industrielle" Souveränitätswahrung in dem in Art. 5 EGV n. F. festgelegten Subsidiaritätsprinzip.[4]

Die Mitbestimmung als Herzstück der industriellen Beziehungen europäischer Rechtsetzung zu überantworten, und sei es auch nur in der Beschränkung auf grenzüberschreitende Sachverhalte, fällt den Mitgliedstaaten, zumindest jedoch denjenigen Mitgliedstaaten, deren Mitbestimmungsrecht hierdurch unter erheblichen Entwicklungsdruck geriete, schwer.

Gegenüber der hierdurch bewirkten Stagnation in der europäischen Rechtsentwicklung hat sich Anfang der 90er Jahre, nach "Maastricht" und vor "Amsterdam", ein EG-gesetzgeberisches Vorgehen als belebend erwiesen, das zwar auf der der Mitbestimmung vorgelagerten Ebene der Unterrichtung und Anhörung der Arbeitnehmer und in der Beschränkung auf gemeinschaftsweit operierende Unternehmen und Unternehmensgruppen angesetzt, zugleich aber in den angezielten Unternehmen beachtliche soziale Dynamik freigesetzt hat. Die EG-Richtlinie von 1994 zu den Europäischen Betriebsräten verdankt ihren Erfolg im wesentlichen zwei konzeptionellen Entscheidungen der Rechtsetzung, dem befristeten "Selbermachendürfen" der von der Richtlinie bzw. den nationalen Umsetzungsgesetzen erfassten Unternehmen und einer möglicherweise beispielgebenden Kombination von Wahlfreiheit und Mindeststandards. Hinzu kommt als drittes Element das Entwicklungspotential der industriellen Akteure in der Ausfüllung der rechtlichen Angebote der EBR-Richtlinie mit guter Praxis. Erreicht worden ist damit nach allen vorliegenden empirischen Erkenntnissen zwar kein Äquivalent für Mitbestimmung (jedenfalls nicht für eine solche im deutschen Sinne des Begriffs), auf der anderen Seite aber die Eröffnung grenzüber-

---

4   Vgl. die Stellungnahme der Bundesvereinigung der deutschen Arbeitgeberverbände
    zum Vorschlag für eine Richtlinie zur Errichtung eines allgemeinen Rahmens zur Information und Konsultation der Arbeitnehmer in der Europäischen Union
    [KOM(1998) 612 endg., vom 11.11.1998] vom 28. Januar 1999, zu Ziffer 2.)

schreitender Interaktionsprozesse in Unternehmen, die tendenziell über Unterrichtung und Anhörung hinausweisen.

Bezieht man die der Mitbestimmung vorgelagerten Regelungs- und Handlungsabschnitte ein, dann ist "Mitbestimmung in Europa" nicht nur eine Beschreibung der Vergeblichkeit europäischer Rechtsetzung, sondern auch ein Lehrstück für eine zwar minimalistisch angelegte, tatsächlich jedoch darüber hinauswirkende Hervorbringung von Grundbedingungen industrieller Demokratie auf Gemeinschaftsebene.

Die folgende Abhandlung stellt die überarbeitete und aktualisierte Fassung der Expertise "Mitbestimmung und Europa" dar, die ich 1997 für das Projekt "Mitbestimmung und neue Unternehmenskulturen" der Bertelsmann Stiftung und der Hans-Böckler-Stiftung erstellt habe.

Armin Höland

Bremen und Halle (Saale), im Januar 2000

1. Mitbestimmung in Europa – zur Einführung[5]

Mitbestimmung der Arbeitnehmer offenbart, sobald sie die Grenzen ihres Landes räumlich oder rechtlich überschreiten soll, die prekäre Verbindung zwischen wirtschaftlicher und sozialer Verfassung von Unternehmen. Mitbestimmung ist wirtschaftlich veranlasst, aber sozial ausfüllungsbedürftig. Ihr Rahmen ist das durch Wettbewerb, Märkte und Rendite bestimmte Handeln des Unternehmens. Ihre Aufgabe ist es, diese Rahmenbedingungen mit den Interessen und Lebenslagen von Arbeitnehmern zum Ausgleich zu bringen. Auch wenn beide Dimensionen in Recht gefasst werden, bleibt der Unterschied in der unterschiedlichen Beschaffenheit des Rechts erhalten. Gesellschafts- und Unternehmensrecht ist, trotz eines auch in ihm wirkenden nationalstaatlichen Formenkonservatismus,[6] eher auf die Anforderungen grenzüberschreitenden Operierens einzurichten. Globalisierung ist für Unternehmen im Grundsatz kein Bedingungswechsel, sondern eine – möglicherweise starke – Zuspitzung der durch Konkurrenz vermittelten permanenten Anpassungszwänge in marktwirtschaftlichen Ordnungen. Das Recht

---

5   Hinsichtlich Dokumentation und Entwicklung des Gemeinschaftsrechts auf den Stand von Juli 1999 gebrachte, im übrigen die Argumentationsstruktur weitgehend beibehaltende Fassung der 1996/97 erstellten Expertise für das Projekt "Mitbestimmung und neue Unternehmenskulturen" der Bertelsmann Stiftung und der Hans-Böckler-Stiftung.

6   Vgl. hierzu die Entscheidung des EuGH vom 27.9.1988 in der Rechtssache 81/87 (*Daily Mail*), Slg. 1988, 5483, Ziff. 14. Ob und inwieweit der EuGH an der Aussage dieser Entscheidung festhält, beim "gegenwärtigen Stand des Gemeinschaftsrechts" würden die Gesellschaften nach nationalem Recht gegründet und hätten jenseits der jeweiligen nationalen Rechtsordnung "keine Realität", ist nach einer neuen Entscheidung des EuGH umstritten (EuGH 9.3.1999 Rs. C – 212/97 "*Centros*", ZIP 1999, 438; s. dazu etwa *Neye*, EWiR 1999, 259; *Kindler*, NJW 1999, 1993; *Behrens*, IPrax 1999, 323).

der Mitbestimmung der Arbeitnehmer hingegen hat die vielfältigeren und ihrer Entstehung nach "örtlicheren" sozialen Bedingungen von Arbeit zu verarbeiten. Es unterliegt daher in stärkerem Maße historischen, kulturellen und lokalen Eigenheiten. Hinzu kommt, dass Mitbestimmung, anders als Unternehmensentwicklung, stets auf Ausgleich von Interessen, und zwar auf Ausgleich von *machtvoll* gegensätzlichen Interessen beruht. Mitbestimmungsregelungen bringen nach Ländern und Epochen unterschiedliche gesellschaftliche Kompromisse zum Ausdruck. Das erklärt das zusätzliche staatliche, an der Erhaltung des sozialen und wirtschaftlichen Friedens ausgerichtete Interesse an der Beibehaltung des status quo der "eigenen" Mitbestimmung.

Diese Ausgangslage findet sich in Grundzügen in allen rechtlich und sozial vergleichenden Studien beschrieben.[7] "Die Arbeitsbeziehungen sind in der Geschichte und Kultur der einzelnen Regionen und Länder verankert."[8] Vielfalt zwingt zur Abstraktion. Das ist der Grund, warum Vergleiche in hoch abstrakten Bestimmungen von Rechtssystemen zu enden pflegen, wie beispielsweise in der Gegenüberstellung eines "römisch-germanischen", eines "anglo-irischen" und eines "nordischen" Systems.[9] Im Hinblick auf Prinzipien und Stile der Mitbestimmung bildet nach wie vor das Vereinigte Königreich mit erprobtem Voluntarismus in den industriellen Beziehungen und vielfältigen, vergleichsweise wenig koordinierten *collective agreements* einen Gegensatz zu der auf zwei Ebenen rechtlich verfassten, verfassungsrechtlich kontrollierten und mit einer eher "flächigen" Tarifautonomie inter-

---

7   Vgl. *Thorsten Schulten*, "Europäische Betriebsräte" – Stand und Perspektiven einer europaweiten Regulierung der Arbeitsbeziehungen auf der Ebene transnationaler Konzerne, in: Michael Mesch, Sozialpartnerschaft und Arbeitsbeziehungen in Europa, Wien 1995, 335-363 (336, 340); ders., "European Works councils in Action" – Experiences from the Food Sector, o.J.; *Bernhard Nagel / Birgit Riess / Stefan Rüb / Andreas Beschorner*, Information und Mitbestimmung im internationalen Konzern, Baden-Baden 1996; *Wolfgang Däubler*, Mitbestimmung – ein Thema für Europa?, KJ 1990, 14-30.

8   Arbeitnehmervertreter in Europa und ihre Befugnisse im Unternehmen, Soziales Europa, Beiheft 3/96, S. 6.

9   *Horst-Udo Niedenhoff*, Mitbestimmmung in den Staaten der Europäischen Union, 2. Auflage, Köln 1995, 12 f.

agierenden Mitbestimmungsordnung der Bundesrepublik.[10] Anderswo entwickeln sich interessante neue Zwischenformen im Aktionsfeld zwischen zentralen und lokalen Gewerkschaften und betrieblicher Interessenvertretung, wie beispielsweise die "Rappresentanze Sindicali Unitarie (R.S.U.) in Italien, die in einem gemeinsamen Abkommen vom 20.12.1993 zwischen den drei italienischen Gewerkschaften CGIL, CISL und UIL und den Dachverbänden der privaten und staatlichen Arbeitgeber anerkannt worden sind.[11]

Die durch rechts- und sozialwissenschaftliche Vergleiche ermittelbaren Formen der Mitwirkung und Mitbestimmung in Europa lassen sich in den Konzepten der Rechtsetzung auf der Ebene der Europäischen Gemeinschaft wiederfinden. So sind vor allem die in gesellschaftsrechtlichen Richtlinienvorschlägen der EG zur Wahl gestellten Mitbestimmungsmodelle keine Neukonstruktionen, sondern eine Auswahl aus wenigstens sechs realtypisch in Europa vorkommenden Formen.[12]

Drei Jahrzehnte Erfahrung mit Versuchen der Transformation von starker Vielfalt in begrenzte Vielfalt zeigen jedoch, dass der Manövrierraum für angleichende Rechtspolitik im Feld der Mitbestimmung in Europa nach wie vor stark eingeschränkt ist. Vor allem drei Bedingungen setzen Grenzen. Regelungen zur Mitbestimmung der Arbeitnehmer sind jeweils gesellschaftliche Kompromisse und damit unmittelbarer Ausdruck der Beschaffenheit industrieller Beziehungen in den Mitgliedstaaten. Vor Veränderungen auf europäischer Gemeinschaftsebene steht die hohe Hürde des Einstimmigkeitserfordernisses im Ministerrat.[13] Und schließlich stößt angesichts starker Unterschiede in den Graden der Mitbestimmung jede Absicht der Veränderung auf gegenläufige Interessen: Die Absenkung von Mitbestimmungsstandards führt bei Mitgliedstaaten mit hohem Ausgangsniveau

---

10 *Harm Peter Westermann*, Tendenzen der gegenwärtigen Mitbestimmungsdiskussion in der Europäischen Gemeinschaft, RabelsZ 48 (1984) 123-184 (129 ff.); vgl. *Otto Kahn-Freund*, Collective bargaining and legislation, in: Ius privatum gentium. Festschrift für Max Rheinstein zum 70. Geburtstag am 5. Juli 1969, Band II, Tübingen 1969, 1023-1042 (1027).

11 Näher hierzu *Wolfang Lecher*, Gewerkschaften und industrielle Beziehungen in Frankreich, Italien, Großbritannien und Deutschland – Rahmenbedingungen für die EBR, WSI-Diskussionspapier Nr. 30, Düsseldorf, Januar 1997, 17 ff.

12 *Klaus J. Hopt*, Grundprobleme der Mitbestimmung in Europa, ZfA 1982, 207-235 (221).

13 Art. 137 Abs. 3, 3. Spiegelstrich EG-Vertrag in der Amsterdamer Fassung.

zur Sorge vor der Flucht der Unternehmen in die schwächere Form, die allgemeine Einführung oder Erhöhung von Mitbestimmungsanforderungen führt umgekehrt bei den in dieser Hinsicht "schwachen" Mitgliedstaaten zur Sorge vor rechtlicher Überforderung und wirtschaftlicher Gefährdung ihres Standortes. Die zentrale Frage zur Entwicklungsrichtung der Arbeitsbeziehungen Westeuropas – Konvergenz, Divergenz oder Europäisierung?[14] – lässt sich mit rechtlich gebotenen Abwandlungen auch für die Entwicklung der Mitbestimmungsordnungen Westeuropas stellen: Falls Konvergenz, wohin? Zu den stärkeren oder zu den schwächeren Mitbestimmungsordnungen? Falls Divergenz, mit welchen Folgen für europäische Rechtsetzungspolitik? Falls Europäisierung, mit welchen Methoden und mit welchen Wirkungen und Rückwirkungen?

Bezieht man die grundsätzlichen Möglichkeiten genauer auf Recht und Praxis der Mitbestimmung in der Europäischen Gemeinschaft, so stellt sich zum ersten die Frage, mit welchen Zielen, mit welchen Konzepten und Methoden und mit welchen Wirkungen kann Mitbestimmung auf Gemeinschaftsebene rechtlich entwickelt werden? Zum zweiten wirft die europäische Rechtsentwicklung aus der Sicht der deutschen Mitbestimmungsordnung die Frage auf, in welcher Hinsicht und mit welcher Stärke europäische Mitbestimmungsregelungen sich vom deutschen Recht unterscheiden und welche Rückwirkungen aus solchen Differenzen für das Mitbestimmungsgefüge in der Bundesrepublik zu erwarten sind.

Der Prozess der Europäischen Integration ist auch ein Prozess des Aneinanderstoßens von rechtlichen Begriffen und politischen Institutionen der Mitgliedstaaten.[15] Die Formen und Grade der Beteiligung der Arbeitnehmer an den Entscheidungen und an der Praxis der Unternehmen bieten ein herausragendes Beispiel hierfür. Zu unterschiedlichen Zeitpunkten einsetzende

---

14 *Franz Traxler*, Entwicklungstendenzen in den Arbeitsbeziehungen Westeuropas - Auf dem Weg zur Konvergenz?, in: Michael Mesch (Hrsg.), Sozialpartnerschaft und Arbeitsbeziehungen in Europa, Wien 1995, 161-214 (161 f.).

15 Zum Problem sprachlicher Präzision im rechtskulturellen Vergleich von Mitbestimmungsordnungen vgl. *Jutta Figge*, Mitbestimmung auf Unternehmensebene in Vorschlägen der Europäischen Gemeinschaften, Baden-Baden 1992, 71 f.; allgemein zu rechtssprachlichen Problemen in der EU *Petra Braselmann*, Transnational Law and Multilingualism, in: Volkmar Gessner / Armin Hoeland / Csaba Varga, European Legal Cultures, Aldershot u. a. 1996, 532-538; *Dieter Martiny*, Babylon in Brüssel? Das Recht und die europäische Sprachenvielfalt, ZEuP 1998, 227-252.

und von unterschiedlichen politischen, wirtschaftlichen, sozialen und konstitutionellen Bedingungen begleitete Entwicklungen der Industrialisierung in Europa haben unterschiedliche Formen der Mitbestimmung der Arbeitnehmer hervorgebracht. Die Unterschiede lassen sich je nach Merkmal, das zum Ausgangspunkt gewählt wird, auf verschiedene Weise kennzeichnen.

2. Zur Entwicklung von Mitbestimmung in Europa seit 1972

2.1. Entwicklungsanstöße des Pariser EG-Gipfels von 1972

Die nach dem und durch den Zweiten Weltkrieg gründlich umgestalteten Bedingungen für Mitbestimmung der Arbeitnehmer zunächst im Bereich der deutschen wie der europäischen Montanindustrie sollen hier nicht näher betrachtet werden.[16] Für die Entwicklung der Mitbestimmung im sich integrierenden Europa ist es jedoch unerlässlich, auf den auch für dieses Thema impulsgebenden Gipfel der Staats- bzw. Regierungschefs der Mitgliedsländer der erweiterten Gemeinschaft 1972 in Paris hinzuweisen. Diese betonten in ihrer Schlusserklärung, dass für sie "einem energischen Vorgehen im sozialpolitischen Bereich die gleiche Bedeutung zukommt wie der Verwirklichung der Wirtschafts- und Währungsunion".[17] Sie hielten es deshalb für unerlässlich, zu einer wachsenden Beteiligung der Sozialpartner an den wirtschafts- und sozialpolitischen Entscheidungen der Gemeinschaft zu gelan-

---

16 Vgl. *Gloria Müller*, Strukturwandel und Arbeitnehmerrechte. Die wirtschaftliche Mitbestimmung in der Eisen- und Stahlindustrie 1945-1975, Essen 1991; *Gerd Busse/Uwe Jürgenhake/Wilfried Kruse*, Europäische Gemeinschaft für Kohle und Stahl – Auswirkungen auf Mitbestimmung und Industriepolitik in Europa. Gutachten des Landesinstituts Sozialforschungsstelle Dortmund, Bochum 1994, S. 15 ff. Allgemein zur geschichtlichen Entwicklung *Hans-Jürgen Teuteberg*, Geschichte der industriellen Mitbestimmung in Deutschland. Ursprung und Entwicklung ihrer Vorläufer im Denken und in der Wirklichkeit des 19. Jahrhunderts, Tübingen 1961; vgl. auch *Werner Tegtmeier*, Wirkungen der Mitbestimmung der Arbeitnehmer. Eine sozialökonomische Analyse potentieller und faktischer Wirkungen der Mitbestimmung im Unternehmen und im unternehmensexternen Bereich, Göttingen 1973.
17 EG-Kommission, 6. Gesamtbericht über die Tätigkeiten der Gemeinschaft 1972, 7 ff. (12).

gen und forderten die Organe der Gemeinschaft auf, nach Anhören der Sozialpartner ein Aktionsprogramm zu verabschieden, das konkrete Maßnahmen sowie die entsprechenden Mittel, vor allem im Rahmen des Sozialfonds vorsieht. Dieses Programm sollte nach dem Bekunden der Staats- und Regierungschefs insbesondere dem Ziel dienen, "eine abgestimmte Politik auf dem Gebiet der Beschäftigung und der Berufsausbildung in Gang zu setzen, die Arbeits- und Lebensbedingungen zu verbessern, die Mitwirkung der Arbeitnehmer in den Organen der Unternehmen zu gewährleisten" sowie "ausgehend von der Lage in den einzelnen Ländern den Abschluss europäischer Rahmenvereinbarungen auf den geeigneten Gebieten zu erleichtern".[18] Das in der Schlusserklärung geforderte Aktionsprogramm kündigte der damalige Präsident der EG-Kommission, *François-Xavier Ortoli*, in seiner Rede vor dem Europäischen Parlament am 13. Februar 1973 damit an, dass "unser soziales Aktionsprogramm sowohl die Beschäftigungsprobleme im weitesten Sinne als auch die Verbesserung der Lebensqualität am Arbeitsplatz und im Alltag überhaupt sowie die Demokratisierung des Wirtschafts- und Soziallebens in der Gemeinschaft behandeln wird".[19] In politische Praxis umgesetzt wurde der politische Wille der Schlusserklärung von 1972, wie darin gefordert, durch das am 21. Januar 1974 vom Rat beschlossene Sozialpolitische Aktionsprogramm.[20] Im Hinblick auf die Mitbestimmung von Bedeutung ist hierin beispielsweise die

"schrittweise Förderung der Mitwirkung der Arbeitnehmer oder ihrer Vertreter am Leben der Unternehmen und Betriebe in der Gemeinschaft" sowie

"ausgehend von der Lage in den einzelnen Ländern, die Erleichterung des Abschlusses europäischer Tarifverträge auf den geeigneten Gebieten" und überhaupt die

"stärkere Beteiligung der Sozialpartner an den wirtschafts- und sozialpolitischen Entscheidungen der Gemeinschaft".[21]

---

18   6. Gesamtber. EG, S. 13.
19   6. Gesamtber. EG, S. XXIX.
20   ABl. Nr. C 13/1 vom 12.2.74. Ausführlich zu den Inhalten *Julian Currall / Jörn Pipkorn* in: Hans von der Groeben / Jochen Thiesing / Claus-Dieter Ehlermann, Kommentar zum EWG-Vertrag, 4. Auflage, Baden-Baden 1991, Vorbemerkung zu den Artikeln 117 bis 128, Rn. 37.
21   ABl. Nr. C 13/3 vom 12.2.74.

Die weitere Entwicklung der Arbeitnehmer-Mitbestimmung in der Europäischen Gemeinschaft spiegelt deutlich die ökonomischen und politischen Konjunkturen der 70er bis 90er Jahre. Gut erkennbar ist der wechselhafte Verlauf für die Europäische Aktiengesellschaft. Auf die "Euphorie der ersten Jahre der Europäischen Wirtschaftsgemeinschaft"[22] im Hinblick auf die Europäische Aktiengesellschaft mit stark angeregter Phantasie der europäischen Rechtswissenschaft folgte Ende der 70er Jahre der Stillstand der Beratungen jedenfalls im EG-Ministerrat. Auf den politischen Stillstand folgten diverse Wiederbelebungsversuche der Kommission, so vor allem im Weißbuch zur Vollendung des Binnenmarktes von 1985[23] und in ihrem Memorandum "Binnenmarkt und industrielle Zusammenarbeit – Statut für die Europäische Aktiengesellschaft" von 1988[24].

2.2. "Weiches Recht" für multinationale Unternehmen – die Initiativen von OECD, ILO und UNO

Die fortschreitende Transnationalisierung großer Unternehmen in den 60er und 70er Jahren des 20. Jahrhunderts und der sich dadurch schärfende Widerspruch zwischen territorial begrenzten Arbeitsrechtsordnungen einerseits, grenzüberschreitend operierenden Unternehmen andererseits brachte Anfang der 70er Jahre das Thema der Kontrolle multinationaler Unternehmen auf verschiedene internationale Agenden.[25] Die Debatten legten ein ambivalentes Verständnis der Entwicklung zu multinationalen Unternehmen offen. Auf der einen Seite sprach die ökonomische Rationalität der sich abzeichnenden Globalisierung der Wirtschaft für effizientere, und das heißt international operierende Unternehmen. Auf der anderen Seite beunruhigte das

22 *Walter Kolvenbach*, Die Europäische Aktiengesellschaft – eine wohlgemeinte Utopie?, in: Festschrift für Theodor Heinsius zum 65. Geburtstag, Berlin / New York 1991, 379-395 (379).

23 Weißbuch der Kommission des Europäischen Gemeinschaften an den Europäischen Rat – Vollendung des Binnenmarktes, KOM(85) 310 endg. vom 14.6.1985.

24 KOM(88) 320 endg. vom 15. Juli 1988.

25 Vgl. *Jörn Pipkorn*, Die Mitwirkungsrechte der Arbeitnehmer aufgrund der Kommissionsvorschläge der Strukturrichtlinie und der Richtlinie über die Unterrichtung und Anhörung der Arbeitnehmer, Zeitschrift für Unternehmens- und Gesellschaftsrecht (ZGR) 1985, 567-593 (569 f.).

Zurückbleiben staatlicher Kontroll- und Arbeitnehmerschutzregelungen.[26] Seine besondere Schärfe und auch seine UN-Dimension erhielt die global wachsende Bedeutung der multinationalen Unternehmen darüber hinaus im Verhältnis zwischen den hochentwickelten Industrieregionen vor allem der USA, Japans und Europas einerseits und den Entwicklungsländern in Lateinamerika, Afrika und Asien andererseits. Mit dem Ziel der Entschärfung des Problems durch standardisierte, rechtlich nicht bindende, aber faktisch möglicherweise einflussreiche Empfehlungen und Verhaltensanforderungen an multinationale Unternehmen entstanden in den 70er Jahren so viele "International Guidelines", dass man in der Literatur bereits von einem "code movement" sprach.[27] Bedeutung erlangt haben vor allem die der "Declaration on International Investment and Multinational Enterprises" der OECD-Regierungen vom 21. Juni 1976 angefügten OECD-"Guidelines for Multinational Enterprises", die von der Internationalen Arbeitsorganisation ILO 1977 vorgelegte "Tripartite Declaration of Principles Concerning Multinational Enterprises and Social Policy, Including a List of International Labour Conventions and Recommendations Referred to in the Declaration" und die von einem Unterausschuss des United Nations Economic and Social Council (UN-ECOSOC) 1979 vorgelegten Verhaltensempfehlungen "Transnational Corporations: Code of Conduct".[28]

---

26 Deutlich wird diese Ambivalenz beispielsweise in der Mitteilung der Kommission an den Rat vom 8. November 1973 "Die multinationalen Unternehmen im Rahmen der Gemeinschaftsvorschriften", Bulletin der EG, Beilage 15/73.

27 *Detlef F. Vagts*, Multinational Corporations and International Guidelines, CMLR 18 (1981), 463-474 (467).

28 Die Texte sind abgedruckt bei *Norbert Horn* (ed.), Legal Problems of Codes of Conduct for Multinational Enterprises, 1980, 451 ff. Einen guten Überblick über die Vielfalt von Aktivitäten internationaler Organisationen in diesem Gebiet liefert *Hans W. Baade*, Codes of Conduct for Multinational Enterprises: An Introductory Survey, in: ebenda, 407-441. Weitere Informationen sowie erste Evaluationsversuche anhand von Fallbeispielen der Zeit 1979-1982 enthält *R. Blanpain*, The OECD Guidelines for Multinational Enterprises and Labour Relations, 1983.

2.3. Grundlagen und Konzepte für "hartes" Mitbestimmungsrecht

Das Studium von drei Jahrzehnten Mitbestimmungsentwicklung in der Europäischen Gemeinschaft führt auf einen Lehrpfad europarechtlicher Gesetzgebungsmethodik. Er kann zeigen, wie dasselbe sozial- und rechtspolitische Grundanliegen auf unterschiedlichen Rechtsgrundlagen und mit unterschiedlichen Methoden, Konzepten und Erfolgen von Kommission und Rat, in neuerer Zeit verstärkt auch von den Sozialpartnern, verfolgt worden ist.

In grober Schematisierung lassen sich die Rechtsetzungsoptionen des EWG-Vertrages in bezug auf Mitbestimmung nach zwei Anknüpfungsfiguren unterscheiden, den Unternehmen und den Arbeitnehmern. Die erste Anknüpfung kann ihrerseits nach Rechtsgrundlagen und Methoden des Vorgehens zweifach unterteilt werden. Konzepte zur Regelung der Mitbestimmung können zum ersten an der *Struktur* und den *allgemeinen gesellschaftsrechtlichen Pflichten* von Gesellschaften ansetzen und zum zweiten an den *spezifischen Pflichten* der Gesellschaften in bezug auf Unterrichtung und Anhörung der Arbeitnehmer. In der hier gewählten Zuordnung von Unterrichtung und Anhörung zur Mitbestimmung liegt zuzugestehende begriffliche Ungenauigkeit. Mitbestimmung meint Einbindung der Arbeitnehmervertreter in die Überwachung der Unternehmensleitung und gegebenenfalls Beteiligung an bestimmten Entscheidungen. Unterrichtung und Anhörung bleiben in ihrer Beteiligungsintensität hinter solchen Einwirkungschancen im Regelfall erheblich zurück. Die begriffliche Ungenauigkeit ist dennoch vorläufig hinnehmbar. Das lässt sich mit drei Erwägungen rechtfertigen. Zum ersten changiert der Begriff der Mitbestimmung im rechtlichen und rechtskulturellen Vergleich in Europa ganz erheblich.[29] Zu den anerkannten Mitbestimmungtraditionen gehören auch auf betrieblicher Ebene angesiedelte Mitwirkungsrechte, die sich nicht wesentlich von Unterrichtung und Anhörung unterscheiden. Zum zweiten sind Unterrichtung und Anhörung keine von entwickelter Mitbestimmung wesensverschiedene Rechte, sondern Bestandteil jeder dialogbestimmten Auseinandersetzung

---

29   Vgl. *Hopt* a. a. O. (Fn. 8) S. 207 ff., der sich aufgrund der internationalen Experimente und Erfahrungen berechtigt sieht, "vorsichtig sechs Grundmodelle der Mitbestimmung zu abstrahieren", 212.

mit Unternehmensentscheidungen. Zum dritten würde die Ausgrenzung von Unterrichtung und Anhörung aus einem eng definierten Begriff von Mitbestimmung die soziale Dynamik verkennen, die jedenfalls in gut funktionierender Konsultationspraxis zwischen Arbeitnehmervertretungen und Betriebs- bzw. Unternehmensleitungen in Richtung Mitbestimmung wirken kann.

Die erste Grundentscheidung für die Anknüpfung an die Struktur von Gesellschaften lässt sich auf zweierlei Weise und Rechtsgrundlage konkretisieren. Ziel der Rechtsetzung auf Gemeinschaftsebene kann zum einen die Schaffung einer *genuin europäischen*, allen Mitgliedstaaten als einheitliche Form angebotenen Gesellschaft sein. Beispiele hierfür sind die – bislang erfolglos gebliebenen – Vorschläge für Verordnungen über das Statut für Europäische Aktiengesellschaften von 1970 und 1975 und erneut von 1989/1991, die sozialwirtschaftlichen Gesellschaftsformen des Europäischen Vereins, der Europäischen Genossenschaft und der Europäischen Gegenseitigkeitsgesellschaft von 1991[30] und die 1985 erlassene und 1989 in Kraft getretene Verordnung für eine Europäische Wirtschaftliche Interessenvereinigung (EWIV). Leitendes Prinzip ist die Ablösung von den Rechtsordnungen der Mitgliedstaaten und die Bereitstellung eines europaweit einheitlichen gesellschaftsrechtlichen Rahmens. Als Rechtsgrundlage für ihre Statutenvorschläge hat die Kommission zunächst Art. 308 (ex-Art. 235) EWG-Vertrag,[31] später den durch die Einheitliche Europäische Akte

---

30 KOM(91) 273 endg. - SYN 386-391, vom 5. März 1991.

31 Die Vorschrift lautet: Erscheint ein Tätigwerden der Gemeinschaft erforderlich, um im Rahmen des Gemeinsamen Marktes eines ihrer Ziele zu verwirklichen, und sind in diesem Vertrag die hierfür erforderlichen Befugnisse nicht vorgesehen, so erlässt der Rat einstimmig auf Vorschlag der Kommission und nach Anhörung des Europäischen Parlaments die geeigneten Vorschriften.
Mit dem Inkrafttreten der konsolidierten Fassung des Vertrags zur Gründung der Europäischen Gemeinschaft (EGV), ABl. Nr. C 340/173 vom 10.11.1997, am 1.5.1999 hat sich die Zählweise der Artikel geändert. Aus Gründen der Einheitlichkeit liegt allen folgenden Bezugnahmen auf Artikel des EGV die nunmehr gültige Zählung zugrunde. Sie wird im Klammerzusatz (ex-Art. ...) durch die bis zum 30.4.1999 gültige Zählweise ergänzt.

mit dem Ziel der Verwirklichung des Binnenmarktes eingeführten Artikel 100a E(W)GV[32] herangezogen.

Zum anderen kann gemeinschaftliche Rechtsetzung es sich zur Aufgabe machen, das in den EG-Mitgliedstaaten vorhandene Gesellschaftsrecht nach ausgewählten Fragestellungen *anzugleichen.* Diesen Weg der Rechtsentwicklung haben Rat und Kommission in Ausführung des durch Art. 44 (ex-Art. 54) Abs. 1 EGV gestellten Programmauftrages beschritten. Gestützt worden sind die im Rahmen von Art. 44 (ex-Art. 54) EGV vorgeschlagenen und erlassenen Richtlinien auf die in Art. 44 (ex-Art. 54) Abs. 3 Buchst. g) EGV enthaltene Kompetenz zur Koordinierung der Schutzbestimmungen im Interesse der Gesellschafter sowie Dritter. Zu den Dritten im Sinne dieser Vorschrift gehören unzweifelhaft die Arbeitnehmer als individuelle Vertragspartner. Umstritten ist allerdings, ob die Arbeitnehmer *als Gruppe* und damit als kollektiver Bezugspunkt für Mitbestimmungsregelungen Dritte mit Schutzanspruch nach Art. 44 (ex-Art. 54) Abs. 3 Buchst. g) EGV sein können.[33]

Den beiden methodischen Ansätzen der Rechtseinheit und der Rechtsangleichung im Rahmen unternehmensbezogener Rechtsetzung sind, der jeweiligen Zielsetzung entsprechend, zwei Typen von Rechtsakten zugeordnet. Die einheitliche Geltung der europäischen Gesellschaftsformen soll erreicht werden durch den Typus der Verordnung, die nach Art. 249 (ex-Art. 189) Abs. 2 EGV allgemeine Geltung hat, in allen ihren Teilen verbindlich ist und in jedem Mitgliedstaat unmittelbar gilt. Den höheren Toleranzen der an der jeweiligen Rechtslage in den Mitgliedstaaten anknüpfenden Rechtsangleichung entspricht demgegenüber besser der Typus de Richtlinie, die

---

32 Die durch Art. 95 (ex-Art. 100a) EGV bewirkte Veränderung erschließt sich nur im Vergleich zu Art. 94 (ex-Art. 100) EGV. Letztere Vorschrift lautet: Der Rat erlässt einstimmig auf Vorschlag der Kommission und nach Anhörung des Europäischen Parlaments und des Wirtschafts- und Sozialausschusses Richtlinien für die Angleichung derjenigen Rechts- und Verwaltungsvorschriften der Mitgliedstaaten, die sich unmittelbar auf die Errichtung oder das Funktionieren des Gemeinsamen Marktes auswirken. Demgegenüber erleichtert Art. 95 (ex-Art. 100a) EGV die Rechtsangleichung zur Verwirklichung des Binnenmarktes dadurch, dass der Rat im Verfahren der Mitentscheidung durch das Europäische Parlament nach Art. 251 (ex-Art. 189b) und damit grundsätzlich mit qualifizierter Mehrheit beschließt.

33 Vgl. *Däubler*, KJ 1990, 14 ff. (27), m. w. N.; a. A. *Bettina Wunsch-Semmler*, Entwicklungslinien einer europäischen Arbeitnehmermitwirkung, Baden-Baden 1995, 32.

nach Art. 249 (ex-Art. 189) Abs. 3 EGV zwar hinsichtlich des zu erreichenden Ziels verbindlich ist, den innerstaatlichen Stellen jedoch die Wahl der Form und der Mittel überlässt. Für die Verwirklichung des Programms zur Aufhebung der Beschränkungen der Niederlassungsfreiheit im Sinne des Art. 44 (ex-Art. 54) Abs. 1 EGV schreibt Art. 44 (ex-Art. 54) Abs. 2 EGV den Rechtstypus der Richtlinie ausdrücklich vor.

Die Entwicklung europäischen Mitbestimmungsrechts verläuft wenig übersichtlich. Die Vorschläge der Kommission wechseln unter politischen und verbandspolitischen Einwirkungen nach Rechtsgrundlage, Konzeption und Methoden der Rechtsetzung. Doch die Vielfalt lässt sich sortieren. Mit Hilfe der Zuordnung zu vier Entwicklungslinien können die gemeinschaftsrechtlichen Ansätze von Arbeitnehmermitwirkung zumindest grob nach Rechtsqualität und Wirkung unterscheidbar gemacht werden.

2.4. Entwicklungslinie I: Einheitliche Rechtsform

Wenn Selbständige bzw. Unternehmen in der Europäischen Gemeinschaft von der ihnen durch die Art. 43 ff. (ex-Art. 52 ff.) EGV eingeräumten Niederlassungsfreiheit Gebrauch machen und in einem anderen Mitgliedstaat erwerbstätig bzw. unternehmerisch tätig werden wollen, dann sollen sie nicht durch von ihrem Heimatrecht abweichende oder gar mit Bestimmungen ihrer Ausgangsrechtsordnung unvereinbare Rechtsvorschriften an der ökonomisch erwünschten Grenzüberschreitung gehindert werden. Zu solchen rechtlichen Hindernissen können gesellschaftsrechtliche Rahmen- und Schutzbestimmungen gehören. In sie wiederum sind als Beteiligungsbefugnisse oder Schutzrechte Bestimmungen zur Beteiligung bzw. Mitbestimmung von Arbeitnehmern eingebaut. Das Problem gesellschaftsrechtlicher Regelungsdifferenzen zwischen Mitgliedstaaten lässt sich im Grundsatz durch zwei unterschiedliche Methoden überwinden.[34] Zum einen lassen sich die betroffenen Teilrechtsordnungen in allen Mitgliedstaaten soweit angleichen, dass jede niederlassungswillige Gesellschaft bereits in ihrem Herkunftsland die Bedingungen erfüllt, die sie im gewählten Niederlassungsland in grundsätzlich gleicher Weise vorfindet. Zum anderen lässt sich Vereinheitlichung der gesellschaftsrechtlichen Rahmenbedingungen dadurch

---

34 *Peter Troberg*, in: Groeben / Thiesing / Ehlermann, EWG-Vertrag, Artikel 54 Rn. 14.

erreichen, dass eigenständige europäische Rechtsakte geschaffen werden, die – vor allem als allgemein und unmittelbar geltende Verordnungen im Sinne des Art. 249 (ex-Art. 189) Abs. 2 EGV – das einzelstaatliche Gesellschaftsrecht überlagern. Die rechtliche Konzeptualisierung der Arbeitnehmermitbestimmung hat die EG-Kommission auf beiden Pfaden voran-, wenn auch in gesellschaftsrechtlicher Hinsicht bisher nicht zum erfolgreichen Abschluss gebracht. Auf dem Pfad "Rechtsangleichung" findet sich, inmitten einer überwiegend zum Erfolg gebrachten Teilmenge von gesellschaftsrechtlichen Richtlinien,[35] der seit 1972 in diesem Status verbliebenen Vorschlag einer fünften Richtlinie zur Koordinierung gesellschaftsrechtlicher Schutzbestimmungen, die – unter anderem – die Beteiligung der Arbeitnehmer an der Bestellung der Mitglieder des Aufsichtsorgans von Aktiengesellschaften regeln.[36] Ebenfalls stecken geblieben ist, aus im wesentlichen denselben Gründen, der Anfang 1985 vorgelegte Vorschlag einer zehnten Richtlinie des Rates nach Artikel 54 Abs. 3 Buchstabe g) des Vertrages über die grenzüberschreitende Verschmelzung von Aktiengesellschaften.[37] Der Pfad "Überlagerung nationalen Rechts qua EG-Verordnung" bietet unter dem Blickwinkel der Mitbestimmung von Arbeitnehmern eine größere, dennoch bisher um nichts weniger erfolglos gebliebene Auswahl von Rechtsetzungsinitiativen der Kommission.[38]

2.4.1. Der Verordnungsvorschlag SE von 1970

Unter Rückgriff auf den "Vorentwurf eines Statuts für eine europäische Aktiengesellschaft", der im Dezember 1966 von dem Dekan der Juristischen

---

35 Siehe den Überblick bei *Gleichmann*, in: Groeben / Thiesing / Ehlermann, EWG-Vertrag, Anhang C, Europäisches Unternehmensrecht, Rn. 1 ff.; *Troberg*, in: ebenda, Artikel 54 Rn. 17 ff.
36 Siehe unten 2.5.1.
37 ABl. Nr. C 23/11 vom 25.1.85.
38 Siehe unten 2.4.1., 2.4.2., 2.4.4., 2.4.5.

Fakultät Rotterdam, Professor Pieter Sanders, vorgelegt worden war,[39] hatte die Kommission der Europäischen Gemeinschaften am 24. Juni 1970 ihren Vorschlag einer Verordnung des Rates über das Statut für Europäische Aktiengesellschaften fertiggestellt.[40] Vor allem im Hinblick auf die Regelung der Mitbestimmung ist der 284 Artikel umfassende, insbesondere auf Art. 308 (ex-Art. 235) EWGV gestützte VO-Vorschlag durch drei gesetzgebungspolitische Grundentscheidungen bestimmt, die Einheitlichkeit der Regelung, die dualistische Organverfassung und die Einarbeitung der Vertretung der Arbeitnehmer in das Regelwerk des Statuts selbst. Ihre legislatorisch am stärksten entfaltete Form wird diese Konzeption fünf Jahre später in dem geänderten Vorschlag einer Verordnung des Rates über das Statut für Europäische Aktiengesellschaften von 1975 erhalten.[41]

a)   Einheitlichkeit

Die Notwendigkeit einheitlicher Regelung hatte bereits *Sanders* in seinem Vorentwurf von 1966 betont und damit das von ihm vorgeschlagene Mittel eines Staatsvertrages zur Schaffung von Einheitsrecht begründet:

"Grundgedanke der S.E. ist es, dass sich die Unternehmen innerhalb des Gemeinsamen Marktes in allen Vertragsstaaten der gleichen Rechtsform bedienen können. Diese Rechtsform muss nicht nur nach ihrem Wortlaut in jedem Vertragsstaat identisch sein, sondern auch in jedem Vertragsstaat dieselbe Anwendung und Auslegung finden. Mit dem Statut der S.E. wird einheitliches Recht geschaffen, das auch im Laufe der Zeit einheitlich bleiben sollte."[42]

Die EG-Kommission kommt in der Begründung ihres VO-Vorschlages von 1970, ausgehend von der Annahme "rechtlicher, steuerlicher und psy-

---

39 *Pieter Sanders*, Vorentwurf eines Statuts für eine europäische Aktiengesellschaft, Dokument hrsg. von der Kommission der EWG, Generaldirektion Wettbewerb, Dezember 1966 (im folgenden: Vorentwurf). Der Vorentwurf knüpft seinerseits an Überlegungen zur Schaffung einer europäischen Handelsgesellschaft an, die der Verfasser am 22. Oktober 1959 unter dem Titel "Naar een Europese N.V.?" zum Gegenstand seiner Antrittsvorlesung an der Wirtschaftshochschule Rotterdam gemacht hatte. Eine leicht gekürzte Fassung dieses Vortrags ist erschienen im Außenwirtschaftsdienst des Betriebsberaters 1960, 1 ff. sowie in Le droit européen 1960, 9-23.

40 Sonderbeilage zum Bulletin 8-1970 der EG = ABl. Nr. C 124 v. 10.10.1970 = BT-Drs. VI/1109.

41 Bulletin der Europäischen Gemeinschaften, Beilage 4/75; näher hierzu unten 2.7.2.

42 Vorentwurf, S. XII.

chologischer Schwierigkeiten bei der Gründung europäischer Unternehmen", zum selben Gedanken der Unumgänglichkeit eines einheitlichen rechtlichen Rahmens.

"Die einzige Lösung, die die Möglichkeit bietet, gleichzeitig die wirtschaftliche und rechtliche Einheit des europäischen Unternehmens zu verwirklichen, besteht daher in einer Regelung, die es erlaubt, neben Gesellschaften, die einzelstaatlichem Recht unterliegen, Gesellschaften zu gründen, die ausschließlich einem einheitlichen und in allen Mitgliedstaaten unmittelbar anwendbaren Recht unterworfen sind, für diese Gesellschaftsform also die Beachtung einer rechtlichen Bindung an ein bestimmtes Land beseitigt.
Die Einführung dieses einheitlichen Rechtssystems für die gesamte Gemeinschaft erscheint daher notwendig, um eine ungestörte Gründung und Führung von Unternehmen europäischen Ausmaßes zu ermöglichen, die aus der Zusammenfassung von Unternehmen der einzelnen Mitgliedstaaten hervorgegangen sind.
Um sämtliche Vorteile der Einheitlichkeit der Regelung zu verwirklichen, müssen sämtliche Vorschriften über die Gründung, die Struktur, die Arbeitsweise und die Liquidation der Europäischen Aktiengesellschaft von der Anwendung der einzelstaatlichen Rechte ausgenommen werden. Zu diesem Zweck muss ein Statut der Europäischen Aktiengesellschaft geschaffen werden, das ein vollständiges System von Normativbestimmungen enthält.
Ferner muss zur Lösung von Rechtsfragen hinsichtlich der Gegenstände, die durch dieses Statut behandelt, jedoch dort nicht ausdrücklich geregelt werden, auf die allgemeinen Grundsätze verwiesen werden, die den Rechten der Mitgliedstaaten gemeinsam sind.
Die starken Unterschiede in den Rechtsvorschriften der Mitgliedstaaten über die Vertretung der Arbeitnehmer in den Organen des Unternehmens und über die Art der Beteiligung ihrer Vertreter an der Beschlussfassung in den Organen der Europäischen Aktiengesellschaft erlauben es nicht, die Regelung dieser Frage den einzelstaatlichen Rechten zu überlassen."[43]

Einen konkreten normativen Ausdruck hatte der Gedanke der Einheitlichkeit in dem VO-Entwurf von 1970 (VOE 1970) in der in Artikel 7 (1) niedergelegten, an Artikel 17 des Haager Übereinkommens über die Einführung eines einheitlichen Gesetzes über den internationalen Kauf beweglicher Sachen vom 1.7.1964 angelehnten Rechtsanwendungsregel gefunden. Vorbehaltlich entgegenstehender Vorschriften sollten danach die von dem Statut behandelten Gegenstände "selbst hinsichtlich der Rechtsfragen, die nicht ausdrücklich geregelt werden, der Anwendung des Rechts der Mitgliedstaaten entzogen" sein.

In konzeptioneller Hinsicht drückt sich die Einheitlichkeit in einer weder Alternativen noch Abwandlungen zulassenden Anlage des VO-Vorschlags

---

43   VO-Vorschlag 1970, Erwägungen Nr. 5, 6, 10 und 13.

von 1970 aus, die ihre Schärfe erst im retrospektiven Vergleich mit der späteren legislatorischen Modellpolitik gewinnt.

b) Dualistische Organverfassung

Dualistisch ist die ursprüngliche Europäische Aktiengesellschaft verfasst, weil sie nicht nur aus einem die Gesellschaft verwaltenden Vorstand besteht (Art. 62 ff. VOE 1970), sondern weil diesem ein die Verwaltung der Gesellschaft durch den Vorstand laufend überwachender Aufsichtsrat (Art. 73 ff. VOE 1970) zur Seite gestellt wird. Die Kommission hatte sich für das aus dem deutschen Recht stammende System der strikten Trennung entschieden, weil dieses eine dauerhaftere und wirksamere Überwachung und Kontrolle ermögliche.[44] Hinzu kam die mitbestimmungsspezifische Erwägung, dass es notwendig sei, die Vertretung der Arbeitnehmer im Aufsichtsrat zu ermöglichen, um deren Gesichtspunkten bei wichtigen wirtschaftlichen Entscheidungen, bei der Kontrolle der Unternehmensleitung und bei der Bestellung des Vorstands Geltung zu verschaffen.[45]

Die rechtskulturelle und rechtspolitische Problematik der Entscheidung der Kommission für ausschließlich eines von mehreren europäischen Modellen der Organverfassung lag auf der Hand. An der fehlenden Berücksichtigung anders ausgeprägter Traditionen von industriellen Beziehungen in Europa und an der deutlichen Orientierung des Verordnungsvorschlages am deutschen und zum Teil am niederländischen Modell entzündete sich von Anfang an Kritik.[46]

c) Integrierte Arbeitnehmermitbestimmung

Der Vorschlag einer Verordnung über das Statut für europäische Aktiengesellschaften von 1970 enthielt in seinen Artikeln 100 bis 147 ein komplettes Regelungswerk für die Vertretung der Arbeitnehmer in der SE. Die Vertretung gliederte sich in vier Teilstrukturen. Der erste Abschnitt, die Art. 100-

---

44 Sonderbeilage zum Bulletin 8-1970 der EG, S. 53.
45 Sonderbeilage zum Bulletin 8-1970 der EG, Erwägungsgrund 13, S. 8.
46 Vgl. *Marcus Lutter*, Die Entwicklung des Gesellschaftsrechts in Europa, Europarecht 10 (1975), 44-72 (48 ff.); *Hopt*, ZfA 1982, 221 f.; *Manfred Weiss*, Arbeitnehmermitwirkung in der europäischen Gemeinschaft, in: Festschrift für Eugen Stahlhacke, Neuwied / Kriftel / Berlin 1995, 657 ff. (663) spricht im Zusammenhang mit dem Versuch des Aufzwingens des deutsch-niederländischen Modells der Interessenvertretung der Arbeitnehmer von einem "Geburtsfehler".

129 des VOE 1970, sollte den "Europäischen Betriebsrat" in seinen institutionellen, organisatorischen und kompetenziellen Einzelheiten regeln. Die Artikel 128 und 129 sahen ein stark an das Einigungsstellenverfahren nach dem deutschen Betriebsverfassungsgesetz erinnerndes Schiedsverfahren und damit eine betriebliche Konfliktschlichtungseinrichtung vor, deren Fehlen neuerdings in der Richtlinie zu den Europäischen Betriebsräten von 1994 zu Recht bemängelt wird.[47] Nach den Artikel 130 bis 136 VOE 1970 sollte bei jeder im konzernrechtlichen Sinne herrschenden SE ein Konzernbetriebsrat gebildet werden. Die Artikel 137 bis 145 gestalteten die Vertretung der Arbeitnehmer im Aufsichtsrat rechtlich aus. Die Regel war dabei nach Art. 137 Abs. 1 VOE 1970, dass die Arbeitnehmer für je zwei von der Hauptversammlung gewählte Mitglieder des Aufsichtsrats ein Mitglied entsenden. Nach Artikel 145 Satz 1 VOE 1970 sollten die Vertreter der Arbeitnehmer im Aufsichtsrat dieselben Rechte und Pflichten haben wie die übrigen Mitglieder des Aufsichtsrats. Schließlich komplettierte der 4. Abschnitt mit den Artikeln 146 und 147 VOE 1970 die Vertretung der Arbeitnehmer in der SE durch die Möglichkeit, die Arbeitsbedingungen auf der Grundlage von Tarifverträgen zwischen der SE und den ihren Betrieben vertretenen Gewerkschaften zu regeln.

2.4.2. Der Verordnungsvorschlag SE von 1975

Seinen Höhepunkt erreichte das legislatorische Bemühen der EG-Kommission um eine autonom ausgestaltete, in sich geschlossene Regelung der Europäischen Aktiengesellschaft mit dem Vorschlag einer Verordnung des Rates über das Statut für Europäische Aktiengesellschaften aus dem Jahr 1975 (VOE 1975).[48] Mit diesem Kodifikationsvorschlag, der mit Anhängen rund 330 Vorschriften umfasst, unternahm die Kommission erneut den Versuch, den Rat zum in Kraft setzen eines kohärenten Regelungs- und Handlungsprogramms für die Europäische Aktiengesellschaft zu bewegen. Der Verordnungsvorschlag von 1975 folgte in seinen Strukturprinzipen der Einheitlichkeit, der dualen Verfassung und der integrierten Arbeitnehmermitbestimmung dem vorangegangenen Vorschlag. Unter dem Blickwinkel der

---

47   Vgl. *Wolfgang Lecher*, Forschungsfeld Europäische Betriebsräte, WSI Mitteilungen 1996, 710-715 (713).
48   Bulletin der EG, Beilage 4/75.

Mitbestimmung der Arbeitnehmer ist zu notieren, dass der VOE 1975 die Zusammensetzung des Aufsichtsrats anders und differenzierter regeln wollte als der Entwurf von 1970. Nach Artikel 74 Abs. 1 VOE 1975 sollte sich der Aufsichtsrat nunmehr zu einem Drittel aus Vertretern der Aktionäre, zu einem Drittel aus Vertretern der Arbeitnehmer und zu einem Drittel aus Personen zusammensetzen, die von beiden Gruppen von Vertretern hinzugewählt werden. Die Vertreter der Arbeitnehmer sollten gemäß Art. 74a Ziff. 3 VOE 1975 nach Artikel 137 bestellt werden. Dieser Verweis führt in das auch im VOE 1975 in den Statutenvorschlag integrierte Kapitel zur Vertretung der Arbeitnehmer in der SE (Art. 100 bis 147), das dem viergliedrigen Grundmuster des VOE 1970 folgt: Europäischer Betriebsrat (Art. 100-129), Konzernunternehmensrat (Art. 130-136), Vertretung der Arbeitnehmer im Aufsichtsrat (Art. 137-145) und Regelung der Arbeitsbedingungen mittels Tarifvertrags (Art. 146-147).

Das umfassende Konzept des Verordnungsentwurfs von 1975 war nicht nur Ausdruck eines starken legislatorischen Vereinheitlichungswillens. Es war auch bedingt durch das Fehlen hinreichend harmonisierter innerstaatlicher Rechtsvorschriften, etwa zu Jahresabschlüssen und Verschmelzungen, zu Konzernen, Auflösung, Liquidation oder Konkurs. Das Vorliegen entsprechender Regelungen und die hierdurch ermöglichte Entlastung des SE-Statuts veranlassten die Kommission in ihrem Memorandum von 1988, die Einführung einer einheitlichen, vereinfachten Regelung in Aussicht zu stellen.[49]

Die Einigung über den Verordnungsvorschlag von 1975 scheiterte im Ministerrat erneut vor allem an Fragen der Struktur der Organe, des Konzern- und Steuerrechts und der Mitbestimmung der Arbeitnehmer in der SE.[50] Die Beratung über den Verordnungsvorschlag wurde im Rat 1982 ausgesetzt, der Vorschlag selbst wurde 1989 zurückgezogen. Das Scheitern von Rechtsetzungsprojekten darf nicht mit Wirkungslosigkeit gleichgesetzt werden. Der Vorschlag von 1975 diente als "Steinbruch" für spätere Gemeinschaftsmaßnahmen oder Vorschläge der Kommission, darüber hinaus gingen von dem SE-Vorschlag von 1970/75 erhebliche indirekte Wirkungen

49   Binnenmarkt und industrielle Zusammenarbeit - Statut für die Europäische Aktiengesellschaft. Memorandum der Kommission an das Parlament, den Rat und die Sozialpartner, KOM(88) 320 endg. vom 15. Juli 1988 (künftig: Memorandum 1988), S. 15.
50   Vgl. *Martin Wenz*, Die Societas Europaea (SE), Berlin 1993, 13.

auf die unternehmens- und betriebsverfassungsrechtliche Reformdiskussion in Europa aus.[51]

2.4.3. Exkurs: Die EWIV von 1985

Die auf Artikel 235 EWGV gestützte Verordnung (EWG) Nr. 2137/85 des Rates vom 25. Juli 1985 über die Schaffung einer Europäischen Wirtschaftlichen Interessenvereinigung (EWIV)[52] hat für die Entwicklung der Arbeitnehmermitbestimmung in Europa keine unmittelbare Bedeutung. Es handelt sich bei der EWIV um einen rechtlichen Rahmen, dessen Zweck es nach Art. 3 Abs. 1 der EWIV-VO ist, die wirtschaftliche Tätigkeit der Mitglieder der Interessenvereinigung zu erleichtern oder zu entwickeln sowie die Ergebnisse dieser Tätigkeit zu verbessern oder zu steigern, ohne für sich selbst Gewinn zu erzielen. Die EWIV selbst ist keine Gesellschaft, sondern hat Hilfscharakter: Ihre Tätigkeit muss im Zusammenhang mit der wirtschaftlichen Tätigkeit ihrer Mitglieder stehen und darf nur eine Hilfstätigkeit hierzu bilden. Mitglieder einer EWIV können nach Art. 4 Abs. 1 Buchst. a) EWIV-VO sowohl Gesellschaften im Sinne des Artikels 58 Abs. 2 des Vertrages sowie andere juristische Einheiten des öffentlichen oder des Privatrechts sein als auch (Buchst. b) natürliche Personen, die eine gewerbliche, kaufmännische, handwerkliche, landwirtschaftliche oder freiberufliche Tätigkeit in der Gemeinschaft ausüben oder dort andere Dienstleistungen erbringen.

Die Gründung einer EWIV muss nach der registerrechtlichen Bekanntmachung im jeweiligen Mitgliedstaat nach Artikel 11 der EWIV-Verordnung im Amtsblatt der Europäischen Gemeinschaften angezeigt werden. Aus diesem Grunde gibt es eine Datengrundlage für die Gesamtzahl der EWIV und ihre Häufigkeitsentwicklung. Die Gesamtzahl der gegründeten

---

51 *Pipkorn*, ZGR 1985, 567 ff., 571 f., erwähnt insbesondere die Auswirkungen auf den niederländischen Unternehmungsrat von 1971 und auf die Schaffung von Gesamt- und Konzernbetriebsrat im deutschen Betriebsverfassungsgesetz von 1972; vgl. auch *derselbe*, Europäische Aspekte der Informations- und Mitwirkungsrechte der Arbeitnehmer, Bonn 1995, 16 f.

52 ABl. Nr. L 199/1 vom 31.7.85; vgl. *Gleichmann* ZHR 149 (1985), 633-650; ders., in: Groeben/Thiesing/Ehlermann, EWG-Vertrag, Band 4, Anhang C "Europäisches Unternehmensrecht", Rn. 82 ff.; *Andreas Meyer-Landrut*, Die Europäische Wirtschaftliche Interessenvereinigung, Studienreihe Der Betrieb 1988; *Figge*, Mitbestimmung auf Unternehmensebene, 33 ff.; *Behrens*, in: Hdb. EG-WirtschaftsR, E III, Rn. 127 ff.

Europäischen Wirtschaftlichen Interessenvereinigungen belief sich bis Ende Juli 1996 auf 766.[53] Der Verlauf der Gründungen pro Jahr zeigt eine starke Aufwärtsentwicklung bis zur Zahl von 142 Gründungen im Jahr 1992 und seitdem einen kontinuierlichen Rückgang der jährlichen Gründungszahlen. 1996 wurden noch 34 EWIV in der EG gegründet. Hinsichtlich des nach Artikel 12 der EWIV-Verordnung festzulegenden Sitzes der Vereinigung liegen Belgien (bis Ende Juli 1996: 208) und Frankreich (179) bei den gegründeten EWIV vorn; es folgen mit deutlichem Abstand die Niederlande, das Vereinigte Königreich und die Bundesrepublik Deutschland. Die hohe Zahl französischer EWIV dürfte sich mit der im Gesellschaftsrecht wirksamen Formentradition erklären lassen.[54] In der französischen Wirtschaft gibt es seit Jahrzehnten Erfahrungen mit einer sehr ähnlichen Gesellschaftsform, dem groupement d'intérêt économique (GIE), das offensichtlich bei der EG-Rechtsetzung auch Pate gestanden hat. Die EWIV ist vor allem für die klein- und mittelständische Wirtschaft geschaffen worden. Sie wird tatsächlich auch vorwiegend von Unternehmen aus diesem Bereich als unternehmerische Form für grenzüberschreitende Zusammenarbeit zur Anpassung an den europäischen Binnenmarkt genutzt. Besonderes Interesse an der Gründung von EWIV haben beispielsweise in den Niederlanden Unternehmen aus dem Nahrungsmittel- und Fleischwarensektor gezeigt, in der Bundesrepublik Deutschland liegen hingegen die Schwerpunkte in dem ganz anders beschaffenen Bereich des Zusammenschlusses von Rechtsanwälten.[55]

Mittelbar spielt die Existenz der EWIV-VO von 1985, die seit 1. Juli 1989 in Kraft ist, für die Beurteilung der Entwicklungschancen europäischer Arbeitnehmermitbestimmung allerdings insofern eine Rolle, als sie erstmalig die Möglichkeit einer Koexistenz zwischen nationalem Gesellschaftsrecht und einem davon unabhängigen, europäischen Rechtsrahmen für die grenzüberschreitende Zusammenarbeit von Unternehmen bzw. Unterneh-

---

53 Diese und die folgenden Daten sind entnommen der Diplomarbeit "Die Europäische Wirtschaftliche Interessenvereinigung (EWIV) in der Praxis" von *Bodo F. L. Brouwer*, vorgelegt an der Carl von Ossietzky Universität Oldenburg, Studiengang Diplom-Betriebswirtschaftslehre mit juristischem Schwerpunkt. Ich danke dem betreuenden Gutachter, Herrn Dr. Josef Falke, für die Überlassung der Arbeit.

54 *Brouwer* a. a. O., S. 13.

55 *Brouwer* a. a. O., S. 15.

mern in praxi belegen kann.[56] Allerdings deutet sie zugleich darauf hin, dass gesellschaftsrechtliche Vereinheitlichung vor allem dann gelingen kann, wenn die angebotene Form sich auf einen entmaterialisierten und mitbestimmungsfreien Rahmen beschränkt.

2.4.4. Die neue Konzeption – die Vorschläge SE von 1989/1991

a) Das Dilemma

Ein nicht gering zu schätzender Vorzug der langwierigen und mühsamen Entwicklung europäischer Mitbestimmung liegt in der dadurch bedingten gründlichen Auseinandersetzung von Wissenschaft und Politik mit den Hindernissen. Die Entwicklung von Mitbestimmungskonzepten auf Gemeinschaftsebene ist unter diesem Blickwinkel seit 1970 auch ein reflexiver und selbstreflexiver Prozess des Lernens. Dokumentiert ist dieser Lernprozess unter anderem in mehreren zwischenberichtsartigen Überlegungen der Kommission. Zu ihnen gehört das Memorandum der Kommission "Binnenmarkt und industrielle Zusammenarbeit – Statut für die Europäische Aktiengesellschaft" vom 15. Juli 1988[57]. Es knüpft an die zur weiteren Entwicklung auffordernden Aussage der Kommission im Weißbuch "Vollendung des Binnenmarktes" von 1985 an[58], zieht Lehren aus den bisherigen Erfahrungen und skizziert Auswege aus dem Grundproblem der Arbeitnehmermitbestimmung. Besondere Beachtung verdient die knappe Beschreibung des Dilemmas europäischer Mitbestimmungspolitik:

"Jeder Vorstoß in Richtung auf ein gesetzliches Mitspracherecht der Arbeitnehmer im Gesellschaftsrecht hieße für die einen, einen gefährlichen Präzedenzfall schaffen, während nach Ansicht der anderen jedes neue System, das qualitativ nicht dem in ihrem Land bestehenden Mitbestimmungssystem entspricht, ihre eigenen Unternehmen veranlassen könnte, Zuflucht zu diesen neuzugänglichen Modellen zu nehmen, die als kostengünstiger gelten."[59]

---

56 KOM(88) 320 endg. (im folgenden Memorandum 1988), S. 16, 27; vgl. auch "Vollendung des Binnenmarktes", Weißbuch der Kommission an den Europäischen Rat, KOM(85) 310 endg. vom 14.6.1985, Ziff. 136.

57 Memorandum 1988

58 KOM(85) 310 endg. vom 14.6.1985, Rn. 137.

59 Memorandum 1988, S. 4.

b) Die neue Konzeption

Aus diesem Dilemma wollte die Kommission mit ihrem Memorandum von 1988 einen Ausweg weisen, der hinsichtlich der Mitbestimmung aus zwei Spuren besteht. Zum ersten sollte das Konzept der Einheitlichkeit abgelöst werden durch das der *Wahlmöglichkeit*. Zum zweiten sollte die Rechtsetzung auf Gemeinschaftsebene dadurch entlastet werden, dass die Klärung weitergehender Rechtsfragen zur Information und Konsultation der Arbeitnehmer zunächst dem *sozialen Dialog* überlassen werden sollte.

Das gesetzgebungsmethodische Problem von Einheit und Vielfalt der Mitbestimmungsrechte von Arbeitnehmern expliziert die Kommission in ihrem Memorandum von 1988 dadurch, dass sie drei theoretisch bestehende Möglichkeiten der Regelung nebeneinander stellt. Den Ausgangspunkt bildet der die SE-Diskussion über Jahre hinweg beherrschende Ansatz, das Modell der Aufsichtsratsmitbestimmung – und nur dieses – im Statut selbst festzuschreiben. Die zweite Möglichkeit ist die der Geltung der Vorschriften des Niederlassungslandes, die dritte Möglichkeit eröffnet die Wahl unter den wichtigsten Mitbestimmungsformen, wie sie in der Fünften Richtlinie zum Gesellschaftsrecht vorgesehen sind. Diese Mitbestimmungsformen sind, wie von der Kommission aufgelistet,[60] das "deutsche" Modell der Wahl eines Teils der Aufsichtsratsmitglieder durch die Arbeitnehmer, die Mitbestimmung der Arbeitnehmer durch ein besonderes Vertretungsorgan nach französischem und belgischem Muster, vergleichbar etwa dem deutschen Wirtschaftsausschuss,[61] und die Regelung der Arbeitnehmer entsprechend den britischen oder auch schwedischen Traditionen durch Kollektivvertrag.

Die Erwägungen, mit denen sich die Kommission für die dritte, auf der Wahl zwischen drei Modellen[62] beruhende Regelung der Mitbestimmung im Statut für die Europäische Aktiengesellschaft entschieden hat, zeugen von einem Lernprozess in puncto Flexibilität und Erweiterung der Durchsetzungschancen durch Optionalität.[63] Mit der die Wahlfreiheit sichernden Re-

---

60 Memorandum 1988, S. 18.

61 Vgl. *Hellmut Wißmann*, Die Mitbestimmung der Arbeitnehmer in der Europäischen Aktiengesellschaft (SE), RdA 1992, 320-330 (325 ff.); *Däubler* KJ 1990, 14 ff. (15).

62 Das Aufsichtsratsmodell lässt sich, genauer besehen, in eine deutsche und eine niederländische Variante (Kooptation) zerlegen; dann sind es vier Modelle.

63 Zur Rechtsetzungstechnik der Optionen auf Gemeinschaftsebene vgl. *Ernst Steindorff*, EG-Vertrag und Privatrecht, Baden-Baden 1996, 414.

gelungskonzeption verbindet die Kommission zwei Voraussetzungen. Die Konzeption muss sich an den Grundsätzen orientieren, die den Mitbestimmungsmodellen in den Mitgliedstaaten zugrunde liegen und gleichzeitig genügend Spielraum für Vereinbarungen der Sozialpartner bieten, und sie "muss nicht unbedingt einheitlich sein".[64] Die Unternehmen sollen, unter Anhörung der Arbeitnehmer, unter drei Modellen wählen dürfen. Das Wahlprogramm liefert die 5. Richtlinie mit ihren drei Optionen (Arbeitnehmerwahl für Aufsichtsrat, gesondertes Vertretungsorgan, Tarifvertrag), die ihrerseits die wichtigsten realen Mitbestimmungsansätze in der EG aufnehmen. Den Mitgliedstaaten soll das Recht eingeräumt werden, die Wahlmöglichkeiten zu begrenzen, um der Gefahr der Umgehung der nationalen Mitbestimmungsregelung zu steuern.[65] Damit würde die staatliche Wahl der Unternehmenswahl vorgehen. In der Praxis liefe das wohl in der Regel auf die Zulassung allein des nationalen Mitbestimmungsmodells hinaus.[66]

Die Entlastung durch die zweite Spur der Rechtsentwicklung sollte nach dem Memorandum von 1988 darin bestehen, dass die eher betriebsverfassungsrechtlich auszugestaltende Entwicklung von Information und Konsultation der Arbeitnehmer "im allgemeineren Rahmen des sozialen Dialogs" behandelt werden sollte.[67]

c)   Die Verordnungsvorschläge 1989 und 1991

Aus der so vorgestalteten Entscheidungslage heraus ist Ende 1989 der neue Vorschlag für eine Verordnung (EWG) des Rates über das Statut der Europäischen Aktiengesellschaft[68] entstanden. Ihm folgte anderthalb Jahre später der geänderte Vorschlag für eine titelgleiche Verordnung.[69] Beide Vorschläge sind nunmehr auf Art. 95 (ex-Art. 100a) Abs. 1 EGV gestützt, der im Unterschied zum vorher gewählten Art. 308 (ex-Art. 235) EGV über das

---

64   Memorandum 1988, S. 19.
65   Memorandum 1988, S. 20.
66   Vgl. *Ursula Trojan-Limmer*, Die Geänderten Vorschläge für ein Statut der Europäischen Aktiengesellschaft (SE). Gesellschaftsrechtliche Probleme, RIW 1991, 1010-1017 (1012, Fn. 11).
67   Memorandum 1988, S. 21.
68   KOM(89) 268 - SYN 218, ABl. Nr. C 263/41 vom 16.10.89.
69   KOM(91) 174 endg. - SYN 218 vom 16. Mai 1991, ABl. Nr. C 176/1 vom 8.7.91.

Verfahren nach Art. 251 (ex-Art. 189b) EGV grundsätzlich Beschlussfassung mit qualifizierter Mehrheit gestattet.[70]

Im Vergleich mit dem Verordnungsentwurf von 1975 fallen bei den Vorschlägen von 1989 und 1991 drei Veränderungen ins Auge. Der Regelungsumfang ist stark geschrumpft. Der Entwurf von 1989 besteht aus nur noch 137 Artikeln, bei dem geänderten Vorschlag von 1991 sind, bei aufrechterhaltener Zählstruktur, noch einmal 20 Artikel gestrichen, andere sind teilweise erheblich gekürzt worden. Die Festlegung auf das alleinige Muster der – dualistischen – Organverfassung ist nunmehr aufgegeben zugunsten der Alternative zwischen dem dualistischen und dem sogenannten monistischen System, d. h. einem die Geschäfte der SE führenden Verwaltungsorgan.[71] Und schließlich ist der große Stolperstein der Mitbestimmung der Arbeitnehmer aus der Statuten-Verordnung herausgelöst und in die nach Geltungsbedingungen eigene Form der Richtlinie eingebracht worden.[72]

Die starke Verminderung des Umfangs der Verordnungsentwürfe von 1989 und 1991 ist Ausdruck einer neuen Konzeption von Rechtsetzung im Bereich der Mitbestimmung. Sie ist methodisch möglich geworden durch im wesentlichen drei Veränderung. Das in der Zwischenzeit weiterentwickelte harmonisierte Gesellschaftsrecht machte es gesetzgebungsökonomisch möglich, auf Bestimmungen in Richtlinien zu verweisen oder den Wortlaut einzelner Bestimmungen aus den Richtlinien in den Verordnungsentwurf zu übernehmen.[73] Weitere Verminderung des Rechtsstoffs der Verordnung bewirkte die, mit der ursprünglichen Zielsetzung allerdings konfligierende,

---

70 Zur Kritik an der Rechtsgrundlage vgl. *Hanno Merkt*, Europäische Aktiengesellschaft: Gesetzgebung als Selbstzweck? Kritische Bemerkungen zum Entwurf von 1991, BB 1992, 652-661 (659 f.); *Däubler*, KJ 1990, 14 ff. (27); *Henning W. Wahlers*, Art. 100a EWGV – Unzulässige Rechtsgrundlage für den geänderten Vorschlag einer Verordnung über das Statut der Europäischen Aktiengesellschaft?, AG 1990, 448-458; *Marcus Lutter*, Genügen die vorgeschlagenen Regelungen für eine "Europäische Aktiengesellschaft"?, AG 1990, 413-421 (415).

71 Art. 62 ff. und Art. 66 ff.

72 Vorschlag für eine Richtlinie des Rates zur Ergänzung des SE-Statuts hinsichtlich der Stellung der Arbeitnehmer, KOM(89) 268 - SYN 219, ABl. Nr. C 263/69 vom 16.10.89; geändert durch den entsprechenden Vorschlag KOM(91) 174 endg. - SYN 219, Nr. C 138/8 vom 29.5.91.

73 *Merkt*, a. a. O., 654; *Thomas Abeltshauser*, Der neue Statutsvorschlag für eine Europäische Aktiengesellschaft, AG 1990, 289-297; *Trojan-Limmer*, RIW 1991, 1011; *Lutter*, AG 1990, 416 ff.

verstärkte Verweisung auf das Recht im Sitzland der Europäischen Aktiengesellschaft und die ausdrückliche Ausgrenzung von Rechtsvorschriften des Sozial- und Arbeitsrechts, des Steuer- und Wettbewerbsrechts, des gewerblichen Rechtsschutzes und des Konkursrechts aus dem Regelungsanspruch der Verordnung.[74]

d) Die Auslagerung der Arbeitnehmer-Mitbestimmung in eine Richtlinie

Die Auslagerung der Regelung der Mitbestimmung in eine Richtlinie war durch die Umstellung der Rechtsgrundlage geboten. Nach Art. 95 (ex-Art. 100a) Abs. 2 EGV gilt das binnenmarktbezogene Beschlussverfahren des Art. 95 (ex-Art. 100a) Abs. 1 EGV nicht (u. a.) für die Bestimmungen über die Rechte und Interessen der Arbeitnehmer. Das veranlasste die Kommission zu einem Vorgehen, das ihr jedenfalls aus der deutschen Gesellschaftsrechtswissenschaft viel Kritik eingetragen hat. Die Mitbestimmungs-Regelung wurde in den Vorschlag einer Richtlinie eingebracht, der auf die Rechtsgrundlage für die Koordinierung gesellschaftsrechtlicher Schutzbestimmungen, nämlich Art. 44 (ex-Art. 54) Abs. 3 Buchst. g) EGV, gestellt wurde. Zugleich sollten diese ausgelagerten Bestimmungen jedoch "eine untrennbare Ergänzung der vorliegenden Verordnung" darstellen und zwingend zum gleichen Zeitpunkt anwendbar sein.[75]

Da die einheitliche Anwendung der beiden Rechtsinstrumente über Klammerklauseln (siehe die Art. 135 und 136 des SE-Vorschlags und Art. 2 der ergänzenden Richtlinie) gesichert werden soll, stößt dieses Vorgehen auf Kritik, die unter Begriffen wie "Umgehung", "Hintertür", "Kunstgriff" oder "Winkelzüge" diskutiert wird. Verbreitete Kritik richtet sich dagegen, dass die innere Koppelung der auf Art. 95 (ex-Art. 100a) Abs. 1 EGV gestützten Verordnungsvorschläge zur SE und zu den Europäischen Vereinen, Genossenschaften und Gegenseitigkeitsgesellschaften mit den ergänzenden Richtlinien zur Stellung der Arbeitnehmer den Ausschlusstatbestand des Art. 95 (ex-Art. 100a) Abs. 2 EGV unterläuft, wonach der grundlegende Absatz 1

---

74 Erwägungsgrund Nr. 21.
75 Erwägungsgrund Nr. 20 des SE-Statuten-Vorschlags.

nicht für Bestimmungen u. a. über die Rechte und Interessen der Arbeitnehmer gilt.[76]

2.4.5. Die Statutenvorschläge für Europäische Vereine, Genossenschaften und Gegenseitigkeitsgesellschaften

In Form einer Sammel-Synthese legte die Kommission am 5. März 1991 drei Vorschläge für Verordnungen des Rates über das Statut des Europäischen Vereins, der Europäischen Genossenschaft und der Europäischen Gegenseitigkeitsgesellschaft vor.[77] Allen drei Verordnungsvorschlägen sind, entsprechend dem neuen Rechtsetzungsmuster bei der SE, jeweils ein Vorschlag für eine Richtlinie des Rates zur Ergänzung der Gesellschaftsstatute hinsichtlich der Rolle der Arbeitnehmer zugeordnet. Zur Begründung ihrer Initiative verwies die Kommission auf aktuellen gesellschaftsrechtlichen Regelungsbedarf bei stark unterschiedlichen Regelungstraditionen. Historisch gesehen hätten die Vereine ebenso wie die Gegenseitigkeitsgesellschaften und die Genossenschaften ihren Aufschwung in allen europäischen Ländern Ende des 19. Jahrhunderts gehabt. Die für die dahinter stehenden spezifischen sozialen Bedürfnisse gefundenen Rechtsformen seien traditionsgebunden und damit erheblich unterschiedlich ausgestaltet worden. Gleichlautend werden die Verordnungsvorschläge vor diesem Hintergrund damit motiviert, dass mit der Einführung eines europäischen Statuts allen

---

76 In diesem Sinne kritisch z.B. *Bernd von Maydell*, Die vorgeschlagenen Regeln zur Mitbestimmung für eine Europäische Aktiengesellschaft, AG 1990, 442-448 (445); *Walter Kolvenbach*, Statut für die Europäische Aktiengesellschaft, DB 1988, 1837; *Figge*, Mitbestimmung auf Unternehmensebene, 224; *Henning W. Wahlers*, Art. 100a EWGV – Unzulässige Rechtsgrundlage für den geänderten Vorschlag einer Verordnung über das Statut der Europäischen Aktiengesellschaft?, AG 1990, 448-458 (455). Nach Auffassung von Wahlers bewirkt die Anbindung der Verordnung an deren innerstaatliche Transformation im Ergebnis "eine so weitgehende Einheit, als wenn die in der Richtlinie getroffenen Regelungen unmittelbar in der Verordnung enthalten wären. Die auf diese Weise erreichte 'untrennbare' Verbindung von zwei nur noch formal selbständigen Rechtsakten macht deutlich, dass die Abspaltung der Mitbestimmung nichts anderes als ein Kunstgriff ist, um einerseits Art. 95 (ex-Art. 100a) Abs. 1 EWGV als Rechtsgrundlage für die Verordnung aufrechtzuerhalten und andererseits auch im Rahmen der Mitbestimmung nur die qualifizierte Mehrheit im Ministerrat entscheiden zu lassen." (455)

77 KOM(91) 273 endg. - SYN 386-391.

Gesellschaftsformen – Vereinen und Stiftungen, Genossenschaften, Gegenseitigkeitsgesellschaften – ermöglicht werden solle, in der gesamten Gemeinschaft oder in Teilen der Gemeinschaft grenzüberschreitend tätig zu werden.[78]

2.4.6. Zwischenergebnis

Das Anspruchsniveau der Rechtsvereinheitlichung auf dem Gebiet des europäischen Gesellschaftsrechts wurde nach dem legislatorischen Höhepunkt im geänderten Vorschlag einer Verordnung des Rates über das Statut für Europäische Aktiengesellschaften von 1975 drastisch nach unten korrigiert. Die folgenden Verordnungsvorschläge von 1989 und 1991 zeigen die Ergebnisse gemeinschaftsweiter Diskussions- und Lernprozesse zur Durchsetzbarkeit einheitlicher europäischer Gesellschaftsformen. Gemessen an dem voluminösen Verordnungsvorschlag von 1975 (284 Artikel, umfangreiche Anhänge) war der Verordnungsvorschlag von 1989 auf etwa ein Drittel geschrumpft, der von 1991 blieb hinter diesem Stand noch einmal um etwa ein Viertel zurück. In inhaltlicher und methodischer Hinsicht hat die EG-Kommission ihre Rechtsetzungspolitik im Hinblick auf die im Mittelpunkt der gesellschaftsrechtlichen Vereinheitlichung stehende Europäische Aktiengesellschaft grundlegend geändert. Ihren Ausdruck gefunden haben die Änderungen vor allem in drei Merkmalen: in der verstärkten Rückverlagerung von Regelungsbefugnissen in das nationale Recht,[79] in der Ersetzung einheitlicher Vorgaben für Organverfassung und Mitbestimmung durch optionale Modelle und in der Auslagerung der Regelungen zur Stellung der Arbeitnehmer in Richtlinien. Aus dem perfektionistischen Einheitsentwurf von 1975 ist auf diese Weise ein "löchriges Sieb" geworden.[80] Die der Kommission abgerungene Umwandlung eigenständiger europäischer Ges-

---

78 KOM(91) 273 endg., S. 22, 92, 175.

79 Genau genommen handelt es sich natürlich nicht um *Rück*verlagerung. Da das Projekt der Europäischen Aktiengesellschaft bisher nicht verwirklicht worden ist, wurden tatsächlich keine Regelungen aus dem nationalen Recht in das Europäische Aktienrecht abgezogen. Das Hin und Her fand nur auf dem Papier von Verordnungsvorschlägen statt.

80 *Thomas Raiser*, Die Europäische Aktiengesellschaft und die nationalen Aktiengesetze, in: Festschrift für Johannes Semler, Berlin / New York 1993, 277-297 (295). Das Bild könnte besser gelungen sein - gibt es ein nicht-löchriges Sieb?

taltungsansprüche in umfangreiche Verweisungen auf mitgliedstaatliches Aktienrecht geben ein Maß für die Stärke des "rechtlichen Nationalismus"[81]. Die Entwicklung hat sich im Verordnungsentwurf 1991 gegenüber dem von 1989 noch einmal verstärkt, wie sich beispielsweise an der im Grundsatz auf das nationale Recht verweisenden Rechtsanwendungsregel des neugefassten Art. 7 und an der Technik der Verweisung auf die nationalen Ausführungsgesetze zur Publizitäts-, Kapital- und Fusionsrichtlinie anstelle der unmittelbaren Verweisung auf die Richtlinien erkennen lässt.[82]

Als der wirksamste Hemmschuh für die Herausbildung autonomen europäischen Gesellschaftsrechts hat sich neben der rechtskulturellen Beharrungskraft der heimischen Gesellschaftsformen in den Mitgliedstaaten und der darum herum entwickelten Rechtspraxis das Recht der Mitbestimmung der Arbeitnehmer erwiesen.[83] Die Mitbestimmung im Aufsichtsrat bzw. *board* der Aktiengesellschaft, die in Deutschland und zu einem geringeren Grad in den Niederlanden, als ein unverzichtbarer *acquis social* angesehen wird, ist in Großbritannien und anderen Mitgliedstaaten nicht einmal in abgeschwächter Form akzeptabel.[84] Für die hemmende Wirkung der Mitbestimmungsregelungen spricht auch, dass die einzige vom Rat bisher beschlossene gesellschaftsrechtliche Form, die Europäische Wirtschaftliche Interessenvereinigung (EWIV), erst nach zähem Herunterhandeln der Obergrenze der Arbeitnehmer-Zahl (500) unter die Größenschwellen der deutschen Mitbestimmung in europäische Rechtswirklichkeit umgesetzt werden konnte.[85]

Auf die starken Widerstände gegen integrierte und einheitliche Regelungen zur Arbeitnehmermitbestimmung hat die Kommission methodisch in zweifacher Hinsicht reagiert. Zum ersten hat sie die mitbestimmungsrechtlichen Fragen aus dem SE-Statuten-Vorschlag 1989 ausgegliedert und in eine ergänzende, auf Art. 44 (ex-Art. 54) Abs. 3 Buchst. g) EGV gestützte und

---

81 *Raiser* a.a.O., 283, 286 et passim.

82 *Raiser* a.a.O., 282. 285 f.

83 Vgl. *Walter Kolvenbach*, Neue Initiativen zur Weiterentwicklung des Europäischen Gesellschaftsrechts?, EuZW 1996, 229-234 (229); *Albrecht Krieger*, Muss die Mitbestimmung der Arbeitnehmer das europäische Gesellschaftsrecht blockieren?, in Festschrift für Fritz Rittner, München 1991, 303-321 (305).

84 *Klaus J. Hopt*, Arbeitnehmervertretung im Aufsichtsrat, in: Festschrift für Everling, Band 1, Baden-Baden 1995, 475- 492 (475, 485).

85 *Figge* a. a. O., 34; vgl. *von Maydell*, AG 1990, 442 (Fn. 2).

damit grundsätzlich im Mehrheitsverfahren beschließbare Richtlinie eingebracht. Begründet hat sie das damit, dass die "unterschiedlichen Bestimmungen und Praktiken der Mitgliedstaaten" in bezug auf die Stellung der
Arbeitnehmer in diesem Bereich zur Regelung in einer ergänzenden Richtlinie veranlassten.[86] Nach demselben Muster ist die Kommission dann bei den
Verordnungs- und Richtlinienentwürfen 1991/1993 zu den sozialwirtschaftlichen Gesellschaftsformen Verein, Genossenschaft und Gegenseitigkeitsgesellschaft verfahren.

Die Kritik an dieser Koppelung von EG-Rechtsinstrumenten legt ein Dilemma offen: Wird eng gekoppelt, wird der Themenausschluss der Mitbestimmung in Art. 95 (ex-Art. 100a) Abs. 2 EGV bezüglich der Rechte und
Interessen der Arbeitnehmer funktionell und faktisch außer Kraft gesetzt.
Wird hingegen nicht gekoppelt, wird die besondere Bedingtheit der europäischen Gesellschaftsform SE durch eine zwingende Mitbestimmungsregelung aufgehoben. Ob die SE dann durch eine allgemeine Richtlinie zur
Stellung der Arbeitnehmer mitbestimmungsrechtlich wieder "eingefangen"
werden kann, ist ungewiss. Da Art. 95 (ex-Art. 100a) Abs. 1 EGV als
Rechtsgrundlage für eine mitbestimmungsrechtlich "aufgeladene" Verordnung nicht in Betracht kommt, die Koppelung andererseits nicht verzichtbar
ist, führt die Suche nach einer widerspruchsfrei geeigneten Rechtsgrundlage
nach einer im Ergebnis überzeugenden Meinungsposition zurück zum Ausgangspunkt, nämlich zum Einstimmigkeit gebietenden Art. 308 (ex-Art.
235) EGV.[87]

Zum zweiten hat die Kommission mit ihrem Richtlinienvorschlag von
1989 zur Ergänzung des SE-Statuts hinsichtlich der Stellung der Arbeitnehmer das Ziel eines einheitlichen Mitbestimmungsmodells aufgegeben
zugunsten einer Auswahl von vier[88] Mitbestimmungsoptionen. Bewirkt

---

86 KOM(89) 268 endg. - SYN 218 und SYN 219 vom 25.8.1989, S. 1.

87 *Figge* a. a. O., 224.

88 Nach einer anderen Zählweise und auch nach der Gliederungssystematik des Richtlinienvorschlags handelt es sich um drei Mitbestimmungsmodelle, vgl. *Hopt*, a. a. O.,
485. Die Frage entscheidet sich danach, ob man Art. 4 des Richtlinienvorschlags als
ein Modell der Mitbestimmung im Aufsichts- oder Verwaltungsorgan liest oder die
hinter den beiden Spiegelstrichen stehenden Teilmodelle aufgrund der erheblich unterschiedlichen Wahl- bzw. Bestellverfahren – Wahl durch Arbeitnehmer nach dem
deutschen Modell, Kooptation durch das Organ selbst nach dem niederländischen
Modell - als zwei Modell versteht. Wie hier z. B. *von Maydell* a. a. O., 445.

werden würde durch die Modellauswahl der eines Tages möglicherweise umgesetzten Richtlinienvorschläge 1989/1991 eine "Partikularisierung" der Mitbestimmungsregelungen.[89] Genauer wird man sagen müssen: Da die Partikularität nicht eingeführt, sondern als vorgefundene Sozialtatsache hingenommen würde, blieben die Mitbestimmungsordnungen der Mitgliedstaaten von europäischer Rechtsangleichung weitgehend verschont.

Eine dritte Anmerkung. Optionalisierung in bezug auf Organverfassung und Mitbestimmungsstruktur mag, abgesehen davon, dass sie durch die Veränderung der Rechtsgrundlage geboten ist, die politische Akzeptanz von gemeinschaftsrechtlichen Entwürfen erhöhen. Sie wirft aber ein Folgeproblem auf, nämlich die Frage der *Gleichwertigkeit* der zur Auswahl gestellten Modelle. Die Frage kann mit guten Gründen verneint werden.[90] Unbefriedigend bleibt dabei jedoch der zirkuläre Charakter der Problemlösung. Die starke Unterschiedlichkeit der Mitbestimmungsrechtsordnungen in den EG-Mitgliedstaaten, die von der Kommission als Integrations- und Binnenmarkthindernis erkannt wird, führt aufgrund nicht weniger starker Änderungsscheu der Mitgliedstaaten schließlich zu einer optionalen Lösung, die mit dem Ausgangsbefund endet, nämlich der starken Unterschiedlichkeit der Mitbestimmungsordnungen und ihrer problematischen Ungleichgewichtigkeit.

Eine andere Folge der Auflösung des Gesetzgebungsdilemmas bei der SE-Verordnung zugunsten der politischen Durchsetzbarkeit ist die weitgehende Aufhebung der Einheitlichkeit im normativ gestalteten Sinn. Hinter der einheitlichen Fassade der SE werden "durch den ständigen Rückgriff auf die nationalen Regeln der Mitgliedstaaten im Gesellschafts-, Steuer-, Bilanz und Arbeitsrecht (...) 12 unterschiedliche SE entstehen".[91] Ein denkbarer Zwischenweg ist der Aufbau einer Art "dritter Ebene" zwischen "echten" supranationalen Gesellschaftsformen wie der EWIV und nationalen Gesellschaftsformen.[92] Die europapolitische Signalstellung hierfür ist allerdings auch Mitte 1999 nicht günstig. Der auf der Ratstagung der Arbeits- und Sozialminister am 25. Mai 1999 von der deutschen Ratspräsidentschaft vorge-

---

89 *Raiser* a. a. O., 280.

90 *Abeltshauser*, AG 1990, 296 ff.; *Däubler*, KJ 1990, 14 ff. (19) mit dem Argument, dass die aus ihrem sozialen Kontext herausgelösten Modelle 2 und 3 "Karikaturen der Herkunftsordnungen" sind; ähnlich *Wißmann*, RdA 1992, 320 ff. (329 f.).

91 *Trojan-Limmer*, RIW 1991, 1012, für den Stand von 1991.

92 *Trojan-Limmer*, a. a. O.

legte Kompromissvorschlag für das soziale Kapitel der Europäischen Aktiengesellschaft scheiterte, wie bereits der fast identische Vorschlag Österreichs vom Dezember 1998, an Spanien.[93] Der Rat für Soziales, der am 22. Juni 1999 in Luxemburg stattfinden sollte, wurde abgesagt, weil nach Mitteilung des deutschen Vorsitzes der einzige Tagesordnungspunkt, das Sozialkapitel der Europäischen Aktiengesellschaft, offenbar endgültig blockiert war.[94]

2.5. Entwicklungslinie II: Rechtsangleichung

Rechtsangleichung im Sinne der allgemeinen Aufgabenzuweisung an die Gemeinschaft nach Art. 3 Buchst. h) EGV ist von Rechtsvereinheitlichung vor allem bei prozesshafter Betrachtung nicht einfach abgrenzbar. Die europarechtswissenschaftliche Diskussion der terminologischen und funktionalen Unterschiede muss hier nicht aufgenommen werden.[95] Es genügt die Feststellung, dass Rechtsangleichung schon begrifflich auf vorfindbares Recht der Mitgliedstaaten einwirkt und damit im allgemeinen hinter dem Ziel der Schaffung eigenständiger gemeinschaftsrechtlicher Regelungen zurückbleiben wird.

2.5.1. Der Vorschlag einer 5. gesellschaftsrechtlichen Richtlinie

Art. 44 (ex-Art. 54) Abs. 1 EGV formuliert ein komplexes "allgemeines Programm zur Aufhebung der Beschränkungen der Niederlassungsfreiheit innerhalb der Gemeinschaft", zu dessen Verwirklichung der Rat nach Art.

---

93 Bulletin quotidien Europe Nr. 7471 vom 25./26.5.1999, S. 9. Begründung des spanischen Vertreters nach dem genannten Pressebericht: Es sei nicht akzeptabel, daß eine Minderheit von Arbeitnehmern ihr Mitbestimmungssystem durchsetzen könne.

94 Bulletin quotidien Europe Nr. 7490 vom 19.6.1999, S. 11. Der deutsche Vorsitz hat nach diesem Bericht "jede Hoffnung auf Erfolg aufgegeben und festgestellt, daß nichts mehr zu machen ist".

95 Vgl. *Thomas Oppermann*, Europarecht, 2. Aufl., München 1999, Rn. 1200 ff.; *M. Röttinger*, in: Lenz, EGV, Art. 94 (ex-Art. 100) Rn .14; *Langeheine* in Grabitz / Hilf, KEU, Art. 94 (ex-Art. 100) Rn. 7 ff., 14; *Hans Claudius Taschner,* in: Groeben / Thiesing / Ehlermann, EWG-Vertrag, Art. 94 (ex-Art. 100) Rn. 13 a. E.; *Ernst Steindorff*, EG-Vertrag und Privatrecht, Baden-Baden 1996, 385 ff.

44 (ex-Art. 54) Abs. 2 EGV gemäß dem Verfahren der sogenannten Mitentscheidung nach Art. 251 (ex-Art. 189b) und nach Anhörung des Wirtschafts- und Sozialausschusses Richtlinien erlässt. In der Form der Richtlinie haben Rat und Kommission die ihnen durch die Programmvorschrift des Art. 44 (ex-Art. 54) Abs. 1 EGV übertragenen Aufgaben durch gemäß Art. 44 (ex-Art. 54) Abs. 3 EGV spezifizierte Teilaufgaben zu erfüllen. Hierzu gehört nach Art. 44 (ex-Art. 54) Abs. 3 Buchst. g) EGV der Auftrag, soweit erforderlich die Schutzbestimmungen zu koordinieren, die in den Mitgliedstaaten den Gesellschaften im Sinne des Artikels 58 Abs. 2 im Interesse der Gesellschafter sowie Dritter vorgeschrieben sind, um diese Bestimmungen gleichwertig zu gestalten.

Auf den Koordinierungsauftrag des Art. 44 (ex-Art. 54) Abs. 3 Buchst. g) EGV, der durch das Merkmal der Erforderlichkeit "für das Funktionieren des Gemeinsamen Marktes" nach Art. 3 Buchst. h) EGV begrenzt wird, hat die Kommission alle 13 bislang von ihr vorgelegten und zum überwiegenden Teil vom Rat verabschiedeten gesellschaftsrechtlichen Richtlinienvorschläge gestützt.[96] Dazu gehört auch der von der Kommission erstmalig am 9. Oktober 1972 vorgelegte, vom Rat nicht übernommene "Vorschlag einer fünften Richtlinie zur Koordinierung der Schutzbestimmungen, die in den Mitgliedstaaten den Gesellschaften im Sinne des Artikels 58 Absatz 2 des Vertrages im Interesse der Gesellschafter sowie Dritter hinsichtlich der Struktur der Aktiengesellschaft sowie der Befugnisse und Verpflichtungen ihrer Organe vorgeschrieben sind".[97]

Der Vorschlag für eine – im folgenden kurz so benannte – 5. Richtlinie ist für eine Untersuchung der Entwicklungsgeschichte der Mitbestimmung in Europa von Bedeutung, weil hier auf dem Pfad der gesellschaftsrechtlichen Koordinierung ebenfalls Beteiligungsbefugnisse der Arbeitnehmer ausgestaltet werden sollten. In Übereinstimmung mit dem bereits für den Verordnungsvorschlag von 1970 gewählten, dem deutschen Aktienrecht entnommenen dualistischen System verlangt auch der Vorschlag für eine 5. Richtlinie in Art. 2 Abs. 1 eine Struktur der Gesellschaft, die aus wenigstens drei verschiedenen Organen aufgebaut ist, dem Leitungsorgan, dem Aufsichtsorgan und der Hauptversammlung. Der Strukturkonflikt mit dem Sys-

---

96 Übersicht bei *Behrens*, in: Hdb. EG-WirtschaftsR, E III, Rn. 18; *Peter M. Wiesner*, Stand des Europäischen Unternehmensrechts, EuZW 1993, 500-510.

97 ABl. Nr. C 131/49 vom 13.12.72.

tem des alleinigen Verwaltungsorgans ("monistisches System") wird von der Kommission gesehen und selbstbewusst mit dem Argument der eindeutigen Abgrenzbarkeit der Verantwortlichkeit von Personen zugunsten des dualistischen Systems entschieden: Auch die bloß fakultative Einführung des dualistischen Systems genüge nicht, diese Struktur müsse vielmehr "allen Aktiengesellschaften auferlegt werden".[98] Unmittelbar beteiligungsrelevant sind die Bestimmungen in Artikel 4 Abs. 2 und 3. Nach Art. 4 Abs. 2 Satz 2 wird mindestens ein Drittel der Mitglieder des Aufsichtsorgans von den Arbeitnehmern oder von deren Vertretern oder auf Vorschlag der Arbeitnehmer oder von deren Vertretern bestellt. Nach Art. 4 Abs. 3 werden die Mitglieder des Aufsichtsorgans durch das Aufsichtsorgan bestellt. Jedoch können die Hauptversammlung oder die Vertreter der Arbeitnehmer Widerspruch gegen die Bestellung eines vorgeschlagenen Kandidaten einlegen mit der Begründung, dass dieser für die Erfüllung seiner Aufgaben nicht geeignet ist oder durch seine Bestellung das Aufsichtsorgan im Hinblick auf die Interessen der Gesellschaft, der Aktionäre und der Arbeitnehmer einseitig zusammengesetzt wäre.

Der Vorschlag der 5. Richtlinie lässt im Grundsatz dasselbe gesetzgebungspolitische Dilemma erkennen, das sich bereits für den Verordnungsvorschlag von 1970 abgezeichnet hatte. Die Kommission hatte sich bei der Organverfassung und den Beteiligungsbefugnissen der Arbeitnehmer in den Aktiengesellschaften der Mitgliedstaaten für eines von mehreren existierenden Organisationsmodellen entschieden – das des deutschen Aktien- und Mitbestimmungsrechts.[99] *Lutter* hat dieses Vorgehen 1975 mit dem auf Pluralität setzenden Argument kritisiert, dass die Rechtsangleichung hier Aufgaben der allgemeinen Rechtspolitik usurpiere. Niemand werde doch ernsthaft behaupten wollen, das in Frankreich dominierende, in England und den USA allein bekannte System des *einen* Organs Verwaltungsrat sei für Gläubiger und Aktionäre so gefährlich, dass zu ihrem Schutz eine Ersetzung *ausschließlich* durch das dualistische System *erforderlich* sei.[100] Mit dem in Artikel 2 Abs. 1 des Vorschlags einer 5. Richtlinie enthaltenen Strukturvorschlag gingen die Organe der Gemeinschaft weit über die Funktionen der

98 Ebenda, Erwägungsgrund Nr. 7 am Ende.

99 Das zu diesem Zeitpunkt darüber hinaus zwingend nur für die großen Gesellschaften in den Niederlanden galt und fakultativ in Frankreich, vgl. *Lutter*, Europarecht 10 (1975), 44-72 (48).

100 *Lutter* a. a. O., S. 49. Hervorhebungen im Original.

Rechtsangleichung hinaus und auf allgemeine Bereiche rechtspolitischer Zweckmäßigkeit über: Wenn Staaten wie Frankreich und Großbritannien der Auffassung sind, dass ihr System des "board" oder des "conseil d'administration" nach wie vor funktionsfähig sei, dann könne es nicht Aufgabe der Rechtsangleichung sein, es zu beseitigen. Es kann nicht verwundern, dass diese Sicht von Juristen aus EG-Mitgliedstaaten mit anderen gesellschaftsrechtlichen Traditionen und Formen als den deutschen geteilt wurde. Insbesondere die Debatte in den neu beigetretenen Mitgliedstaaten Großbritannien und Irland reagierte zurückweisend, wenn auch nicht ohne Bereitschaft zum Nachdenken über Annäherung: "However, there is no reason, and the Commission certainly does not wish, to replace the principles of the Anglo-Irish company law with other principles, nor would it be desirable or feasible to do so. What is needed is a marriage of the common law expertise with the civil law experience."[101]

Besonders deutlich wird das Dilemma in der Frage der Mitbestimmung. Die ausgeprägten Rechts- und Praxisunterschiede in diesem Bereich machen bei wachsender Bedeutung grenzüberschreitenden Handelns von Unternehmen angleichende Regelungen erforderlich, um problematische Entwicklungsdifferenzen zu bestehenden Mitbestimmungsniveaus zu vermeiden.[102] Deshalb sollten Regelungen für eine Beteiligung der Arbeitnehmer an der Bildung des Aufsichts- oder Verwaltungsorgans in allen Mitgliedstaaten getroffen werden.[103] Da solche Regelungen auf Vorbehalte der Mitgliedstaaten stoßen, die um so stärker sind, je weiter sich das vorgeschlagene Rechtsmodell der Koordinierung vom einheimischen Mitbestimmungsrecht entfernt, weicht der europäische Rechtsetzungsprozess mit Rücksicht auf die Durchsetzbarkeit auf die Möglichkeit der Wahl von Modellen aus, die –

---

101 *Temple Lang*, The Fifth EEC Directive on the Harmonization of Company Law, 12 CMLR 1975, 155-170 (158).

102 Und dadurch eine mögliche Verzerrung von Standortbedingungen innerhalb des Binnenmarktes im Sinne des "Delaware-Effekts" zu vermeiden; zu diesem Effekt vgl. *Friedrich Kübler*, Gesellschaftsrecht, 4. Auflage, Heidelberg 1994, § 35 V 3, S. 618.

103 Geänderter Vorschlag einer fünften Richtlinie des Rates nach Artikel 54 Abs. 3 Buchstabe g) des Vertrages über die Struktur der Aktiengesellschaft sowie die Befugnisse und Verpflichtungen ihrer Organe, ABl. Nr. C 240/2 vom 9.9.83, Erwägungsgrund Nr. 8.

ungeachtet der Beschwörung der Gleichwertigkeit[104] – um so weniger das Ausgangsziel erreichen werden, je stärker sie variieren.

2.5.2. Geänderte Vorschläge einer 5. Richtlinie 1983 und 1990/91

Wiederum musste ein monistischer Regelungsansatz im Bereich der Mitbestimmung von Arbeitnehmern korrigiert werden. Mit ihrem Geänderten Vorschlag einer fünften Richtlinie des Rates nach Artikel 54 Absatz 3 Buchstabe g) des Vertrages über die Struktur der Aktiengesellschaft sowie die Befugnisse und Verpflichtungen ihrer Organe von 1983[105] hatte die EG-Kommission weitgehend Änderungsempfehlungen des Europäischen Parlaments übernommen.[106] Sie betrafen vor allem die Organverfassung. Nicht ohne einen bemerkenswerten sprachlichen Vorbehalt räumte die Kommission 1983 ihre Position des ausschließlichen Dualismus in der Organverfassung:

"Zwar ist die allgemeine verbindliche Einführung des dualistischen Systems *derzeit* nicht zu verwirklichen; indessen soll dieses System den Aktiengesellschaften überall zumindest zur Wahl offen stehen. Das monistische System kann beibehalten werden, sofern es mit Merkmalen ausgestattet wird, die dazu führen, seine Funktionsweise der des dualistischen Systems anzugleichen."[107]

Die fortbestehende Präferenz für das dualistische System kommt im übrigen auch gesetzgebungssystematisch in der entsprechenden Strukturvorschrift des Art. 2 des Entwurfs von 1983 zum Ausdruck.[108]

Nach oben korrigiert wurde die Schwellenzahl der Arbeitnehmer, von der ab die Mitbestimmung einzuführen ist, von vormals 500 auf 1000,[109] ten-

---

104 Geänderter Vorschlag a. a. O., Erwägungsgrund Nr. 8.

105 ABl. Nr. C 240/2 vom 9.9.83.

106 *Figge*, Mitbestimmung auf Unternehmensebene, 119; vgl. *Behrens*, in: Hdb. EG-Wirtschaftsr., E III Rn. 51 ff.; *Jörn Pipkorn*, Europäische Aspekte der Infomations- und Mitwirkungsrechte der Arbeitnehmer, Bonn 1995, 20.

107 ABl. Nr. C 240/3 vom 9.9.83, geänderte Erwägung Nr. 7 am Ende; Hervorhebung durch mich.

108 Nach dessen Absatz 1 Satz 1 schreiben die Mitgliedstaaten vor, dass die Struktur der Gesellschaft entsprechend dem dualistischen System (...) geregelt wird. Nach Satz 2 können sie jedoch zulassen, dass die Gesellschaft zwischen einem dualistischen System (...) und einem monistischen System (Verwaltungsorgan) (...) wählen kann.

109 Vgl. Art. 4 Abs. 1 des Richtlinienentwurfs von 1972 mit Art. 4 Abs. 1 des E 1983.

denziell nach unten korrigiert wurde hingegen die Arbeitnehmerbeteiligung durch die Einführung einer Höchstgrenze und eines Letztentscheidungsrechts der Anteilseigner. Nach dem neuen Artikel 4b des Entwurfs von 1983[110] werden die Mitglieder des Aufsichtsorgans höchstens zu zwei Dritteln von der Hauptversammlung und mindestens zu einem Drittel, jedoch höchstens zur Hälfte von den Arbeitnehmern der Gesellschaft bestellt (Absatz 1). Für den Fall der hälftigen Beteiligung der Arbeitnehmer ist für Abstimmungen innerhalb dieses Organs sicherzustellen, dass dessen Entscheidungen letztlich von den von der Hauptversammlung bestellten Mitgliedern getroffen werden (Absatz 2). Neben der nunmehr ebenfalls eröffneten Möglichkeit der Beteiligung der Arbeitnehmer in Form einer zu unterrichtenden und anzuhörenden Arbeitnehmervertretung[111] eröffnete der Vorschlag von 1983 auch die Möglichkeit der Beteiligung durch Tarifvertrag, die im Bemühen um Gleichwertigkeit eine bestimmte Mindestanforderungen sichernde Regelung erfahren hat.[112]

Eine zweite Änderung erfuhr der Vorschlag für eine fünfte Richtlinie Ende 1990.[113] Der vergleichsweise knappe Änderungsvorschlag stärkt vor allem die Stellung der Aktionäre in bezug auf die Ausübung ihres Stimmrechts, "um zu gewährleisten, dass sie am Gesellschaftsrecht in hohem Maße beteiligt sind".[114] Der Änderungsvorschlag bedarf hier, da er die mitbestimmungsrechtlichen Regelungen unverändert lässt, ebenso wenig der Betrachtung wie eine dritte Änderung des Vorschlags für eine fünfte Richtlinie vom November 1991.[115]

2.5.3. Der Vorschlag einer 10. gesellschaftsrechtlichen Richtlinie

Ein weiterer Vorschlag für eine gesellschaftsrechtliche Richtlinie verdient in diesem Zusammenhang Beachtung, weil der Regelungsinhalt ebenfalls Mit-

---

110 Die entsprechenden Regelungen für das monistische System finden sich in Art. 21 d.
111 Art. 4 d des Richtlinienentwurfs von 1983; die entsprechende Vorschrift für das monistische System findet sich in Art. 21 b Abs. 1.
112 Art. 4 e, siehe dort Absatz 2; siehe für das monistische System Art. 21 f. Vgl. *Figge*, Mitbestimmung im Unternehmen, 120, 129 ff.
113 ABl. Nr. C 7/4 vom 11.1.91.
114 So der zwischen den Erwägungsgründen 12 und 13 neu eingefügte Erwägungsgrund.
115 KOM(91) 372 endg. - SYN 3 vom 21. November 1991, ABl. Nr. C 321/9 vom 12.12.91.

bestimmungsfragen berührt und weil der Vorschlag aus eben diesen Gründen bisher ebenfalls nicht verwirklicht worden ist. Es handelt sich um den im Januar 1985 von der Kommission dem Rat vorgelegten Vorschlag einer zehnten Richtlinie des Rates nach Artikel 54 Abs. 3 Buchstabe g) des Vertrages über die grenzüberschreitende Verschmelzung von Aktiengesellschaften.[116] Unter dem Gesichtspunkt der Beteiligung von Arbeitnehmern sind zwei Regelungselemente von unmittelbarem Belang. Zum einen soll der Schutz der Arbeitnehmer bei grenzüberschreitenden ebenso wie bei internen Verschmelzungen durch die Richtlinie 77/187/EWG des Rates gewährleistet werden.[117] Die hier in Bezug genommene Richtlinie 77/187/EWG enthält Bestimmungen zur Angleichung der Rechtsvorschriften der Mitgliedstaaten über die Wahrung von Ansprüchen der Arbeitnehmer beim Übergang von Unternehmen, Betrieben oder Betriebsteilen.[118] Bestandteil der Richtlinie 77/187/EWG sind sowohl individualrechtliche als auch kollektivrechtliche Bestimmungen zum Schutz der Arbeitnehmer beim Betriebsinhaberwechsel. In das deutsche Recht umgesetzt worden ist diese Richtlinie durch § 613a BGB. Zum anderen enthält Artikel 1 Abs. 3 des Vorschlags für eine 10. Richtlinie eine Freistellung für Mitgliedstaaten von der Anwendung der Bestimmungen, sofern dies dazu führt, dass ein Unternehmen, gleichgültig ob es an dem Vorgang beteiligt ist oder nicht, nicht mehr die Voraussetzungen für die Vertretung der Arbeitnehmer in Unternehmensorganen erfüllt.[119]

---

116 ABl. Nr. C 23/11 vom 25.1.85.
117 Erwägungsgrund Nr. 5; die entsprechende normative Regelung hierzu findet sich in Art. 1 Abs. 4 des Richtlinienvorschlags.
118 ABl. Nr. L 61/26 vom 5.3.77.
119 Für die arbeitsrechtlichen Aspekte dieser Richtlinie siehe *Wolfgang Däubler*, Grenzüberschreitende Fusion und Arbeitsrecht, DB 1988, 1850-1854; vgl. *Christian Göke*, Arbeitsrechtliche Probleme des Richtlinienvorschlags (KOM(91) endg. - SYN 219 zur Ergänzung des SE-Statuts im Verhältnis zum deutschen und italienischen Arbeitsrecht, Diss. Münster 1993, 25.

2.6. Entwicklungslinie III: Situationsgebundene Mitbestimmungsrechte

Vergleichsweise erfolgreich waren Kommission und Rat beim Einbau von Mitbestimmungselementen in EG-Richtlinien, deren vorrangiges Ziel nicht die Regelung von Mitbestimmung oder Information und Konsultation, sondern die wettbewerbsneutrale, durch die Angleichungsvoraussetzungen des Art. 94 (ex-Art. 100) EGV abgesteckte Bewältigung von Krisensituationen des Unternehmens und die Ausgestaltung von Sicherheit und Gesundheitsschutz der Arbeitnehmer sind.[120]

2.6.1. Massenentlassung

Situationsbezogene Beteiligungs- und Mitbestimmungsbefugnisse der Arbeitnehmervertreter enthielt erstmalig die Richtlinie 75/129/EWG des Rates vom 17. Februar 1975 zur Angleichung der Rechtsvorschriften der Mitgliedstaaten über Massenentlassungen.[121] Sie wurde ebenso wie die sie in wichtigen Punkten erweiternde Richtlinie 92/56/EWG des Rates vom 24. Juni 1992[122] aufgehoben durch die Richtlinie 98/59/EG des Rates vom 20. Juli 1998.[123] Beabsichtigt ein Arbeitgeber, Massenentlassungen vorzunehmen, so verpflichtet ihn Art. 2 Abs. 1 der Richtlinie 98/59/EG, die Arbeitnehmervertreter zu rechtzeitig konsultieren, um zu einer Einigung zu gelangen. Diese Konsultationen erstrecken sich zumindest auf die Möglichkeit, Massenentlassungen zu vermeiden oder zu beschränken, sowie auf die Möglichkeit, ihre Folgen durch soziale Begleitmaßnahmen zu mildern. Art. 2 Abs. 3 der Richtlinie 98/59/EG spezifiziert Form und Inhalt der dem Arbeitgeber auferlegten Mitteilungspflicht. Damit die Arbeitnehmervertreter konstruktive Vorschläge unterbreiten können, hat der Arbeitgeber ihnen

---

120 Vgl. beispielsweise die Begründung der Richtlinie 77/187/EWG in den Erwägungsgründen Nr. 3 und 4: "Zwischen den Mitgliedstaaten bestehen in bezug auf den Umfang des Arbeitnehmerschutzes auf diesem Gebiet weiterhin Unterschiede, die verringert werden sollten. Diese Unterschiede können sich auf das Funktionieren des Gemeinsamen Marktes unmittelbar auswirken."
121 ABl. Nr. L 48/29 vom 22.2.75.
122 ABl. Nr. L 245/3 vom 26.8.92.
123 ABl. Nr. L 225/16 vom 12.8.1998; die Aufhebung der vorgenannten Richtlinien ist angeordnet im Artikel 8 im Zusammenhang mit Anhang I Teil A.

rechtzeitig im Verlauf der Konsultationen die zweckdienlichen Auskünfte zu erteilen und in jedem Fall schriftlich die Gründe der Entlassung, die Zahl und die Kategorien der zu entlassenden Arbeitnehmer, die Zahl und die Kategorien der in der Regel beschäftigten Arbeitnehmer, den Zeitraum, in dem die Entlassungen vorgenommen werden sollen, gegebenenfalls (nach innerstaatlichem Recht) die vorgesehenen Kriterien für die Auswahl der zu entlassenden Arbeitnehmer und die vorgesehene Methode für die Berechnung etwaiger Abfindungen mitzuteilen. Darüber hinaus muss er der zuständigen Behörde eine Abschrift der genannten schriftlichen Mitteilung übermitteln. Umgekehrt hat der Arbeitgeber nach Art. 3 Abs. 2 der Richtlinie 98/59/EG den Arbeitnehmervertretern eine Abschrift der an die zuständigen Behörde gerichteten Anzeige der beabsichtigten Massenentlassungen zu übermitteln. Die Arbeitnehmervertreter könne nach Art. 3 Abs. 2 Satz 2 der Richtlinie etwaige Bemerkungen an die zuständige Behörde richten.[124]

Der bereits durch die vorausgehende Richtlinie 92/56/EWG des Rates vom 24. Juni 1992[125] eingefügte und durch die Richtlinie 98/59/EG beibehaltene Art. 2 Abs. 4 berücksichtigt Entscheidungs- und Informationsprobleme in Konzernunternehmen. Die Informations- und Konsultationspflichten gemäß den Absätzen 1, 2 und 3 gelten nach der neuen Regelung unabhängig davon, ob die Entscheidung über die Massenentlassung von dem Arbeitgeber oder von einem den Arbeitgeber beherrschenden Unternehmen getroffen wurde. Hinsichtlich angeblicher Verstöße gegen die in dieser Richtlinie enthaltenen Informations-, Konsultations- und Meldepflichten findet nach Art. 2 Abs. 4 Unterabsatz 2 der Richtlinie der Einwand des Arbeitgebers, das für die Massenentlassungen verantwortliche Unternehmen habe ihm die notwendigen Informationen nicht übermittelt, keine Berücksichtigung. Insoweit wurde mit der bereits durch die Richtlinie 92/56/EG bewirkten Neufassung der ursprünglichen Richtlinie 75/129/EWG einem wesentlichen Regelungsanliegen des sog. Vredeling-Richtlinienvorschlags von 1980/1983 entsprochen.[126]

---

124 Die materiell- und verfahrensrechtlichen Anforderungen der Richtlinien 75/129/EWG und 92/56/EG sind in das deutsche Recht umgesetzt worden durch die §§ 17-22 KSchG.

125 ABl. Nr. L 245/3 vom 26.8.92.

126 *Jörn Pipkorn*, Europäische Aspekte der Informations- und Mitwirkungsrechte der Arbeitnehmer, in: Festschrift für Ulrich Everling, Band 2, Baden-Baden 1995, 1113-1131 (1124).

Der Fall des Renault-Werkes Vilvoorde in Belgien im Frühjahr 1997 wird Anlass geben, auf die praktische Bedeutung dieser Vorschriften zurückzukommen.[127]

2.6.2. Betriebsübergang

Die Richtlinie 77/187/EWG des Rates vom 14. Februar 1977 zur Angleichung der Rechtsvorschriften der Mitgliedstaaten über die Wahrung von Ansprüchen der Arbeitnehmer beim Übergang von Unternehmen, Betrieben oder Unternehmens- oder Betriebsteilen[128] regelt auch Fragen der Rechtsstellung und der rechtlichen Befugnisse der Vertreter der Arbeitnehmer. Nach Art. 5 Abs. 2 der Richtlinie 77/187/EWG gelten für die Arbeitnehmervertreter, deren Mandat auf Grund des Betriebsübergangs erlischt, die nach den Rechts- und Verwaltungsvorschriften oder der Praxis der Mitgliedstaaten vorgesehenen Schutzmaßnahmen weiterhin. Art. 6 Abs. 1 Satz 2 der Richtlinie verpflichtet den Veräußerer, den Vertretern seiner Arbeitnehmer die im Satz 1 aufgeführten Informationen (Zeitpunkt, Grund und Folgen des Übergangs, hinsichtlich der Arbeitnehmer in Aussicht genommene Maßnahmen) rechtzeitig vor dem Vollzug des Übergangs zu übermitteln. Die gleiche Verpflichtung trifft nach Art. 6 Abs. 1 Satz 3 der Richtlinie den Erwerber im Hinblick auf die Vertreter seiner Arbeitnehmer. Ziehen der Veräußerer bzw. der Erwerber Maßnahmen hinsichtlich ihrer jeweiligen Arbeitnehmer in Betracht, so sind sie nach Art. 6 Abs. 2 verpflichtet, die Vertreter seiner jeweiligen Arbeitnehmer rechtzeitig zu diesen Maßnahmen zu konsultieren, "um eine Übereinkunft anzustreben". Die Mitgliedstaaten, deren Rechts- und Verwaltungsvorschriften vorsehen, dass die Vertreter der Arbeitnehmer eine Schiedsstelle anrufen können, um eine Entscheidung über hinsichtlich der Arbeitnehmer zu treffende Maßnahmen zu erhalten,[129] können nach Art. 6 Abs. 3 der Richtlinie 77/187/EWG die Verpflichtungen gemäß den Absätzen 1 und 2 auf den Fall beschränken, in dem der vollzogene Übergang "eine Betriebsänderung hervorruft, die wesentliche Nachteile für einen erheblichen Teil der Arbeitnehmer zur Folge haben kann".

---

127 Siehe unten 5.5.

128 ABl. Nr. L 61/26 vom 5.3.77; geändert durch die Richtlinie 98/50/EG des Rates vom 29. Juni 1998, ABl. Nr. L 201/88 vom 17.7.1998.

129 Für das deutsche Betriebsverfassungsrecht siehe §§ 111, 112 Abs. 2-4 BetrVG.

2.6.3. Sicherheit und Gesundheitsschutz der Arbeitnehmer

Auf eine Aufforderung des Europäischen Parlaments vom Februar 1988 hin hat die EG-Kommission ihre Rechtsetzungspolitik im Bereich Sicherheit und Gesundheitsschutz am Arbeitsplatz nach dem Verhältnis von Rahmen und Ausfüllung geordnet. Als Rahmen dient die auf Art. 138 (ex-Art. 118a) EGV gestützte Richtlinie 89/391/EWG des Rates vom 12. Juni 1989 über die Durchführung von Maßnahmen zur Verbesserung der Sicherheit und des Gesundheitsschutzes der Arbeitnehmer bei der Arbeit.[130] Aufgefüllt worden ist dieser Rahmen durch bislang 14 Einzelrichtlinien.[131]

Bereits in seinen Erwägungen zu der Richtlinie hebt der Rat der Europäischen Gemeinschaften die Notwendigkeit der Information der Arbeitnehmer bzw. ihrer Vertreter im Hinblick auf die Gefahren für Sicherheit und Gesundheit und die dagegen ergriffenen Maßnahmen hervor und stellt fest:

"Es ist erforderlich, die Unterrichtung, den Dialog und die ausgewogene Zusammenarbeit im Bereich der Sicherheit und des Gesundheitsschutzes am Arbeitsplatz zwischen den Arbeitgebern und den Arbeitnehmern bzw. ihren Vertretern durch geeignete Verfahren und Instrumente entsprechend den nationalen Rechtsvorschriften bzw. Praktiken auszuweiten."[132]

Zu einem rechtlich verbindlichen Programm ausgearbeitet worden sind die den Arbeitgeber treffenden Informationspflichten in Artikel 10 der Rahmenrichtlinie. Nach Art. 11 Abs. 1 der Richtlinie 89/391/EWG hören die Arbeitgeber die Arbeitnehmer bzw. deren Vertreter an und ermöglichen deren Beteiligung bei allen Fragen betreffend die Sicherheit und die Ge-

---

130 ABl. Nr. L 183/1 vom 29.6.89.

131 Zu Einzelheiten siehe *Andreas Bücker / Kerstin Feldhoff / Wolfhard Kohte*, Vom Arbeitsschutz zur Arbeitsumwelt, Neuwied / Kriftel / Berlin 1994, Rn. 245, 280; *Wolfhard Kohte*, Die Umsetzung der Richtlinie 89/391 in den Mitgliedstaaten der EU, ZIAS 1999, 85-118; *Andreas Bücker*, Von der Gefahrenabwehr zu Risikovorsorge und Risikomanagement im Arbeitsschutzrecht: Eine Untersuchung am Beispiel der rechtlichen Regulierung der Sicherheit von Maschinen unter dem Einfluß der europäischen Rechtsangleichung, Berlin 1997, , 225 ff., 242 ff.; *Michael Kittner / Ralf Pieper*, Arbeitsschutzrecht. Kommentar für die Praxis, Frankfurt am Main 1999, 45 ff., 51 f. Die jüngste (14.) Einzelrichtlinie im Sinne von Art. 16 Abs. 1 der Richtlinie 89/391/EWG ist die Richtlinie 98/24/EG des Rates vom 7. April 1998 zum Schutz von Gesundheit und Sicherheit der Arbeitnehmer vor der Gefährdung durch chemische Arbeitsstoffe bei der Arbeit, ABl. Nr. L 131/11 vom 5.5.1998.

132 Erwägungsgründe Nr. 11 und 12.

sundheit am Arbeitsplatz. Die Anhörungs- und Beteiligungspflichten der Arbeitgeber werden in Art. 11 Abs. 1 nach allgemeinen Anhörungs- und Beteiligungsrechten der Arbeitnehmer und in Art. 11 Abs. 2 nach spezifischen Beteiligungsrechten der Arbeitnehmer bzw. ihrer Vertreter mit einer besonderen Funktion bei der Sicherheit und beim Gesundheitsschutz der Arbeitnehmer unterschieden. Für *Pipkorn* haben diese Informations- und Anhörungsrechte wegen ihrer Bezogenheit auf die persönliche Sicherheit einen interessanten Menschenrechtsbezug.[133]

2.7. Entwicklungslinie IV: Unterrichtung und Anhörung der Arbeitnehmer

Einem ganz anderen, nicht an der Struktur von Gesellschaften und auch nicht an gesellschaftsrechtlichen Pflichten, sondern an unternehmerischen Informationspflichten gegenüber den Arbeitnehmern ansetzenden Konzept folgte der erstmalig 1980 von der Kommission beschlossene und nach außerordentlich kontroverser Diskussion 1983 überarbeitete Vorschlag für eine Richtlinie über die Unterrichtung und Anhörung der Arbeitnehmer.[134]

2.7.1. Die Vorschläge für Richtlinien über die Unterrichtung und Anhörung der Arbeitnehmer

Der auf Art. 94 (ex-Art. 100) EGV gestützte Richtlinienvorschlag ist eine späte Frucht des Pariser EG-Gipfels von 1972 und des bereits erwähnten Sozialpolitischen Aktionsprogramms von 1974.[135] Er sollte die situationsspezifischen Konsultationsansätze in den 1975 und 1977 beschlossenen Richtlinien des Rates zu Massenentlassungen[136] und zum Bestandsschutz beim Betriebsübergang[137] ergänzen und verallgemeinern.

---

133 *Pipkorn*, in: Festschrift für Everling, Band 2, 1995, 1124.
134 ABl. Nr. C 297/3 vom 15.11.80 und ABl. Nr. C 217/3 vom 12.8.83.
135 ABl. Nr. C 13/1 vom 12.2.74. Vgl. *Jörn Pipkorn*, The Draft Directive on Procedures for Informing and Consulting Employees, CMLR 20 (1983), 725-755 (726 f.).
136 ABl. Nr. L 48/29 vom 22.2.75.
137 Richtlinie 77/187/EWG, ABl. Nr. L 61/26 vom 5.3.77.

Der erste Vorschlag von 1980 zeigte noch deutliche Spuren einer konzeptionellen Korrektur. Ursprünglich sollte der mit dem Namen des zu dieser Zeit für Sozialpolitik verantwortlichen niederländischen EG-Kommisars *Henk Vredeling* verbundene Entwurf nur die Unterrichtungs- und Anhörungspflichten transnationaler Unternehmen erfassen, bei denen das herrschende Unternehmen in einem anderen Mitgliedstaat lag als das oder die Tochterunternehmen. Diese Beschränkung hätte zu einer mit dem EWG-Vertrag und der durch ihn gewährleisteten Niederlassungsfreiheit nicht vereinbaren Diskriminierung zugunsten ausschließlich national operierender "Mehrebenen"-Unternehmen geführt. Aus diesem Grunde wurde in dem 1980 schließlich von der Kommission beschlossenen Vorschlag der "transnationale" Teil II durch einen weitgehend wortgleichen Teil III zur Unterrichtung und Anhörung der Arbeitnehmer von "Unternehmen mit komplexer Struktur, deren Entscheidungszentrum in dem Land liegt, in dem die Arbeitnehmer beschäftigt sind", ergänzt.[138] Diese legislatorisch umständliche Zweiteilung wurde mit dem geänderten Vorschlag von 1983 aufgegeben.

Im Unterschied zu den gesellschaftsrechtlichen Ansätzen der Koordinierung, die, wie der Vorschlag für eine 5. Richtlinie, ebenfalls Regelungen mit Bezug zur Unterrichtung und Anhörung der Arbeitnehmer enthalten, lassen die entlang der Entwicklungslinie IV ausgearbeiteten Vorschläge die vorgefundenen Strukturen der Arbeitnehmervertretung unberührt.[139] Außerdem werden die Unterrichtungs- und Anhörungsrechte ausdrücklich auf die betriebliche bzw. betriebsverfassungsrechtliche Mitwirkungsebene beschränkt. Als Arbeitnehmervertreter in diesem Sinne gelten, wie der geänderte Vorschlag für eine Richtlinie über die Unterrichtung und Anhörung der Arbeitnehmer von 1983 es ausdrückt, "die Vertreter der Arbeitnehmer nach den in den Mitgliedstaaten geltenden Rechtsvorschriften oder üblichen Praktiken, mit Ausnahme der Mitglieder der Verwaltungs-, Leitungs- und Aufsichtsorgane von Gesellschaften, die diesen Organen in einigen Mitgliedstaaten als Arbeitnehmervertreter angehören." (Art. 1 Buchst. e).

Ziel des Richtlinienvorschlages über die Unterrichtung und Anhörung der Arbeitnehmer ist es, wie insbesondere die erweiterten Erwägungsgründe Nr.

---

138 Vgl. *Pipkorn* ZGR 1985, 581; ders., CMLR 1983, 735.
139 Vgl. *Pipkorn* CMLR 1983, 732; *Figge*, Mitbestimmung auf Unternehmensebene, 169.

7 und 10 des Vorschlags von 1983 deutlich machen, Informationslücken der Arbeitnehmer auch in bezug auf Entscheidungen zu schließen, die auf der Ebene des Mutterunternehmens getroffen werden, mag dieses seinen Sitz innerhalb oder außerhalb der Gemeinschaft haben. Zu diesem Zweck muss sichergestellt werden, dass die Arbeitnehmervertreter rechtzeitig vor einer Entscheidung, die die Interessen der Arbeitnehmer wesentlich berührt, gehört und zur Stellungnahme aufgefordert werden, und dass Konsultationsgespräche mit ihnen geführt werden, um zu einer Einigung über die für die Arbeitnehmer geplanten Maßnahmen im Rahmen der beabsichtigten Entscheidung zu gelangen.[140]

In Anlehnung an das in den OECD-Guidelines von 1976 aufgestellte Prinzip des "Real decision maker" verlangte der Richtlinienvorschlag 1983, dass die Leitung jedes einzelnen Tochterunternehmens in die Lage versetzt werden muss, den Arbeitnehmervertretern alle erforderlichen Informationen übermitteln zu können. Sie müsse "mit den erforderlichen Befugnissen ausgestattet werden, um guten Glaubens die vorgesehenen Konsultationsgespräche mit den Arbeitnehmervertretern führen zu können".[141]

Einen neuen Anlauf entlang der Entwicklungslinie "Unterrichtung und Anhörung der Arbeitnehmer" hat die Europäische Kommission mit ihrem am 17. November 1998 vorgelegten "Vorschlag für eine Richtlinie des Rates zur Festlegung eines allgemeinen Rahmens für die Information und Anhörung der Arbeitnehmer in der Europäischen Gemeinschaft" unternommen.[142] Der (noch) auf das Abkommen über die Sozialpolitik im Anhang zum Protokoll (Nr. 14) über die Sozialpolitik gestützte Vorschlag bezieht seine inhaltliche Rechtfertigung aus Ziffer 17 der Gemeinschaftscharta der sozialen Grundrechte der Arbeitnehmer von 1989. Nach diesem Programmsatz müssen u. a. "Unterrichtung, Anhörung und Mitwirkung der Arbeitnehmer ... in geeigneter Weise, unter Berücksichtigung der in den verschiedenen Mitgliedstaaten herrschenden Gepflogenheiten, weiterentwickelt werden".[143] In seiner Begründung verweist der Vorschlag auf Verbesserungsbedarf angesichts teilweise unzulänglicher Beteiligung der Arbeitnehmervertreter an der Umstrukturierung von Unternehmen in den vergangenen

---

140 Neuer Erwägungsgrund Nr. 11.
141 Neuer Erwägungsgrund Nr. 12.
142 KOM(1998) 612 endg.
143 Näher hierzu *Brian Bercusson*, The European Community's Charter of Fundamental Social Rights of Workers, The Modern Law Review 53 (1990), 624-642.

Jahren. Der auf Gemeinschaftsebene wie auf nationaler Ebene bestehende rechtliche Rahmen für die Einbeziehung der Arbeitnehmer in die Unternehmensorganisation habe nicht immer verhindern können, "dass Arbeitnehmer betreffende schwerwiegende Entscheidungen getroffen und publik gemacht wurden, ohne dass zuvor angemessene Informations- und Anhörungsverfahren durchgeführt worden wären". Dieses kritische Resümee vom November 1998 stellt offenkundig eine Form der europapolitischen Verarbeitung auch der Schließung des Renault-Werkes im belgischen Vilvoorde im Februar 1997 dar. Für die Kommission ist rechtzeitige Information und Anhörung der Arbeitnehmer im Begründungstext zu dem Richtlinienvorschlag "eine Vorbedingung für die erfolgreiche Bewältigung der Umstrukturierungsprozesse und für eine erfolgreiche Anpassung der Unternehmen an die im Zuge der Globalisierung der Wirtschaft – insbesondere auch durch die Entstehung neuer Formen der Arbeitsorganisation – geschaffenen Bedingungen". Dabei setzt sie auf drei zentrale Konzepte ihrer Beschäftigungsstrategie, nämlich Antizipation, Prävention und Beschäftigungsfähigkeit[144] und deren Operationalisierung auch durch einen Ausbau des sozialen Dialogs auf der Ebene der Unternehmen. Deutlich wird in den Erwägungen der Kommission die Akzentverschiebung vom Nachvollzug zur Risikoprävention: "Der auf Gemeinschaftsebene und nationaler Ebene bestehende rechtliche Rahmen für Information und Anhörung der Arbeitnehmer ist häufig allzu sehr darauf ausgerichtet, Wandlungsprozesse im nachhinein zu verarbeiten, vernachlässigt dabei die wirtschaftliche Implikation von Entscheidungen und stellt nicht wirklich auf eine "Antizipation" der Beschäftigungsentwicklung im Unternehmen und auf eine "Prävention" von Risiken ab."[145] Die unternehmenspolitische Akzentverschiebung findet ihren Niederschlag in einer um

---

144 Im Englischen "employability", im Französischen «d'employabilité», im Spanischen «empleabilidad».
145 Richtlinienvorschlag der Kommission vom 17.11.1998, a.a.O.

Konkretisierung und Erhöhung der Verbindlichkeit bemühten rechtlichen Begriffsbestimmung, vor allem der Begriffe "Information" und "Anhörung".[146] Von der vorgeschlagenen Richtlinie unberührt bleiben sollen nach Artikel 8 Abs. 2 Maßnahmen, die gemäß Richtlinie 94/45/EG des Rates vom 24. September 1994 über die Einsetzung eines Europäischen Betriebsrates getroffen werden. Dieses kleine, aber entwicklungsoffene Teilstück europäischer Mitbestimmungskonstruktion soll im folgenden gesondert betrachtet werden.

2.7.2. Die Richtlinie 94/45/EG

Sieht man von den auf bestimmte Situationen bzw. auf arbeitsschutzrechtliche Themen beschränkten Mitbestimmungsrechten der Entwicklungslinie III ab, so hat die der Information und Konsultation gewidmete Entwicklungslinie IV den ersten und bisher einzigen Erfolg einer die Mitwirkung der Arbeitnehmer im weiteren Sinne ausgestaltenden Richtlinie hervorgebracht. Am 22. September 1994 erließ der Rat die Richtlinie 94/45/EG über die Einsetzung eines Europäischen Betriebsrats oder die Schaffung eines Verfahrens zur Unterrichtung und Anhörung der Arbeitnehmer in gemeinschaftsweit operierenden Unternehmen und Unternehmensgruppen.[147] Auch diese Thematik hatte zwar auf Gemeinschaftsebene eine mehr als zehnjährige Vorgeschichte. Die letzte, auf der Gemeinschaftscharta der sozialen Grundrechte der Arbeitnehmer von 1989 aufbauende konzeptionelle Phase verlief jedoch, gemessen an den sonst im Bereich Mitbestimmung herr-

---

146 Nach Art. 2 Abs. 1 Buchst. d) der vorgeschlagenen Richtlinie bezeichnet "Information" die Übermittlung von Informationen, die die relevanten Angaben zu den in Artikel 4 Absatz 1 aufgeführten Themen enthalten, durch den Arbeitgeber an die Arbeitnehmervertreter zu einem Zeitpunkt, in einer Weise und in einer inhaltlichen Ausgestaltung, die die Wirksamkeit des Vorgehens gewährleisten und es insbesondere den Arbeitnehmervertretern ermöglichen, die Informationen zu prüfen und gegebenenfalls die Anhörung vorzubereiten. "Anhörung" bezeichnet nach demselben Absatz von Art. 2, Buchst. e) die Organisation eines Dialogs und eines Meinungsaustauschs zwischen Arbeitgeber und Arbeitnehmervertretern über die in Artikel 4 Absatz 1 Buchstaben b) und c) aufgeführten Themen; näher bestimmt werden im folgenden einige Bedingungen dieses Dialogs, so insbesondere "zu einem Zeitpunkt, in einer Weise und in einer inhaltlichen Ausgestaltung, die die Wirksamkeit des Vorgehens gewährleisten".

147 ABl. Nr. L 254/64 vom 30.9.94.

schenden Tempi der Rechtsetzung, außerordentlich zügig.[148] Ermöglicht worden ist die Verabschiedung dieser Richtlinie durch die im Zusammenhang mit dem Maastrichter Unionsvertrag 1992/93 erweiterte Rechtsgrundlage des sogenannten Sozialabkommens, das in seinem Artikel 2 Abs. 1 die Unterrichtung und Anhörung der Arbeitnehmer zu den mit qualifizierter Mehrheit entscheidbaren Themen bestimmt hat. Entstehung, Inhalt und Wirkungen dieser Richtlinie sollen, ihrer sich abzeichnenden Bedeutung entsprechend, unten gesondert behandelt werden.[149]

2.8. Zwischenergebnis

Die in konstruktiver Hinsicht "starken" Versuche, eine eigenständige und mitbestimmte Europäische Aktiengesellschaft zu erschaffen, sind bisher erfolglos geblieben. Ebenso wenig haben sich die EG-Mitgliedstaaten auf die durch Wahlmöglichkeiten hinsichtlich Organverfassung und Mitbestimmung abgeschwächten Formen der SE einigen können. Als Haupthindernis für die weitere politische und rechtliche Entwicklung der SE hat sich von Anfang an die Mitbestimmung erwiesen. Die jahrzehntelange Auseinandersetzung um eine eigenständige Europäische Aktiengesellschaft hat dennoch durchaus Wirkungen gezeigt. Sie hat ihren Niederschlag in einer außergewöhnlich starken, viele Details rechtlich und rechtsvergleichend klärenden wissenschaftlichen Auseinandersetzung gefunden und sie hat gesellschaftsrechtliche Reformentwicklungen in den Mitgliedstaaten beeinflusst. Als europäisches Kodifikationsvorhaben mit dem Ziel des zusätzlichen Angebotes einer eigenständigen europäischen Gesellschaftsform ist die Societas Europaea jedoch bisher nicht gelungen.

Gelungen ist im Hinblick auf die Entwicklung von Mitbestimmungsansätzen in Europa bislang allein das "schwache" Konzept der Unterrichtung und Anhörung der Arbeitnehmer in gemeinschaftsweit tätigen Unternehmen.[150] Gerade die Schwäche dieser Richtlinie in Mitbestimmungsgraden

---

148 Den noch auf Artikel 100 EWG-Vertrag gestützten Vorschlag für diese Richtlinie hatte die Kommission Mitte Dezember 1990 vorgelegt, ABl. Nr. C 39/10 vom 15.2.91.

149 Siehe unten 5.

150 Vgl. *Däubler* KJ 1990, 14 ff. (28), für den ebenfalls der auf Unterrichtung und Anhörung zielende Ansatz der "Vredeling-Richtlinie" den richtigen Weg weist.

könnte sich als Stärke in Durchsetzungsgraden erweisen. Voraussetzung für die Erfüllbarkeit dieser Annahme ist allerdings eine Art Selbstverstärkung schwacher Impulse durch beispielgebende Praxis.

3. Die Vorschläge der Sachverständigengruppe Davignon vom Mai 1997

Im Anschluss an das defensive Resümee, das die EG-Kommission 1995 in ihrer Mitteilung "Zur Information und Konsultation der Arbeitnehmer" zu den Perspektiven der Mitbestimmung in Europa gezogen hatte, setzten die EU-Kommissare *Padraig Flynn* (soziale Angelegenheiten) und *Mario Monti* (Binnenmarkt) im November 1995 eine unter dem Vorsitz des ehemaligen Vizepräsidenten der EG-Kommission und heutigen Präsidenten der Société générale de Belgique, *Etienne Davignon*, stehende Sachverständigengruppe zu "European Systems of Worker Involvement" ein.[151] Die aus insgesamt sechs Personen bestehende Gruppe[152] hielt zwischen November 1996 und April 1997 neun Sitzungen zu unterschiedlichen Themen mit Bezug zur Mitbestimmung der Arbeitnehmer in der SE ab und legte im Mai 1997 ihren mit Anhängen 42 Seiten umfassenden Abschlußbericht vor. Die drei Anhänge zu dem Bericht widmen sich der Vorgeschichte, der Begriffsbestimmung und einer knappen, aber gehaltvollen Übersicht über die in den Mitgliedstaaten der EU/des EWR vorzufindenden Formen der Information, Anhörung und Mitbestimmung der Arbeitnehmer.

Entsprechend den Vorgaben der Europäischen Kommission war der Sachverständigengruppe Davignon eine dreifache Aufgabe gestellt: Zum

---

151 "Europe" Nr. 6973 vom 14.5.1997, S. 6.

152 Neben dem Vorsitzenden *Davignon* gehörten ihr an: *Ernst Breit*, ehemaliger Vorsitzender des Deutschen Gewerkschaftsbundes und des Europäischen Gewerkschaftsbundes; *Evelyne Pichot*, Beraterin für europäische Arbeitsbeziehungen und Berichterstatterin der Sachverständigengruppe; *Silvana Sciarra*, Professorin für vergleichendes und europäisches Arbeitsrecht an der Universität Florenz und am Europäischen Hochschulinstitut in Florenz; *Rolf Thüsing*, Mitglied der Hauptgeschäftsführung der Bundesvereinigung der Deutschen Arbeitgeberverbände (BDA) und Vizepräsident des UNICE-Ausschusses für soziale Angelegenheiten; *Alain Viandier*, Professor für Gesellschaftsrecht an der Juristischen Fakultät der Universität Paris V.

ersten die Bestandsaufnahme und Bewertung der Mitbestimmungsmöglich-
keiten in den Unternehmensorganen in den EU-Mitgliedstaaten und der
Vergleich mit anderen Formen der Mitwirkung von Arbeitnehmervertretern
an betrieblichen Entscheidungsprozessen; zum zweiten die Bewertung des
"Risikos einer Aushöhlung der nationalen Systeme bei Einführung der SE
ohne entsprechende Maßnahmen im sozialen Bereich" und zum dritten die
konzeptionelle Frage nach dem Vorrang von Rechtsetzungsverfahren oder
von Verhandlungen. Für den Fall der Entscheidung für Verhandlungen
sollte die Sachverständigengruppe weiterhin Stellung nehmen zu den Fragen, *wer* an den Verhandlungen teilnehmen solle (der Europäische Betriebsrat? Die nationalen Betriebsräte? Die Gewerkschaften? Sonstige?), *wann*
solche Verhandlungen einzuleiten sind und welche Konsequenzen es hätte,
wenn keine Einigung erzielt würde.[153] Die Vorschläge der Sachverständigengruppe sind abgestimmt auf drei Varianten der Gründung einer Europäischen Aktiengesellschaft, die Gründung einer Holdinggesellschaft, die Fusion oder die Gründung einer gemeinsamen Tochtergesellschaft. Die Experten
haben sich auf diese drei Varianten beschränkt, weil sie ihnen als die praktisch wichtigsten erscheinen.[154] Ausdrücklich ausgeschlossen wurde dabei
die unter dem Gesichtspunkt der "Mitbestimmungsflucht" problematische
Möglichkeit der Errichtung einer Europäischen Aktiengesellschaft durch
Umwandlung einer nationalen Gesellschaft.[155]

3.1. Vorrang für Verhandlungen

Ausgehend von den bekannten Unterschieden der Systeme von Arbeitnehmerbeteiligung in den Mitgliedstaaten der Europäischen Union und den daraus zu erklärenden großen Schwierigkeiten einer Harmonisierung schlägt
die Davignon-Gruppe eine Lösung vor, die die Freiheit des Vertrages mit
einer hilfsweise eingreifenden verpflichtenden Struktur verbindet. Die Mitbestimmungsregelung für eine Europäische Aktiengesellschaft soll allseits
akzeptabel und angemessen konkretisiert werden in einem von vorrangiger

---

153 Abschlußbericht Ziff. 23, S. 6.
154 Abschlußbericht Ziff. 33, S. 8; vgl. "Europe" Nr. 6973 vom 14.5.1997, S. 6.
155 Abschlußbericht Ziff. 35, S. 8; "Europe" a. a. O.; vgl. *Martin Coen*, Vorschläge zur
     Europa AG - Mitbestimmung, EuroAS 3/1997, 66 f.

Verhandlung und nachrangiger Auffangregelung bestimmten Handlungsrahmen. Der Ansatz besteht in der Sicht der Sachverständigengruppe darin, "einen Rahmen vorzugeben und es den Verhandlungspartnern dann zu überlassen, diesen, unter Berücksichtigung einer Situation, in der es den Parteien nicht gelungen ist eine Vereinbarung zu schließen, zu vervollständigen".[156] Durchgeführt werden sollen die Verhandlungen zwischen den Sozialpartnern. Diese können je nach Land, Verhandlungssituation und Verhandlungszeitpunkt unterschiedlich zusammengesetzt sein zwischen Gewerkschaft(en) einerseits und Unternehmensleitungen "alt" (der gründenden Ausgangsgesellschaften) und Unternehmensleitung "neu" (der gegründeten SE) andererseits. In den Details der Zusammensetzung der Verhandlungsakteure dürfte, wie hier nur kurz angemerkt werden soll, einiger Streitstoff liegen.

Der Vorschlag folgt in seinen Grundzügen einer durch die Gedanken der Subsidiarität und der Vertragsgestaltungsfreiheit bestimmten Konzeption, die sich bereits für die Richtlinie über Europäische Betriebsräte als methodisches Erfolgsrezept erwiesen hat. Allerdings verstärkt der Vorschlag gegenüber der EBR-Richtlinie die europäische Eigenständigkeit der im Verhandlungswege zu findenden, andernfalls mit Hilfe der Auffangregelung festzulegenden Mitbestimmung. Die europäische Eigenständigkeit hat drei Dimensionen. Die SE-spezifische Form der Arbeitnehmerbeteiligung ist unabhängig davon, in welchem *Land* die SE gegründet wird, sie ist – im Unterschied zu den Schwellenwerten der EBR-Richtlinie – unabhängig von der *Zahl* der Beschäftigten, und sie soll die Anwendung *einzelstaatlicher Vorschriften* ausschließen, die dieselbe Zielsetzung verfolgen und denselben Anwendungsbereich haben wie das für die SE geschaffene System.[157] Eine weitere bemerkenswerte Abweichung von der EBR-Richtlinie liegt in der Umkehrung der beiden Variablen Geographie und Proportionalität bei der Zusammensetzung der Arbeitnehmerbank des Verhandlungsremiums. Die Richtlinie 94/45/EG über die Einsetzung eines Europäischen Betriebsrates gibt für die Zusammensetzung des sogenannten besonderen Verhandlungsgremiums im Artikel 5 Abs. 2 Buchst. c) eine klare Zunächst/Sodann-Anordnung zugunsten des Merkmals Geographie. Sicherzustellen ist bei der Wahl oder Benennung zunächst die Vertretung durch ein Mitglied für jeden

---

156 Abschlußbericht Ziff. 44, S. 11.
157 Zum letztgenannten Punkte siehe Abschlußbericht Ziff. 34 Buchst. e), S. 10.

Mitgliedstaat, in dem Betriebe des gemeinschaftsweit operierenden Unternehmens befinden. "Sodann" ist zu bestimmen die Anzahl der zusätzlichen Mitglieder im Verhältnis zur Zahl der in den Betrieben, dem herrschenden Unternehmen oder den abhängigen Unternehmen beschäftigten Arbeitnehmer. Der Vorschlag der Sachverständigengruppe Davignon kehrt die Gewichtung der Merkmale um. Bei der Zusammensetzung der Arbeitnehmervertretung im Verhandlungsgremium muss das Kriterium der Proportionalität stärker zum Tragen kommen, beispielsweise durch eine Gewichtung der Stimmen.[158] Das erscheint für den Regelfall vernünftig und praktikabel, weil die Zahl der beteiligten Unternehmen im allgemeinen deutlich geringer sein wird als bei der Einsetzung Europäischer Betriebsräte und weil auf diese Weise ein gewisses Maß an Mitbestimmungskohärenz innerhalb der herrschenden Unternehmensstruktur gewahrt werden kann. Das letztgenannte Argument hat allerdings auch seine Kehrseite. Ist die dominante Mitbestimmungsordnung eine "schwache", wird mit größerer Wahrscheinlichkeit auch die Mitbestimmungsordnung der neu gegründeten Europäischen Aktiengesellschaft eine in diesem Sinne schwache bleiben. Dieser Effekt könnte sich für den Fall des Nichtzustandekommens einer Vereinbarung verstärken. Hier erwägen die Sachverständigen, dass dann für die Arbeitnehmervertretung dieselbe Regelung gelten könnte wie für das Verhandlungsgremium.[159]

3.2. Die Auffangregelung

Zu einem geschlossen Rahmen werden die verhandlungsorientierten Vorschläge dadurch, dass sie eine Hilfsordnung für den Fall des Scheiterns der Verhandlungen vorsehen, die sog. Auffangregelung. Folgerichtig schließt der Abschlußbericht der Davignon-Gruppe an die 22 Ziffern zum Verhandlungsverfahren 18 Ziffern zu den "bei Nichtzustandekommen einer Vereinbarung anwendbaren Bestimmungen" an. Das komplizierte Doppelziel dieser Bestimmungen besteht darin, auf der einen Seite "die Vorteile von Verhandlungen für die Beteiligten deutlich zu machen", wie es diplomatisch

---

158 Abschlußbericht Ziff. 61, S. 15.
159 Abschlußbericht Ziff. 74, S. 17.

heißt,[160] auf der anderen Seite eine allseits praktikable und der Gefahr einer Aushöhlung der nationalen Mitbestimmungssysteme vorbeugende Regelung zu schaffen. Das lässt erwarten, dass die Auffangregelung normativ gehaltvoll angelegt ist, um einen positiven Anreiz für Verhandlungen und damit konsensual abgemilderte Unternehmenslösungen zu setzen, und nur für den Fall, dass diese nicht gelingen, hält die Eventualregelung dann eine vergleichsweise hoch ansetzende Verpflichtungsstruktur bereit, die aushöhlende Wirkungen möglichst verhüten soll.

Neben dem Vorschlag einer Definition der Zuständigkeit der Arbeitnehmervertretung enthält die Auffangregelung Anforderungen sowohl an Information und Anhörung als auch an die Mitbestimmung in den Unternehmensorganen. Diese thematische Aufteilung der Auffangregelung in Konsultations- und in Mitbestimmungsregelungen wird erst in den Schlussfolgerungen damit erklärt, dass es nicht angezeigt wäre, die in sieben EU-Mitgliedstaaten bestehenden Regelungen zur Mitbestimmung der Arbeitnehmer bei der Gründung einer Europäischen Aktiengesellschaft vorzuenthalten.[161]

Für die Zuständigkeit der Arbeitnehmervertretung schlägt die Davignon-Gruppe folgende Definition vor:

"Die Zuständigkeit der Arbeitnehmervertretung erstreckt sich auf Fragen, die die SE selbst oder zumindest zwei ihrer Tochtergesellschaften oder Niederlassungen in mindestens zwei verschiedenen Mitgliedstaaten betreffen, oder auf Fragen, die über die Befugnisse der örtlichen Entscheidungsinstanzen hinausgehen".

Die Definition ist inhaltlich nicht klar. Der Begriff der Fragen ist in der ersten Alternative sehr weit, nämlich ohne Einschränkung außer der des schlichten Betreffens gefasst. Der die Zuständigkeit begründende Begriff dürfte in dieser Konturenlosigkeit praktisch nicht handhabbar sein oder alsbald zur Klärung vor der nationalen oder der europäischen Gerichtsbarkeit auftauchen. Des weiteren wirft in der zweiten Alternative die subsidiäre Zuständigkeit für Fragen, die über die Befugnisse der örtlichen Entscheidungsinstanzen hinausgehen, die Rückfrage auf, was die "örtlichen Ent-

---

160 Abschlußbericht Ziff. 71, S. 16; derselbe Gedanke taucht an anderer Stelle noch einmal auf, wenn ausgeführt wird, dass die in der Auffangregelung vorgesehenen Bestimmungen nicht dazu führen dürften, dass das Interesse an Verhandlungen, "denen natürlich nach wie vor die Priorität gebührt", schwindet, a.a.O. Ziff. 80, S. 18 f.
161 Abschlußbericht Ziff. 94, S. 22.

scheidungsinstanzen" sind? Sind damit auch unternehmensleitende Instanzen gemeint oder nur die örtlichen Mitbestimmungs- bzw. Vertretungsorgane? Zum zweiten, und nach der wahrscheinlicheren Annahme, daß die örtlichen Entscheidungsinstanzen die örtlichen Vertretungsinstanzen sein sollen, entsteht an diesem Punkt durch die dynamische Verweisung auf die örtlichen Rechts- und Mitbestimmungsverhältnisse eine problematische, weil rechtlich unbeständige und nicht ausgestaltete Verknüpfung zwischen der autonom verfassten Arbeitnehmerbeteiligung auf der Ebene der Europäischen Aktiengesellschaft und den – bewusst – dem mitgliedstaatlichen Recht überlassenen Vertretungseinrichtungen in den Tochtergesellschaften und Niederlassungen.

Zur Unterrichtung und Anhörung der Arbeitnehmer enthält die Auffangregelung, "unter Berücksichtigung des gemeinschaftsrechtlichen Besitzstandes", sechs Qualitätsvorgaben.[162] Sie umfassen die Unterrichtung der Arbeitnehmervertreter durch das Leitungsorgan der Europäischen Aktiengesellschaft, das Recht der Arbeitnehmervertreter, eine solche Unterrichtung zu verlangen, das Recht der Arbeitnehmervertreter zur Abgabe von Stellungnahmen, bestimmte Rechte im Zusammenhang mit der Vorbereitung der Sitzungen des Leitungs- oder Verwaltungsorgans der SE, die Weitergabe der Ergebnisse von Unterrichtungs- und Anhörungsverfahren durch die Arbeitnehmervertreter der SE an die entsprechenden Belegschaftsvertreter der Tochtergesellschaften und Niederlassungen und eine stilverpflichtende Klausel zum "Geiste der Zusammenarbeit", entsprechend Art. 6 Abs. 1 und Art. 9 der EBR-Richtlinie 94/45/EG.

Nicht nachvollziehbar ist die von der Davignon-Gruppe für die Auffangregelung vorgeschlagene Absenkung der Beteiligungsquote der Arbeitnehmervertreter im Verwaltungs- bzw. Aufsichtsrat auf ein Fünftel.[163] Das bleibt noch einmal erheblich hinter der Drittelparität der Mitbestimmung nach § 76 Abs. 1 BetrVG 1952 und hinter der Mindestbeteiligung von ebenfalls einem Drittel im geänderten Vorschlag einer SE-Richtlinie hinsichtlich der Stellung der Arbeitnehmer von 1991[164] zurück und nähert sich bedenklich der Qualität symbolischer Gesetzgebung an. Die unmittelbar folgende Aussage im Abschlußbericht der Davignon-Gruppe könnte für die dadurch

---

162 Abschlußbericht Ziff. 75, S. 17 f.
163 Abschlußbericht Ziff. 83, S. 19.
164 KOM(91) 174 endg. - SYN 219; siehe dort Art. 4 I.

erreichbare Wirkung eine ungewollte ironische Beschreibung liefern: "Worauf es für diese Organe ankommt, ist ein harmonisches, von Verantwortungsgefühl getragenes Arbeiten."[165] Der Vorschlag ist darüber hinaus konzeptionell fragwürdig. Wenn es Funktion der Auffangregelung *auch* sein soll, durch kräftige normative Profilierung die Vorzugswürdigkeit vertraglicher Vereinbarung zu betonen, dann stellt sich die Frage nach dem Sinn eines so niedrig ansetzenden Schwellenwertes für die Beteiligung der Arbeitnehmer in der subsidiären Gesetzesfassung.

3.3. Würdigung

Das verdienstvolle Bemühen der Davignon-Gruppe, mit gehaltvollen konzeptionellen Vorschlägen aus der Sackgasse der europäischen Mitbestimmungsdiskussion herauszufinden,[166] kann kritische Anmerkungen zum Abschlußbericht selbstverständlich nicht hindern. Sie sollen sich auf konzeptionelle Fragen beschränken. Ziel des Abschlußberichtes war es nach eigenem Bekunden nicht, einen juristisch ausgefeilten Text vorzulegen. Vielmehr sollte die Diskussion über die Europäische Aktiengesellschaft "durch klar abgegrenzte Gedankengänge" wieder in Gang gesetzt werden.[167]

(1) Unentschieden bleibt der Bericht in seiner Bestimmung des Verhältnisses von methodisch oder inhaltlich begründeter Präferenz lokaler Verhandlungslösungen. Sind lokal geführte Verhandlungen als *Mittel* vorzugswürdig, weil sie am ehesten die Strukturdifferenzen europäischer Mitbestimmungsordnungen überwinden helfen können? Oder gibt es Grund für die Annahme, dass die auf Unternehmensebene gefundenen praktischen Lösungen auch *inhaltliche Vorzüge*, etwa der genaueren Abstimmung auf Unternehmensbedingungen, der höheren "Sachgerechtigkeit" u. ä. aufweisen?

---

165 Ziff. 84, S. 19.
166 In seinen Schlussfolgerungen vom 27. Juni 1997 hat der Rat der EU zum Bericht der Sachverständigengruppe "European Systems of Worker Involvement" die Auffassung vertreten, dass "das vorgeschlagene Vorgehen einen konstruktiven Beitrag bildet, um die Aussprache über die Rolle der Arbeitnehmer in der Europäischen Aktiengesellschaft wieder in Gang zu bringen", ABl. Nr. C 227/1 vom 26.7.1997.
167 Abschlußbericht Ziff. 94, S. 21.

Methodisch begründet ist der Ansatz, wenn und soweit er auf die schier unüberwindlichen legislatorischen Harmonisierungsschwierigkeiten reagiert. Für das methodische Motiv spricht die Erwägung, dass "in Anbetracht der Unterschiedlichkeit" der Beteiligungssysteme in Europa eine generelle Harmonisierung in diesem Bereich nicht möglich sei.[168] Das methodische Argument ist als pragmatisches Argument akzeptabel. Es führt in der praktischen Verwirklichung zu einer allem Anschein nach nicht zu vermeidenden, vielleicht sogar die weitere Entwicklung stimulierenden Vielfalt von Verhandlungslösungen. Für diese lässt sich ein Wettbewerb der Vereinbarungen vorhersehen, der im Zusammenwirken mit nicht ausbleibender Überprüfung durch die Rechtsprechung zu einer gewissen Standardisierung von Vereinbarungskonzepten führen wird.

Einen anderen Status hat das von der Davignon-Gruppe ebenfalls vorgebrachte Argument, dass das effizienteste System dasjenige sei, das am besten auf die jeweiligen Akteure und auf die jeweiligen Bedingungen, unter denen es Anwendung findet, zugeschnitten ist.[169] In dieser Erwägung liegt keine allein methodische Bevorzugung lokaler Lösungen im Hinblick auf die Durchsetzung mehr, sondern eine inhaltliche Entscheidung für die höhere Effizienz der Anpassung an das "Jeweilige". Damit wird die Aussage fragwürdig. Sie findet ihre Entsprechung in der Betonung der höheren Leistungsfähigkeit örtlich ausgehandelter Arbeitsbedingungen gegenüber der Starrheit von Flächentarifverträgen, jedenfalls von nicht geöffneten Flächentarifverträgen, in der aktuellen deutschen Tarifrechtsdiskussion. In dieser Allgemeinheit kann die Aussage von der höheren Effizienz oder auch "Sachgerechtigkeit" der vor Ort ausgehandelten Lösungen nicht überzeugen, weil sie dem vorauszusetzenden Gefüge von allgemeinen Prinzipien – beispielsweise dem tarifrechtlichen Ordnungsprinzip und der im positiven Sinne kartellierenden Wirkung des Flächentarifvertrages oder, bezogen auf die SE, den Vorzügen einer zumindest angenäherten europäischen Gesellschaftsrechtsform für den europäischen Rechtsverkehr – nicht Rechnung trägt. Der ökonomische Parameter der Effizienz steht, wie auch an vielen anderen Stellen im Arbeitsrecht, in einem Spannungsverhältnis zu legitimen normativen Anforderungen, wie beispielsweise der Gleichheit, der Ver-

---

168 Abschlußbericht Ziff. 40 Buchst. a), S. 9. Im nächsten Satz ist der Versuch einer Harmonisierung in diesem Bereich allerdings nur noch "ein schwieriges Unterfangen".

169 Abschlußbericht Ziff. 41, S. 11.

tragsparität oder dem Schutz von erreichten Mitbestimmungsstandards. Die Verkürzung des suggestiven Gedankens der höheren Klugheit örtlicher Praxis auf den Maßstab der Effizienz versperrt den Zugang zu dem internen normativen Spannungsverhältnis des "Örtlichen".

(2) Die entschiedene Position der Davignon-Gruppe im Hinblick auf den Ausschluss von einzelstaatlichen Vorschriften, welche dieselbe Zielsetzung verfolgen und denselben Anwendungsbereich haben wie das für die SE geschaffene System, wirft verschiedene Probleme auf. Zum ersten: Die Ausschlussforderung steht tendenziell im Widerspruch zu einer ganzen Reihe von Aussagen an anderen Stellen, in denen die Sachverständigengruppe eine Kontinuität anstrebt zwischen der neuen Regelung und den Systemen der Arbeitnehmermitwirkung, die vor Gründung der SE in den beteiligten Gesellschaften bestanden haben,[170] oder auch Verhandlungen damit rechtfertigt, dass sie der beste Weg seien, um Lösungen zu finden, die jedem einzelnen nationalen System und jeder einzelnen SE gerecht werden.[171]

Zum zweiten wirft die konsequente Hervorhebung der Autonomie der Parteien bei den Vertragsverhandlungen[172] die Frage auf, warum die Parteien dann nicht genau das zu tun ermächtigt sein sollen, was die Sachverständigengruppe ausschließen will, nämlich die völlige oder teilweise Anwendung der einzelstaatlichen Vorschriften des SE-Sitzstaates (oder auch anderer einzelstaatlicher Vorschriften) kraft Vereinbarung herbeizuführen. Um diesen Widerspruch mit dem Gebot der Parteiautonomie zu vermeiden, wird man den Abschlußbericht so zu verstehen haben, dass er eine solche vereinbarte Anwendung einzelstaatlicher Vorschriften durchaus zulässt. Dann liegt jedoch kein Tatbestand des Ausschlusses einzelstaatlichen Rechts, sondern tatsächlich nur eine kraft Parteivereinbarung überwindbare Vorrangregelung vor. Als eine solche wird das Verhältnis der neuen Rahmenregelung zur Mitbestimmung in der SE zu den im Sitzstaat der zu gründenden Gesellschaft geltenden Bestimmungen an anderer Stelle auch verstanden. Abgesehen von der begrifflichen Unklarheit wird durch ein an der Parteiautonomie orientiertes Verständnis dann jedoch das inhaltliche Ziel des sachverständigen Vorschlags relativiert, Doppelarbeit und eine Zuständigkeitsüberschneidung von Arbeitnehmervertretungen zu vermeiden.[173]

---

170 Abschlußbericht Ziff. 50, S. 12.
171 Abschlußbericht Ziff. 57, S. 14.
172 Z. B. im Abschlußbericht Ziff. 57, S. 14.
173 Abschlußbericht Ziff. 40 Buchst. e), S. 10.

Diese Relativierung ist sinnvoll. Denn soweit von den verhandelnden Parteien übereinstimmend geregelt, mag die Überschneidung von Zuständigkeiten der Vertretungsorgane der Arbeitnehmer im Verhältnis zwischen SE und den Mitbestimmungsorganen in den anderen beteiligten Unternehmen gerade sinnvoll und erwünscht sein.

Ein drittes Bedenken betrifft die Kollisionslage mit den mitgliedstaatlichen Umsetzungsgesetzen zur Richtlinie 94/45/EG. Nach den Vorstellungen der Sachverständigengruppe sollen die eigens für die SE geltenden Vorschriften Vorrang haben auch vor den einzelstaatlichen Vorschriften zur transnationalen Information und Anhörung der Arbeitnehmer.[174] Die Reichweite dieser Aussage ist nicht klar. Sollte damit ein unbedingter Vorrang beispielsweise vor dem deutschen Gesetz über Europäische Betriebsräte vom 28. Oktober 1996[175] hergestellt werden, hätte das zur Folge, dass das EBR-Gesetz in der Europäischen Aktiengesellschaft nicht zur Anwendung kommt. Damit wären nicht nur die Einsetzung Europäischer Betriebsräte und deren grundsätzlich frei vereinbare Rechts- und Arbeitsgrundlage verhindert. Es kämen auch die für den Fall der Errichtung eines Europäischen Betriebsrates kraft Gesetzes nach den §§ 21 ff. EBRG subsidiär eingreifenden Errichtungs- und Zuständigkeitsvorschriften des EBR in einer SE nicht zur Geltung. Eine so weitgehende Verdrängung wäre mit dem Ziel, die Europäische Aktiengesellschaft autonom europäisch auszugestalten, nicht mehr zu rechtfertigen. Es gibt keinen Grund, die Einsetzung Europäischer Betriebsräte in Europäischen Aktiengesellschaften nicht zuzulassen. Zwar ist einzuräumen, dass die Mitbestimmungsregelungen in der SE im allgemeinen über die Unterrichtungs- und Anhörungsrechte des EBR hinausgehen werden und diese insoweit absorbieren könnten. Aber zwingend ist das aufgrund der vertraglichen Gestaltungsfreiheit auf beiden Ebenen – Mitbestimmung und Konsultation – nicht. Problematisch wäre in jedem Falle eine Verkürzung der Rechte, die Arbeitnehmern in der Bundesrepublik[176] kraft Vereinbarung oder kraft Gesetzes im Hinblick auf den Europäischen Betriebsrat zustehen, durch eine ihrerseits verhandelte Regelung der Arbeitnehmermitbestimmung in der SE. Beide Institutionen sind im übrigen nicht deckungsgleich. Der Europäische Betriebsrat ist zwar im Grundsatz auf In-

---

174 Abschlußbericht Ziff. 40 Buchst. e) 2. Punkt, S. 10
175 BGBl. I S. 1548.
176 Und im Grundsatz ebenso in anderen EU-Mitgliedstaaten.

formation und Konsultation beschränkt, ist aber möglicherweise pluraler und betriebsnäher zusammengesetzt als die mitbestimmende Gruppe der Arbeitnehmervertreter in der SE und außerdem konkreter mit der betrieblichen Mitbestimmung verknüpft, beispielsweise durch die besonderen "örtlichen" Beteiligungsbefugnisse nach § 33 Abs. 2 EBRG oder durch die Unterrichtungspflichten nach § 35 EBRG. Sinnvoller erscheint daher eine auf rechtliche und funktionale Verträglichkeit der beiden Mitwirkungsebenen achtende Ausgestaltung sowohl der Mitbestimmungsregelung in der Europäischen Aktiengesellschaft als auch der EBR-Vereinbarung im selben Unternehmen.

(3) Vor allem Staaten mit vergleichsweise starken Mitbestimmungspositionen wie die Bundesrepublik Deutschland fürchten bei "schlankeren" Mitbestimmungsangeboten, wie sie für die Societas Europaea erwogen werden, Aushöhlung ihrer Mitbestimmungsordnung. Die Antworten der Davignon-Gruppe auf diese Sorgen bleiben unbefriedigend, weil auf Gewichtung und Bewertung des Arguments beschränkt und nicht inhaltlich erwägend. Die Aussage, diese Befürchtungen dürften "nicht überbewertet werden"[177], wird als normative Aussage tatsächlich vorhandene Befürchtungen nicht zerstreuen können. Die dazu angeführten, im einzelnen zu bedenkenden Gesichtspunkte sind letzten Endes auch nicht geeignet, Rückwirkungen im Sinne eines Rückbaus von mitbestimmungsrechtlichen Positionen zu verhindern. Gerade der Stellenwert, der in den unterbreiteten Vorschlägen den Verhandlungen eingeräumt wird, ist in dieser Hinsicht ambivalent. Da die Verhandlungen von Arbeitnehmerseite, wie an anderer Stelle ausgeführt, stärker unter dem Gesichtspunkt der Proportionalität als der geographischen Egalität geführt werden sollen, können sich "schwache" Mitbestimmungstraditionen entsprechend stärker im Ergebnis niederschlagen und damit durchaus ein negatives Spannungsverhältnis zu "starken" Mitbestimmungsordnungen erzeugen. Dass dieses sich auf längere Sicht vom Stärkeren zum Schwächeren hin auffüllt, lässt sich bezweifeln. Verstärkt wird diese Sorge durch einen mitbestimmungstheoretisch nicht akzeptablen Beteiligungswert von einem Fünftel Arbeitnehmervertreter im Aufsichts- bzw. Verwaltungsrat nach der Auffangregelung für die SE.

(4) Offen geblieben ist in den Überlegungen der Sachverständigengruppe die Rolle der Europäischen Betriebsräte bei den Verhandlungen über das

---

177 Abschlußbericht Ziff. 40 Buchst. g), S. 10.

Mitbestimmungsstatut einer Europäischen Aktiengesellschaft. Der Abschlußbericht belässt es bei der Feststellung, dass es sich in der Praxis als schwierig erweise, den Europäischen Betriebsräten bei den ersten Verhandlungen oder zu einem späteren Zeitpunkt eine "obligatorische und formelle Rolle" zuzuweisen.[178] Dieser Punkt bedürfe, wie es im nächsten Satz etwas kryptisch heißt, dennoch weitergehender Überlegungen der Institutionen der Gemeinschaft. Dass die bisherigen Überlegungen zu diesem Punkt nicht abgeschlossen sind, erhellt bereits aus dem Umstand, dass die Sachverständigengruppe ihre Zurückhaltung gegenüber einer "obligatorischen und formellen Rolle" des Europäischen Betriebsrates vor allem mit einer zwar möglichen, aber nicht zwingenden Situation begründet hat, nämlich dem Fall, dass nicht in jedem beteiligten Unternehmen ein Europäischer Betriebsrat existiert. Für einen solchen Fall mag nachvollziehbar sein, dass die Verhandlungsstruktur unausgewogen wird, wenn nicht aus allen gründenden Unternehmen Europäische Betriebsräte teilnehmen können. Genau erkennbar sind aber auch in diesem Fall die Risiken eines dann möglicherweise gemischten Verhandlungslagers auf Arbeitnehmerseite nicht. Worin läge der Nachteil eines Verhandlungslagers auf Arbeitnehmerseite aus EBR + Gewerkschaft(en) statt Gewerkschaft(en) + Gewerkschaft(en)? Noch weniger überzeugend ist der Vorbehalt gegen die Einbindung Europäischer Betriebsräte in dem Fall, dass in jedem der eine SE gründenden Unternehmen ein EBR existiert. Erreicht würde dadurch allerdings eine Aufwertung des Europäischen Betriebsrats ad hoc von einem auf Unterrichtung und Anhörung beschränkten Organ zu einem verhandlungsführenden Organ. Hier wäre vor allem *inhaltlich* zu prüfen, ob und inwieweit die Institution EBR über die erforderliche Unabhängigkeit und über die im Interesse der Verhandlungsparität gegebenenfalls erforderlichen Ressourcen von Wissen, Organisation und Gegenmachtbildung verfügt, um solche Verhandlung im rechtlichen Sinne "richtig" und im ökonomischen Sinne "effizient" zu Ende zu führen.

(5) Der Gedanke der transnationalen Zusammensetzung des Verhandlungsgremiums, das die Arbeitnehmer repräsentiert, und zwar die Gesamtheit der Beschäftigten an der Gründung der SE beteiligten Gesellschaften, lässt weniger unter dem Merkmal der Transnationalität als vielmehr unter dem Merkmal der Repräsentativität Schwierigkeiten erwarten. Hinsichtlich der Ernennung der Arbeitnehmervertreter verweisen die Überle-

---

178 Abschlußbericht Ziff. 62, S. 15.

gungen der Sachverständigen auf die "jeweiligen einzelstaatlichen Rechts-vorschriften und Gepflogenheiten".[179] Das hat den Vorteil der Entlastung einer gemeinschaftsweit geltenden Regelung von eigenen Ernennungs-vorschriften für sich. Auf der anderen Seite werden auf diese Weise und an diesem Punkt die bekannten Unterschiede zwischen eher betriebsverfas-sungsrechtlich bestimmten und eher gewerkschaftlich bestimmten Vertre-tungskonzepten, letztere mit all ihren Repräsentations- und Vielfaltsproble-men, in den eigentlich europäisch autonom gedachten Lösungsvorschlag der Gruppe Davignon importiert.

(6) Je eigenständiger europäisch die zu verhandelnde oder hilfsweise festzulegende Arbeitnehmervertretung in einer Europäischen Aktiengesell-schaft konzipiert wird, desto stärker wird das Problem der möglicherweise fehlenden oder unzulänglichen Verzahnung mit den Institutionen und Prak-tiken der Mitbestimmung in Tochtergesellschaften der SE. Da die von der Davignon-Gruppe vorgeschlagene Zuständigkeitsbestimmung auch Fragen umfasst, die zumindest zwei der Tochtergesellschaften oder Niederlassun-gen der SE in mindestens zwei verschiedenen Mitgliedstaaten betreffen,[180] andererseits aber die Tochtergesellschaften und Niederlassungen einer SE voll dem nationalen Recht, einschließlich des Mitbestimmungsrechts des Landes, in dem sie sich befinden, unterstellt bleiben bzw. werden,[181] kann sich die kommunikative und rechtliche Verzahnung zwischen den Arbeit-nehmervertretungen vor allem dann als unbefriedigend erweisen, wenn die Töchter mitbestimmungsrechtlich "stark", die SE-Mutter in derselben Hin-sicht hingegen "schwach" verfasst ist.

(7) Ausgesprochen schwach ausgefallen ist die Bestimmung des Begriffs "Anhörung" im Anhang II des Abschlußberichtes. Unter "Anhörung der Arbeitnehmer" (consultation) versteht die Gruppe, dass "den Arbeitnehmer-vertretern Gelegenheit gegeben wird, zu einer vom Arbeitgeber ins Auge gefassten unternehmenspolitischen Entscheidung oder Richtungsbestim-

---

179 Abschlußbericht Ziff. 63, S. 15.
180 Abschlußbericht Ziff. 73, S. 17.
181 Abschlußbericht Ziff. 40 Buchst. f), S. 10.

mung eine Stellungnahme abzugeben".[182] Das Recht zur Stellungnahme ist zu statisch gefasst. Es fehlt das wichtige Element des Dialogs, das in der entsprechenden Begriffsbestimmung der Richtlinie 94/45/EG zum Ausdruck kommt. Artikel 2 Abs. 1 Buchst. f) der EBR-Richtlinie definiert Anhörung als "den Meinungsaustausch und die Einrichtung eines Dialogs zwischen den Arbeitnehmervertretern und der zentralen Leitung oder einer anderen, angemesseneren Leitungsebene". Es gibt keinen Grund, bei der spezifischeren Form der Beteiligung der Arbeitnehmer an der SE hinter die begrifflichen Standards der allgemeineren Richtlinie zu den Europäischen Betriebsräten zurückzugehen.

(8) Präzisierungsbedürftig ist die Bestimmung des Begriffs der "Mitbestimmung der Arbeitnehmer in den Unternehmensorganen" im Anhang II des Abschlußberichts. Die Sachverständigengruppe versteht darunter in einem engeren Sinne "die Präsenz von Arbeitnehmervertretern in den Verwaltungs- oder Aufsichtsorganen eines Unternehmens (bzw. einer anderen juristischen Person)". Abgesehen davon, dass nicht klar ist, was mit einer anderen juristischen Person als einem Unternehmen gemeint sein könnte, fällt die Begriffsbestimmung ungebührlich hinter die Begriffsausfüllung zurück. Die Davignon-Gruppe hat sich in der Auffangregelung mit guten Gründen für einen *status activus* der Arbeitnehmervertreter ausgesprochen, der diese nicht als Beobachter bei Verwaltungs- oder Aufsichtsratssitzungen ansieht, sondern als Mitbestimmungsträger, und der die Arbeitnehmervertreter auch nicht nur als Diskussionsteilnehmer mit beratender Stimme versteht, sondern ihnen einen mit allen anderen Mitgliedern des Aufsichts- oder Verwaltungsrats gleichberechtigten Status zuerkennt.[183] Diese Statusvorgaben der Auffangregelung gehen über eine Präsenz weit hinaus. Das sollte auch in der Begriffsbestimmung zum Ausdruck kommen.

Zusammenfassend ist der Abschlußbericht der Sachverständigengruppe Davignon unter wenigstens drei Gesichtspunkten zu begrüßen. Er setzt für die wissenschaftliche Diskussion der Europäischen Aktiengesellschaft neue Impulse, die für sich in Anspruch nehmen können, Lehren aus den bisheri-

---

182 Abschlußbericht, Anhang II, S. 25. Vgl. demgegenüber den um tatbestandliche Festigkeit bemühten Vorschlag der EU-Kommission für eine Richtlinie des Rates zur Festlegung eines allgemeinen Rahmens für die Information und Anhörung der Arbeitnehmer in der Europäischen Gemeinschaft vom 18.11.1998, KOM1(1998) 612 endg., hierin die Begriffsbestimmung "Anhörung" in Art. 2 Abs. 1 Buchst. e).
183 Abschlußbericht Ziff. 79, 81, 87 f., S. 18 f.

gen Erfahrungen zu verarbeiten. Er übernimmt konzeptionelle Ansätze, die sich bei der Umsetzung der Richtlinie über Europäische Betriebsräte als erfolgreich zu beweisen beginnen. Und er bringt das Thema Europäische Aktiengesellschaft zurück auf die politische Tagesordnung der Europäischen Gemeinschaft und dies zu einem Zeitpunkt, in dem sich nach neu orientierter Regierungspolitik in Frankreich und im Vereinigten Königreich die Diskussions- und Entscheidungslage im Hinblick auf die Durchsetzungsbefugnisse eines solchen Projektes möglicherweise zu verbessern beginnt. An bestimmten Stellen, wie beispielsweise bei der Beteiligungsquote der Arbeitnehmer im Verwaltungs- bzw. Aufsichtsorgan nach der vorgeschlagenen Auffangregelung hätte der Bericht nicht so früh auf weit zurückgenommene Kompromisslinien einschwenken sollen. Europäische Integration ist ohnehin ein von Kompromissen bestimmter Prozess. Wird bereits der Input der Kompromißbildung niedrig angesetzt, wächst die Gefahr einer Abwärtsdynamik im europäischen Rechtsangleichungs- und Rechtsetzungsprozess.

4. Der Ausbau des Sozialen Dialogs ab 1985

Mitbestimmung ist etwas anderes als sozialer Dialog im Sinne der europäischen Konsultationspraxis. Mitbestimmung findet *par terre* statt, in den Unternehmen und Betrieben, sozialer Dialog hingegen am entgegengesetzten Ende des sozialpolitischen Wirkungskreises, im wenig durchsichtigen Brüsseler Ausschusswesen. Dennoch bildet der soziale Dialog im arbeitspolitischen Mehrebenensystem der Europäischen Union eine nicht zu verkennende Bedingung für Richtung und Intensität der Entwicklung europäischer Mitbestimmungsansätze. Der soziale Dialog, vor allem in seiner politischsten Ausprägung von "Val Duchesse", stellt ein Forum für die informelle Vorklärung von verbandspolitischen und europarechtlichen Positionen, Entwicklungsmöglichkeiten, Verhandlungs- und Durchsetzungschancen auch in bezug auf mitbestimmungsrelevante Fragen bereit. Dieses Forum steht nach drei Richtungen hin zur Verfügung, für das Verhältnis der Sozialpartner zueinander, für die Abstimmung der Positionen der Sozialpartner mit Kommission und Rat und für die, möglicherweise am wenigsten routinisierte, Abklärung von Positionen mit den jeweils eigenen Mitgliederverbänden.[184] Der Vorklärungsfunktion des Forums sozialer Dialog entspricht, dass die EG-Kommission beispielsweise in ihrem an das Parlament, den Rat und die Sozialpartner gerichteten Memorandum von 1988 zum Statut für die Europäische Aktiengesellschaft[185] dem sozialen Dialog eine grundlegende

---

184 Vgl. *Dirk Buda*, Auf dem Weg zu europäischen Arbeitsbeziehungen?, in: Mesch (Hrsg.) Sozialpartnerschaft und Arbeitsbeziehungen in Europa, Wien 1995, 289-319 (290); *Manfred Weiss*, Der soziale Dialog als Katalysator koordinierter Tarifpolitik in der EG, in: Arbeitsrecht in der Bewährung, Festschrift für Otto Rudolf Kissel, München 1994, 1253-1267, mit Hinweis auf die sehr im argen liegende vertikale Kommunikationsstruktur (1266); vgl. auch *Wunsch-Semmler*, Entwicklungslinien einer europäischen Arbeitnehmermitwirkung, Baden-Baden 1995, 144 f.

185 KOM(88) 320 endg. (Memorandum 1988).

Bedeutung für das Wiederingangsetzen der stagnierenden Beratungen zu Rechtsinstrumenten für die grenzüberschreitende Zusammenarbeit in Unternehmen zuweist.[186] Betrachtet man den sozialen Dialog auf europäischer Ebene als ein Kommunikationsforum auch für die Vorklärung aktuell nicht lösbarer Probleme, dann macht es Sinn, wenn die EG-Kommission beispielsweise die umstrittene Frage der Regelung von Betriebsräten, wie sie im geänderten Kommissionsvorschlag (von 1975) vorgesehen waren, vorzugsweise dem "allgemeineren Rahmen des sozialen Dialogs überlässt".[187]

Der "Soziale Dialog" kennzeichnet einen politischen Stil und eine Praxis auf der Ebene der Europäischen Gemeinschaft. In seiner politischen Dimension hat der Begriff vor allem im Gefolge der programmatischen Anstöße durch Kommissionspräsident *Jacques Delors* 1985 erheblich an Bedeutung gewonnen.[188] Als Rechtsbegriff hingegen, zu dem er durch die Einheitliche Europäische Akte seit 1.1.1987 in Art. 118b EGV gemacht worden ist,[189] ist er unbestimmt geblieben. Erst das Maastrichter Sozialabkommen von 1992 (SozAbk) hat den Sozialen Dialog über den Programmauftrag der Förderung (siehe Artikel 1 und 3 Abs. 1) hinaus zum Anknüpfungspunkt für Verfahren der Anhörung der Sozialpartner nach Art. 3 Abs. 3 und 4 SozAbk sowie für eine neuartige Rechtsetzungskompetenz in Art. 4 Abs. 1 SozAbk gemacht.

Der politische Stil, den der Begriff des sozialen Dialogs etikettiert, hat die Sozialpolitik der Europäischen Gemeinschaften schon lange vor 1987 bestimmt. Die Chronologie des sozialen Dialogs beginnt 1955 mit der Gründung des Beratenden Ausschusses für Kohle und Stahl nach Art. 18 EGKS-Vertrag und sie entfaltete sich in der Folgezeit in einer Vielzahl von

---

186 Siehe ebenda, S. 4: "Ein Durchbruch auf diesem Gebiet scheint nur möglich, wenn Fortschritte im sozialen Dialog erzielt werden; ..."

187 Memorandum 1988, S. 21.

188 Siehe Arbeitsprogramm der Kommission für 1985. Einführungsrede von Präsident Jacques Delors vor dem Europäischen Parlament, Bull. EG, Beilage 4/85, S. 34, Ziff. 56: "Nach dem Wunsch der Kommission soll die Entwicklung des sozialen Dialogs die Sozialpartner dazu führen, auf Gemeinschaftsebene Rahmenverträge festzulegen, auf die sie bei Tarifverhandlungen auf der Ebene einzelner Länder, Wirtschaftszweige und Unternehmen Bezug nehmen können. Die Tarifpolitik, die Verhandlungen zwischen den Arbeitgeber- und Arbeitnehmerverbänden sind eine der Grundlagen der neuen Struktur, denn wie sollte dieser Raum ohne Berücksichtigung des Willens der Beteiligten gestaltet werden."

189 Vgl. *Martin Coen*, in: Bleckmann, Europarecht, 6. Aufl., 1997, Rn. 2508, 2510 f.

Ausschüssen, Arbeitsgruppen und Anhörungsverfahren.[190] Deutlich wird hieraus, dass das Verhältnis der Europäischen Gemeinschaftspolitik zu den Sozialpartnern von Anfang an bestimmende Bemühen um *Konzertierung und Konsultation*. Trotz – vielleicht auch wegen – der ausdifferenzierten Konsultationspraxis ist der soziale Dialog lange Zeit hindurch nicht politikbestimmend gewesen. Erst die durch Sozialprotokoll und Sozialabkommen von 1992 erweiterten Grundlagen und Verfahren für die Anhörung der Sozialpartner und für selbstkoordinierte Rechtsetzungsinitiativen haben einen Prozess der Verselbständigung und des Zuwachses an politischen und rechtlichen Handlungskompetenzen eingeleitet.

In einer 1996 vorgelegten Auswertung der Erfahrungen mit dem Sozialen Dialog betont die EG-Kommission, dass der soziale Dialog seit der Gründung der Europäischen Gemeinschaft für Kohle und Stahl eine wichtige Rolle bei der Konzeption und Durchführung der Gemeinschaftspolitik gespielt habe.[191] Allerdings lässt die Beschreibung auch die begrenzte Wirkung konsultativer Politik erkennen. Der soziale Dialog "bot den Organisationen der Sozialpartner die Möglichkeit, den europäischen Institutionen ihren Standpunkt kundzutun und umgekehrt ihre Mitglieder über Initiativen zu informieren, die für sie von unmittelbarem Interesse waren. Die politischen Entscheidungen haben dadurch an Qualität gewonnen, und die Durchführung der Wirtschafts- und Sozialpolitik wurde erleichtert."[192]

Die Praxis des sozialen Dialogs ist bestimmt durch vielfältige, zum Teil hypertrophe Formen der Einbindung der Sozialpartner,[193] in den tripartistischen Strukturen auch der Vertreter von Regierungen der Mitgliedstaaten, in die Prozesse der Vorklärung und der Formulierung von Gemeinschaftspolitiken.

---

190 Soziales Europa 2/95, Luxemburg 1996, S 14 f.; *Buda* a. a. O., 291.

191 Mitteilung der Kommission zur Entwicklung des sozialen Dialogs auf Gemeinschaftsebene, KOM(96) 448 endg. vom 18.9.1996, S. 1 b.

192 Mitteilung der Kommission, a. a. O., Ziff. 3, S. 1 b.

193 Das Problem der Redundanz und die Notwendigkeit der Rationalisierung der beratenden Ausschüsse ist eine durchgängige Kritiklinie in der erwähnten Mitteilung der EG-Kommission, vgl. Ziff. 26, 32, 36, 42. Eine Konsequenz zog der Beschluss des Rates vom 9. März 1999 zur Reform des Ständigen Ausschusses für Beschäftigungsfragen und zur Aufhebung des Beschlusses 70/532/EWG, ABl. Nr. L 072/33 vom 18.3.1999. Er folgte einem entsprechenden Vorschlag der Kommission zur Anpassung und Förderung des Sozialen Dialogs auf Gemeinschaftsebene, siehe KOM(98) 322 endg.

4.1. In praktischer Hinsicht

Die Praxis des sozialen Dialogs beruht auf einem komplexen Gefüge von Foren und Verfahren des Meinungsaustauschs, der Anhörung und der Politikbildung. Die Europäische Kommission gliedert dieses Gefüge in sechs Dialogstrukturen auf, den interprofessionellen sozialen Dialog, den sozialen Dialog auf sektoraler Ebene, den sozialen Dialog in den EGKS-Industrien, den sozialen Dialog im Rahmen der paritätischen Ausschüsse, den sozialen Dialog im Rahmen informeller Arbeitsgruppen und die Arbeitsgruppen im Rahmen des nichtstrukturierten sozialen Dialogs.[194]

Der interprofessionelle oder branchenübergreifende soziale Dialog findet im wesentlichen in zwei Typen von Foren statt. Der mit einiger öffentlicher Aufmerksamkeit bedachte soziale Dialog von "Val Duchesse"[195] ist ein informeller Dialog, der seit 1985 auf freiwilliger Basis geführt wird. Teilnehmer an diesem Dialog sind die drei europäischen Spitzenorganisationen der privaten und der öffentlichen Wirtschaft – UNICE, CEEP und EGB –, die die wichtigsten branchenübergreifenden Arbeitgeber- und Gewerkschaftsorganisationen in den Mitgliedstaaten repräsentieren. Der auf dieser Ebene geführte soziale Dialog besteht aus zwei Elementen.[196] Zum einen gehört dazu die von der Kommission auch schon vor Verabschiedung des Maastrichter Sozialabkommens seit 1985 gepflogene Anhörung der drei europäischen Dachorganisationen der Sozialpartner zu sozialpolitischen Richtlinienvorschlägen. Zum anderen konkretisiert sich der soziale Dialog jeweils ad hoc durch die Gründung von Arbeitsgruppen zu selbst bestimmten europapolitischen Themen mit dem Ziel der Erarbeitung gemeinsamer Stellungnahmen. Zwischen 1985 und 1995 wurden in diesem Rahmen insgesamt 21 gemeinsame Stellungnahmen und Erklärungen angenommen, zwei Vereinbarungen geschlossen und sieben Gipfeltreffen abgehalten, an denen der

---

194 Soziales Europa 2/95, a.a.O.
195 Ein Tagungsschloss nahe Brüssel, das unter anderem auch von der belgischen Regierung für Kabinettssitzungen genutzt wird.
196 Siehe zum folgenden *Renate Hornung-Draus*, Der europäische soziale Dialog aus der Sicht der deutschen Arbeitgeber, in: 6. Bonner Europa-Symposion "Der Soziale Dialog in Europa – Entwicklungen und Perspektiven", Bonn 1996, 123-140 (128 f.)

Kommissionspräsident sowie Spitzenvertreter der nationalen und europäischen Organisationen der Sozialpartner teilnahmen.[197]

Ebenfalls branchenübergreifend agieren die beratenden Ausschüsse im Bereich der Sozialpolitik, deren erste institutionelle Ausprägung der Beratende Ausschuss nach Art. 18 EGKS-Vertrag war (und ist). Ebenso wie der Beratende Ausschuss werden die im Laufe der Zeit hinzugekommenen sechs weiteren beratenden Ausschüsse[198] von der Kommission regelmäßig zu fachlichen und politischen Fragen gehört.

Auf sektoraler Ebene vollzieht sich der soziale Dialog in einer Struktur, die aus zehn paritätischen Ausschüssen und zehn informellem Arbeitsgruppen in sechzehn Schlüsselbereichen aufgebaut ist.[199] Nach ihrem Selbstverständnis wollte die EG-Kommission in dieser Struktur des sozialen Dialogs dazu beitragen, ein europäisches System von Arbeitsbeziehungen zu schaffen und Tarifverhandlungen auf sektoraler Ebene zu begünstigen. Diese ursprüngliche Zielsetzung erwies sich als nicht realistisch.

Das Hauptelement des traditionsreichen sozialen Dialogs in den EGKS-Industrien ist der nach Art. 7 und 18 EGKS-Vertrag der Kommission zur Seite stehende Beratende Ausschuss, der aus drei Interessengruppen zusammengesetzt ist, den Erzeugern, den Arbeitnehmern sowie den Händlern

---

197 Mitteilung der Kommission, a. a. O., Ziff. 10, S. 3; Soziales Europa 2/95, a. a. O., S. 17. Die im Rahmen des interprofessionellen sozialen Dialogs gemeinsam erarbeiteten Texte sind abgedruckt in Soziales Europa 2/95, 25 f. und im Anhang 1, 123 ff.

198 Der Ausschuss des Europäischen Sozialfonds sowie die Beratenden Ausschüsse für die soziale Sicherheit der Wanderarbeitnehmer, für die Freizügigkeit der Arbeitnehmer, für die Berufsausbildung, für Sicherheit, Arbeitshygiene und Gesundheitsschutz am Arbeitsplatz und für die Chancengleichheit von Frauen und Männern. Mit Ausnahme des Beratenden Ausschusses für die Chancengleichheit von Frauen und Männern sind die Ausschüsse jeweils aus sechs Mitgliedern pro Mitgliedstaat (zwei Regierungsvertretern, zwei Arbeitnehmervertretern und zwei Arbeitgebervertretern) sowie drei Beobachtern pro Mitgliedstaat (jeweils ein Beobachter je vertretener Partei) zusammengesetzt. Siehe Soziales Europa 2/95, a. a. O., S. 19 ff. sowie Mitteilung der Kommission a. a. O., Ziff. 19 ff., S. 5 ff.

199 Mitteilung der Kommission a. a. O., Ziff. 29, S. 7 ff.; Soziales Europa 2/95, 28 ff., sowie die Gemeinsamen Stellungnahmen und Erklärungen im Rahmen des sozialen Dialogs auf sektoraler Ebene im Anhang 2, 199 ff. Forschungsergebnisse zum sektoralen Dialog bieten *Berndt Keller/ Bernd Sörries*, Der sektorale soziale Dialog und Europäische Sozialpolitik – erste Empirie und Entwicklungsperspektiven, MittAB 1999, 118-127.

und Verbrauchern.[200] Seine Aufgaben und Anhörungsrechte bestimmen sich nach Art. 19 EGKS-Vertrag.

In sektoral stark gegliederter Form findet sozialer Dialog im Rahmen der sogenannten paritätischen Ausschüsse statt. Solche Ausschüsse gibt es für die Landwirtschaft, für den Verkehrssektor in Form von fünf paritätischen Ausschüssen (Binnenschifffahrt, Straßenverkehr, Eisenbahnen, Seeverkehr, Zivilluftfahrt), für die Seefischerei, die Telekommunikation und das Postwesen.[201]

"Informelle Arbeitsgruppen" beteiligen sich ebenfalls am sozialer Dialog, und zwar in den Bereichen Hotel- und Gaststättengewerbe, Handel, Versicherungen, Banken, Schuhindustrie, Baugewerbe, Gebäudereinigungsbranche, Textil- und Bekleidungsindustrie, private Sicherheit.[202]

Noch gesteigert ist die Informalität, genauer die Abwesenheit von zeitlicher und thematischer Kontinuität, beim sogenannten "nichtstrukturierten sozialen Dialog".[203] Solche eher punktuell geführten Diskussionen zwischen Arbeitgeber- und Arbeitnehmerverbänden finden statt in den Wirtschaftsbereichen Holz- und Möbelindustrie, Chemische Industrie, Nahrungs- und Genussmittelindustrie, Automobilindustrie, Druckindustrie/Medien, Zuckerindustrie, Öffentlicher Dienst.

4.2. In rechtlicher Hinsicht

Abgesehen von wenigen ausdrücklichen Bestimmungen, wie z. B. in Art. 18 und 19 EGKS-Vertrag oder in den Art. 193 ff. EGV für die stark institutionalisierte Form des Wirtschafts- und Sozialausschusses (WSA), fehlte bis 1987 eine prozedurale Rahmenvorschrift für den sozialen Dialog gänzlich. Erst durch die Einheitliche Europäische Akte wurde der programmatisch vage formulierte Art. 118 b E(W)GV in den Vertrag eingefügt: "Die Kommission bemüht sich darum, den Dialog zwischen den Sozialpartnern auf europäischer Ebene zu entwickeln, der, wenn diese es für wünschenswert

---

200 Weitere Informationen enthält Soziales Europa 2/95, 30 f.
201 Einzelheiten in Soziales Europa 2/95, 32-67.
202 Einzelheiten in Soziales Europa 2/95, 68-100.
203 Einzelheiten in Soziales Europa 2/95, 101-118.

halten, zu vertraglichen Beziehungen führen kann."[204] Weiterentwickelt und konkretisiert wurden die Rechts- und Handlungsgrundlagen des sozialen Dialogs dann erst wieder im Zusammenhang mit dem Maastrichter Unionsvertrag durch das dem Vertrag über die Gründung der Europäischen Gemeinschaft beigefügte Sozialprotokoll.[205] Nachdem sich das Vereinigte Königreich nach dem Regierungswechsel im Mai 1997 bereit erklärt hatte, dem Abkommen über die Sozialpolitik beizutreten, wurde das im Hinblick auf Status und Wirkungen rechtlich umstrittene Protokoll über die Sozialpolitik mit dem Amsterdamer Vertrag in den EG-Vertrag einbezogen und damit aufgehoben. Die Regelungen des vormaligen Protokolls über die Sozialpolitik sind nunmehr in den Artikeln 136 bis 139 des EG-Vertrages in seiner Amsterdamer Fassung enthalten.[206] Bereits im Vorfeld war auf Wunsch des Vereinigten Königreichs im Gefolge des Europäischen Rates vom 16. und 17. Juni 1997 in Amsterdam die Richtlinie 94/45/EG über die Einsetzung eines Europäischen Betriebsrates bzw. entsprechender Unterrichtungsverfahren mit Hilfe der Richtlinie 97/74/EG des Rates vom 15. Dezember 1997 auf das Vereinigte Königreich ausgedehnt worden.[207]

4.3. Zwischenergebnis

Konkrete rechtsgestaltende Wirkung konnte der soziale Dialog bisher nur in Ansätzen entfalten. Er kam lange Zeit über programmatische Diskussionen und Stellungnahmen nicht hinaus und hing insgesamt stark vom Verlauf der EG-Politik im allgemeinen und den sozialpolitischen Initiativen der Gemeinschaft im besonderen ab.[208] Nur in Ausnahmefällen ließ sich ein autonomer Dialog zwischen den europäischen Sozialpartnern mit dem Ziel ge-

---

204 Genauer hierzu *Meinhard Heinze*, Die Rechtsgrundlagen des sozialen Dialogs auf Gemeinschaftsebene, in: 6. Bonner Europa-Symposion "Der Soziale Dialog in Europa - Entwicklungen und Perspektiven", Sammelband Nr. 67, Bonn 1996, 39-72 (43 ff.); *ders.*, Die Rechtsgrundlagen des sozialen Dialogs auf Gemeinschaftsebene, ZfA 1997, 505-521.
205 *Heinze* a. a. O., 48 ff.; vgl. *Rolf Birk*, Vereinbarungen der Sozialpartner im Rahmen des Sozialen Dialogs und ihre Durchführung, EuZW 1997, 453-459.
206 Siehe unten 5.1.3.
207 ABl. Nr. L 010/22 vom 16.1.1998.
208 *Buda* a. a. O., 295.

meinsamer operativer Lösungen entwickeln.[209] Immerhin hat die Häufigkeit solcher Ausnahmefälle seit 1995/96 zugenommen. Mit der Richtlinie 96/34/EG des Rates vom 3. Juni 1996 zu der von UNICE, CEEP und EGB geschlossenen Rahmenvereinbarung über Elternurlaub[210] gelangte erstmalig sozialpartnerschaftlich vorgestaltetes "Kollektivrecht" über das Verfahren des Art. 4 Abs. 2 SozAbk in die amtliche Rechtsform einer Richtlinie. Ihr folgte die Durchführung der am 6. Juni 1997 von den Sozialpartnern geschlossenen Rahmenvereinbarung über Teilzeit mit Hilfe der Richtlinie 97/81/EG des Rates vom 15. Dezember 1997.[211] Das jüngste rechtliche Produkt des Sozialen Dialogs ist die am 18. März 1999 von den Sozialpartnern auf europäischer Ebene geschlossene Rahmenvereinbarung über befristete Arbeitsverträge.[212] Auf ihrer Grundlage nahm die Europäische Kommission mit Wirkung ab 1. Mai 1999 einen Vorschlag für eine Richtlinie des Rates zur Umsetzung der Rahmenvereinbarung über befristete Arbeitsverträge in EU-Recht an.

Die neue Entwicklung hat ihre rechtlichen Gründe in den durch Art. 3 und 4 SozAbk (nunmehr Art. 138 und 139 EG-Vertrag in der Amsterdamer Fassung) beträchtlich erweiterten Befugnissen der Sozialpartner. Mit diesen Befugnissen hat das Maastrichter Sozialabkommen die Entwicklung zur Stärkung kollektivvertraglicher Verhandlungskompetenzen aufgenommen und zu Rechtsetzungschancen weiterentwickelt.[213]

Auch in der Phase der Umsetzung und Anwendung von Gemeinschaftsrecht in den Mitgliedstaaten sollen die Sozialpartner und mit ihnen die Regelungsform der Tarifverträge nach den Vorstellungen der Europäischen

---

209 *Buda* a. a. O.

210 ABl. Nr. L 145/4 vom 19.6.96.

211 ABl. Nr. L 014/9 vom 20.1.1998. Zur Vorgeschichte siehe "Europe" Nr. 6974 vom 15.5.1997, S. 15; "Europe" Nr. 6987 vom 4.6.1997, S. 15; "Europe" Nr. 7023 vom 25.7.1997, S. 12.

212 Siehe die englische Fassung: ETUC-UNICE-CEEP Framework Agreement on Fixedterm Work, http://europa.eu.int/comm/dg05/soc-dial/social/fixed_en.htm. Vgl. *Martin Coen*, Rahmenvereinbarung über befristete Arbeitsverträge, EuroAS 3/99, S. 30.

213 *Armin Höland*, Partnerschaftliche Setzung und Durchführung von Recht in der Europäischen Gemeinschaft, ZIAS 1995, 425-451 (430); *Birk* a. a. O.

Kommission verstärkt Verantwortung übernehmen.[214] Die in mehreren Mitgliedstaaten seit langem übliche Umsetzung von EG-Richtlinien zum Arbeits- und Sozialrecht mittels Kollektivverträgen hat in Art. 2 Abs. 4 SozAbk ausdrückliche Anerkennung bei Berücksichtigung der Anforderungen der EuGH-Rechtsprechung gefunden. Zwar werden die Sozialpartner an anderer Stelle, nämlich bei der Umsetzung und Anwendung, in den europäischen Rechsetzungsprozess eingeschaltet. Dennoch ist die hieraus gewonnene Praxis der Übernahme von gesetzesausführender Verantwortung durch die Sozialpartner nicht ohne Bedeutung für die Fähigkeit und Bereitschaft zur Herstellung von Recht auf europäischer Ebene, sei es in der zu entwickelnden Form von Kollektivverträgen, sei es in der bereits zweimal geprobten Vorlage der Sozialpartner für einen förmlichen Rechtsakt durch den Rat. In den Mitgliedstaaten vorhandene Routine der Überlassung quasilegislativer Verantwortung an die Sozialpartner dürfte den Ausbau ähnlicher Handlungsbefugnisse auf Gemeinschaftsebene erleichtern, vorausgesetzt, die Autonomie- und Beteiligungsansprüche der Sozialpartner in den Mitgliedstaaten werden respektiert.

In nuce zeigen sich hier Entwicklungen zu einer verstärkten Integration europäischer Dachverbände der Sozialpartner in die kollektivvertraglich oder legislativ umzusetzende Rechtspolitik der Gemeinschaft im Arbeits- und Sozialbereich. Die Regie über diese Verfahren wird allerdings auch weiterhin die Europäische Kommission führen; sie wird faktisch Zeitpunkte und Themen der Befassung der Sozialpartner bestimmen.[215] Hierin liegt ein wesentlicher Unterschied zur Tarifautonomie auf mitgliedstaatlicher, insbesondere deutscher Ebene. Zugleich liegt hierin eine gewisse Gefahr der In-

---

214 Mittelfristiges sozialpolitisches Aktionsprogramm 1995-1997, Soziales Europa 1/95, S. 7 ff. (36 f.), Ziffern 11.1.4, 11.1.9; 11.1.10; differenzierend zur Umsetzung durch Tarifverträge *Antoine Lyon-Caen*, Le rôle des partenaires sociaux dans la mise en oeuvre du droit communautaire, Droit Social 1997, 68-74, der sich für eine Kombination von Empfehlung i. S. des Art. 249 (ex-Art. 189) Abs. 5 EGV i. V. m. Art. 211 (ex-Art. 155) mit Tarifverträgen ausspricht, die gegebenenfalls nach ergebnislosem Verstreichen von Fristen durch eine Entscheidung nach Art. 249 (ex-Art. 189) Abs. 4 EGV abgesichert werden könnte.

215 Vgl. *Buda* a. a. O. 297, 300 f., 311. Dazu steht nicht im Widerspruch, dass verfahrensrechtlich gesehen nach Art. 3 Abs. 4, 4 Abs. 1 und 2 SozAbk die vorrangige Handlungsbefugnis der Sozialpartner anerkannt und damit das Subsidiaritätsprinzip auch im Verhältnis zwischen europäischem Normsetzer und den Sozialpartnern realisiert wird, siehe *Heinze* a. a. O., 61.

strumentalisierung der sozialpartnerschaftlichen Verfahren für die Rechtsetzungspolitik der Europäischen Kommission.[216]

Dessen ungeachtet gehört der soziale Dialog schon jetzt zu den vielleicht eher hintergründig, gleichwohl Wirkungen entfaltenden Bedingungen der Entwicklung von Mitbestimmung. Er kann mitbestimmungsrelevante Fragen auf der europäischen Verbandsebene wie innerhalb der Mitgliederstrukturen vorklären, beobachten und politisch bewerten, gegebenenfalls eines Tages auch vorkonzipieren. Der soziale Dialog auf Gemeinschaftsebene ist damit Teil des mehrgliedrigen Prozesses der Entwicklung von Mitbestimmung in Europa.

---

216 *Höland* a. a. O., S. 450.

5. Die Richtlinie 94/45/EG zum Europäischen Betriebsrat – ein paradigmatischer Wechsel?

Mit der am 22. September 1994 vom EG-Sozialministerrat erlassenen Richtlinie 94/45/EG über die Einsetzung eines Europäischen Betriebsrats oder die Schaffung eines Verfahrens zur Unterrichtung und Anhörung der Arbeitnehmer in gemeinschaftsweit operierenden Unternehmen und Unternehmensgruppen[217] hat die an Erfolgserlebnissen nicht gerade reiche Rechtsgeschichte der Beteiligung der Arbeitnehmer an Unternehmensentscheidungen in Europa eine kräftige Belebung erfahren. Die belebende Wirkung wird auch nicht dadurch in Frage gestellt, dass sich der Rechtsetzungserfolg, ungeachtet seines begrifflichen Anknüpfens an früheren Rechtsfiguren der Europäischen Aktiengesellschaft,[218] auf den dünneren Ast der Entwicklung von Arbeitnehmermitwirkung in Europa beschränkt, nämlich auf die Unterrichtung und Anhörung. Das ist von theoretischen Zielgrößen der Beteiligung von Arbeitnehmern an Unternehmensentscheidungen weit entfernt. Aber diese Entfernung, die vor allem aus der Optik der deutschen Unternehmensmitbestimmung groß erscheinen mag, ist keine unveränderliche Größe. Der textliche und konzeptionelle Rahmen der Richtlinie 94/45/EG darf nicht für deren Potential an Lernprozessen in sowie zwischen gemeinschaftsweit operierenden Unternehmen mit Europäischen Betriebsräten genommen werden. Erste Praxisberichte aus Europäischen Betriebsräten geben Hinweise darauf, dass die durch solche Vereinbarungen bewirkten Prozesse der Herausbildung neuer Verfahren und Institutionen an den begrifflichen und rechtlichen Grenzen nicht unbedingt Halt machen.[219] Das unten näher betrachtete Beispiel der angekündigten Schließung des Renault-

---

217 ABl. Nr. L 254/64 vom 30.9.94.

218 Europäische Betriebsräte waren bereits in dem Vorschlag einer Verordnung (EWG) des Rates über das Statut für europäische Aktiengesellschaften von 1970, ABl. Nr. C 124/1 vom 10.10.70 vorgesehen, siehe dort die Artikel 100-137.

219 Siehe unten 5.3.

Werkes im belgischen Vilvoorde steht allerdings für eine gegenläufige Erfahrung.[220]

Auf der anderen Seite wird Weiterentwicklung im Sinne einer Annäherung von praktischer Handhabung von Unterrichtung und Anhörung an die rechtlichen Qualitäten der Mitbestimmung auf Dauer nicht allein mit Lernprozessen und der Bereitschaft, mit neuen rechtlichen Angeboten zu experimentieren, gelingen. Hinzu kommen müssen wenigstens drei Bedingungen: eine normative Verdichtung des bisher stark prozeduralen und optionalen Programms "Europäische Betriebsräte", die unterstützende Interaktion mit der beobachtenden und evaluierenden Praxis des sozialen Dialogs auf Gemeinschaftsebene und die enge Verknüpfung der sich entwickelnden Praxis der Europäischen Betriebsräte mit den Institutionen und Verfahren des Normalbetriebs der Mitbestimmung in den Mitgliedstaaten. Nur so wird es auf Dauer möglich sein, die Europäischen Betriebsräte aus ihrem zwar auffälligen, aber bisher wenig einflussreichen Sonderstatus herauszuführen und zu einem funktionalen Bestandteil der Mitbestimmung zu machen. Die Gefahr einer Entregelung deutscher Mitbestimmung durch stärker eingegliederte Europäische Betriebsräte erscheint gering. Auch in grenzüberschreitend tätigen deutschen Unternehmen und Betrieben werden die an den jeweiligen Standort und damit an das nationale Recht gebundenen Befugnisse und Pflichten des Mitbestimmungsalltags deutlich überwiegen. Etwas größer ist die Gefahr deregulatorischer Rückwirkungen auf Betriebsverfassung und Unternehmensmitbestimmung in grenzüberschreitend tätigen Unternehmen, deren zentrale Leitung ihren Sitz im Ausland und damit in einer anderen "Mitbestimmungskultur" hat. Auch hier ist jedoch für den Normalfall schwer vorstellbar, daß schwächer ausgeprägte Beteiligungsbefugnisse des Europäischen Betriebsrats verderbliche Rückwirkungen auf das Mitbestimmungsverhalten der Betriebsparteien oder Aufsichtsräte entwickeln könnten. Im Zweifel dürften sich auch hier die Routinen und das Rechtsverständnis des (in diesem Falle: deutschen) Standortes behaupten. Auf alle drei erwähnten Bedingungen wird zurückzukommen sein.[221]

---

220 Siehe unten 5.5.
221 Siehe unten 5.3.

5.1. Die Richtlinie und ihre Entstehung

Die Richtlinie 94/45/EG hat, obgleich sie im Vergleich zu anderen Rechtsetzungsverfahren mit Bezug zur Stellung der Arbeitnehmer zügig vorbereitet und erlassen wurde,[222] ihre politische und rechtliche Vorgeschichte, ihre allgemeinen Merkmale europäischer Rechtsentwicklungsprozesse und ihre besonderen Gelingensvoraussetzungen.

5.1.1. Die politische und rechtliche Vorgeschichte

Die politische und rechtliche Vorgeschichte stellt die EBR-Richtlinie in die Entwicklungslinie der Unterrichtung und Anhörung der Arbeitnehmer, die als eigenständige "zweite Spur" europäischer Rechtsetzung mit dem Vorschlag der sog. Vredeling-Richtlinie 1980 eröffnet und durch den Beschluss des Rates von 1986 vorläufig wieder eingestellt worden war.[223] Die unmittelbare programmatische Vorlage, auf welche sich die EBR-Richtlinie in ihrem Erwägungsgrund Nr. 4 auch ausdrücklich bezieht, hat die Gemeinschaftscharta der sozialen Grundrechte der Arbeitnehmer von 1989 geboten. Nach deren Nr. 17 müssen "Unterrichtung, Anhörung und Mitwirkung der Arbeitnehmer in geeigneter Weise, unter Berücksichtigung der in den verschiedenen Mitgliedstaaten herrschenden Gepflogenheiten, weiterentwickelt werden. Dies gilt insbesondere für Unternehmen und Unternehmenszusammenschlüsse mit Betriebsstätten bzw. Unternehmen in mehreren Mitgliedstaaten der Europäischen Gemeinschaft."

---

222 Den noch auf Artikel 100 EWG-Vertrag gestützten Vorschlag für diese Richtlinie hatte die Kommission Mitte Dezember 1990 vorgelegt, ABl. Nr. C 39/10 vom 15.2.91.

223 Die Schlussfolgerungen des Rates vom 21. Juli 1986 über die Unterrichtung und Anhörung der Arbeitnehmer in Unternehmen mit komplexer Struktur, ABl. Nr. C 203/1 vom 12.8.86, umfassten sechs Punkte. Unter Ziffer 3 stellte der Rat fest, dass es ihm nicht gelungen ist, auf der Grundlage des geänderten Richtlinienvorschlags vom 13. Juli 1983 eine Lösung für dieses Problem zu finden. Unter Ziffer 4 ersuchte der Rat die Kommission, ihre diesbezüglichen Arbeiten fortzusetzen und ihm jährlich über die wichtigen Entwicklungen in diesem Bereich Bericht zu erstatten. Unter Ziffer 5 kündigte der Rat an, dass er anhand dieser Berichte Anfang 1989 die Beratungen über den genannten geänderten Richtlinienvorschlag oder jeden anderen Vorschlag der Kommission wiederaufnehmen werde.

5.1.2. Die EG-spezifische Vorbereitung der Rechtsetzung

Für die Entwicklung und Umsetzung von europäischem Gemeinschaftsrecht haben sich eigentümliche, aus der Gesetzgebung der Mitgliedstaaten nicht oder jedenfalls nicht mit dieser Typik bekannte praktische Programmierungen herausgebildet. Entstehung und Umsetzung der Richtlinie 94/45/EG folgten einem solchen der EG-Rechtsetzung eigentümlichen Muster. Dieses besteht aus

- einem methodischen Mix von Politik anstiftenden Äußerungen (Memoranden, Mitteilungen, Untersuchungen) der Kommission,
- dazu respondierender Befassung des Europäischen Parlaments,
- die Akzeptanz vorbereitender Einbindung verschiedener Ausschüsse sowie, in diesem Fall,
- der teilweisen Abgabe weiterer Klärung an das System des sozialen Dialogs,
- politischen Stellungnahmen des Rates,
- dem Aufbau von Referenzlinien für die Begründung der vorgesehenen Rechtsakte, durch die sich auf vorausgehende rechtliche oder politische Akte verweisen lässt, die ihrerseits auf vorausgehende Akte verweisen usf.,
- der Vorbereitung des angezielten sozialen Feldes durch Aktionsprogramme, und das heißt immer auch: durch Geld, und schließlich
- dem Rechtsakt selbst, der – wie im Falle der Richtlinie 94/45/EG – mit Rückkoppelungselementen in Form von Überprüfungsklauseln[224] ausgerüstet sein kann.

Die EG-spezifische Orchestrierung machte mit dem Erlass der Richtlinie 94/45/EG nicht Halt. Zusammen mit dem rechtsetzenden Akt am 22. September 1994 beschloss der Rat der Sozialminister, die Europäische Kommission um die Einsetzung einer Arbeitsgruppe ("Working Party") zu bitten, "in order to provide a forum for discussing the arrangements for the transposition of the Directive into national legislation".[225] Diese Arbeitsgruppe, die

---

224 Siehe Artikel 15.
225 Working Party "Information and Consultation", Working Papers, V/6943/95/EN, S. 3. Vgl. *Willy Buschak*, Umsetzung der EBR-Richtlinie in nationales Recht, WSI Mitteilungen 8/1996, 519-524, der diese Arbeitsgruppe als ein Novum auf europäischer Ebene bezeichnet.

einen informellen Status hatte und von der Kommission nach eigenem Bekunden nur logistisch und "beim Entwickeln ihrer Ideen" unterstützt wurde, war aus nationalen Experten der 14 durch das Sozialabkommen verpflichteten EU-Mitgliedstaaten und der drei EWR-Staaten[226] zusammengesetzt. Sie bemühte sich, ihrem Auftrag gemäß, auf der Grundlage von insgesamt 27 Arbeitsdokumenten um begriffliche und konzeptionelle Vorklärung der Umsetzung der EBR-Richtlinie in das Recht der Mitgliedstaaten, mit einem deutlichen Schwerpunkt auf der Bestimmung des Begriffs "herrschendes Unternehmen". Die "Working Party" traf sich zwischen dem 18. November 1994 und dem 19./20. Juni 1995 zu insgesamt fünf Diskussionsrunden. Ihre Vorschläge für eine koordinierte Umsetzung der Richtlinie 94/45/EG wurden von den Generaldirektoren für industrielle Beziehungen aus den Arbeits- und Sozialministerien aller beteiligten Staaten am 10. Juli 1995 gebilligt.[227]

Das Vorgehen einer der Gesetzgebung in den beteiligten Staaten vorgeschalteten Abstimmung im Kreise staatlicher (ministerieller) Fachreferenten hat unbestreitbare Rationalität und Gesetzgebungsökonomie im europäischen Maßstab für sich. Störende Rechtsunterschiede zwischen Mitgliedstaaten, begriffliche Missverständnisse und organisatorische Reibungsverluste in grenzüberschreitenden Unternehmungen lassen sich dadurch möglicherweise vermeiden, jedenfalls vermindern. Darüber hinaus gestatten die veröffentlichten Arbeits- und Empfehlungspapiere der "Working Party" den Zugang zu hochqualifizierten, auch rechtsvergleichend interessanten Erörterungen von Umsetzungsproblemen. Die rechtlich nicht definierte "Working Party", die im gestreckten Rechtsetzungsprozess zwischen Erlass einer EG-Richtlinie und dem Zeitpunkt der Umsetzung in nationales Recht fachlich interveniert, könnte sich im Zuge fortschreitender Europäisierung auch des Arbeitsrechts als Ausdruck einer sich verstärkenden Struktur von

---

226 Norwegen, Island, Liechtenstein.
227 Working Papers a.a.O., S. 3; *Buschak* a.a.O., 520

"non-hierarchical governance" auf Gemeinschaftsebene behaupten.[228] Dieser Ansatz mag effizient sein, er ist jedenfalls nicht ohne demokratietheoretische Probleme. Durch die "Working Party" schiebt sich eine horizontale Struktur von im Zweifel ministeriellen Fachreferenten in das unter Demokratiegesichtspunkten ohnehin nicht gerade übersichtliche Interaktionsfeld zwischen Kommission, Rat und Parlament und dem hier ebenfalls wirkenden System des sozialen Dialogs. Daraus könnte eine noch stärkere Determinierung des die Richtlinie(n) umsetzenden Gesetzgebungsprozesses in den Mitgliedstaaten folgen als es ohnehin bereits durch fachministerielle Vorlagen erreicht wird. Dem Argument einer mit 16 oder x anderen beteiligten Staaten bereits vorgeklärten und abgestimmten Umsetzungskonzeption werden sich nationale Parlamente nicht leicht entziehen können. In längerfristiger Betrachtung könnte sich durch die Etablierung solcher Horizontalstrukturen wie der "Working Party" der Souveränitätstransfer in Richtung "Europa" verstärken. Das bräuchte nicht zu beunruhigen, wenn der Transfer mit nachwachsender demokratische Legitimation ausgestattet wäre.

5.1.3. Die Rechtsgrundlage des Sozialabkommens

Alle politischen, rechtlichen und ökonomischen Vorarbeiten von Kommission und Rat hätten kaum fruchten können, wenn nicht im Rahmen der Maastrichter Vertragsverhandlungen 1991/92 ein außergewöhnliches Verfahren gefunden worden wäre, um im Konsens aller damals 12 EG-Mitgliedstaaten die sozial- und mitbestimmungspolitische Blockadelage überwinden zu können. "In Anbetracht dessen", wie es im Vorspruch heißt, dass elf Mitgliedstaaten "auf dem durch die Sozialcharta von 1989 vorgezeichneten Weg weitergehen wollen", und zu diesem Zweck untereinander ein Abkommen beschlossen haben, einigten sich alle zwölf Mitgliedstaaten auf das Protokoll über die Sozialpolitik, das sie dem Vertrag zur Gründung der Europäischen Gemeinschaft beifügten. In diesem Protokoll kamen diese

---

228 Zu diesem Ansatz vgl. die "komitologischen" Untersuchungen bei *Christian Joerges / Jürgen Neyer*, From Intergovernmental Bargaining to Deliberative Political Processes: The Constitutionalisation of Comitology, European Law Journal, Vol. 3, No. 3, 1997, pp. 273-299. Die Autoren sehen Anzeichen für einen Umbau politischer Herrschaftsorganisation auf Gemeinschaftsebene in Richtung "supranational" argumentierender und diskursiver Entscheidungsprozesse, die allerdings mit Hilfe des Rechts im Hinblick auf Legitimität und demokratischer Kontrolle nachgerüstet werden müssen.

überein (Ziffer 1), die zum Weitergehen entschlossenen elf Mitgliedstaaten "zu ermächtigen, die Organe, Verfahren und Mechanismen des Vertrags in Anspruch zu nehmen, um die erforderlichen Rechtsakte und Beschlüsse zur Umsetzung des genannten Abkommens untereinander anzunehmen und anzuwenden, soweit sie betroffen sind".[229] Das genannte Abkommen ist das "Abkommen zwischen Mitgliedstaaten der Europäischen Gemeinschaft mit Ausnahme des Vereinigten Königreichs Großbritannien und Nordirland über die Sozialpolitik". Es war inhaltlich im wesentlichen vorgezeichnet durch Vorschläge, welche die europäischen Sozialpartner in einem Abkommen vom 31. Oktober 1991 ausgearbeitet hatten mit dem Ziel, eine Vorlage für die Änderung und Ergänzung der Artikel 118 Abs. 4, 118a und 118b EG-Vertrag zu liefern.[230]

Das Maastrichter Sozialabkommen (SozAbk) hat Rechtsgrundlagen erweitert und den Ansatz des Sozialen Dialogs formalisiert und ausgebaut. Beides kam beim Erlass der Richtlinie 94/45/EG erstmalig zum Tragen. Die Rechtsgrundlage wird in Art. 2 SozAbk unter ausdrücklichem Bezug auf den anspruchsvollen Zielkatalog des Artikels 1 erweitert und sozialpolitisch konturiert. Die im Artikel 2 aufgereihten Rechtsetzungsthemen werden zwei Beschlussmodalitäten zugeordnet. Diese Zweiteilung trennt nach der schwachen und starken Ausprägung der Arbeitnehmerbeteiligung. Die im Art. 2 Abs. 1 SozAbk unter anderem aufgeführte "Unterrichtung und Anhörung

---

229 Zur Rechtsnatur des Sozialprotokolls und des Sozialabkommens siehe näher *Gunnar Schuster*, Rechtsfragen der Maastrichter Vereinbarung zur Sozialpolitik, EuZW 1992, 178-187; *Rolf Wank*, Arbeitsrecht nach Maastricht, RdA 1995, 10-26; *Christian Koenig*, Die Europäische Sozialunion als Bewährungsprobe der supranationalen Gerichtsbarkeit, EuR 1994, 175-195; *Martin Coen*, Abgestufte soziale Integration nach Maastricht, EuZW 1995, 50-52; *ders.*, in Bleckmann, Europarecht (1997), Rn. 2561 ff., 2575 ff.
Die Rechtslage ist durch den Vertrag von Amsterdam geändert worden. Die Regierungskonferenz, die mit der Tagung des Europäischen Rates am 16. und 17. Juni 1997 ihren Abschluß gefunden hat, war übereingekommen, sowohl das Abkommen über die Sozialpolitik als auch einen neuen Titel zur Beschäftigung in den Vertrag einzufügen, siehe "Europe"-Dokumente Nr. 2041/42 vom 20. Juni 1997, S. 4, 6. Vgl. "Europe" Nr. 6989 vom 6.6.1997, S. 4 und "Europe" Nr. 6990 vom 7.6.1997, S. 7.

230 Das Abkommen ist abgedruckt in Anhang 2, Soziales Europa 2/92, S. 180; vgl. hierzu *Jean-Claude Séché*, L'Europe social après Maastricht, Cahiers de Droit Européen 1993, 509-536. Zur ursprünglichen Absicht der Vertragsänderung siehe "Europe"-Dokumente Nr. 1750/1751 vom 13.12.1991, S. 4 f.

der Arbeitnehmer" gehört zu denjenigen Bereichen, in denen der Rat gemäß dem Verfahren des Artikels 189c des Vertrags nach Anhörung des Wirtschafts- und Sozialausschusses durch Richtlinien Mindestvorschriften erlassen kann. In seiner Grundform ermöglicht das Verfahren nach Art. 252 (ex-Art. 189c) EGV Beschlussfassung des Rates mit qualifizierter Mehrheit.[231] Einstimmigkeit ist demgegenüber nach Art. 2 Abs. 3 SozAbk erforderlich für Beschlussfassung des Rates u. a. in bezug auf die Vertretung und kollektive Wahrnehmung der Arbeitnehmer- und Arbeitgeberinteressen, einschließlich der Mitbestimmung.[232]

Die Richtlinie 94/45/EG zum Europäischen Betriebsrat hat, wie erwähnt, erstmalig die durch das Sozialabkommen bereitgestellten neuen materiellen und verfahrensrechtlichen Bedingungen nach Art. 2 Abs. 2 genutzt. Außerdem hat die Europäische Kommission bei Gelegenheit dieses Rechtsaktes erstmalig, wie die kurze Verfahrensdokumentation in den Erwägungsgründen Nr. 6-8 der Richtlinie 94/45/EG mitteilt, die beiden neuen Verfahren der Anhörung der Sozialpartner nach Art. 3 Abs. 2 und 3 SozAbk[233] zur Anwendung, wenn auch nicht zum Abschluss gebracht. Mangels Übernahme-

---

231 Einstimmigkeit ist nur erforderlich, wenn das Europäische Parlament den gemeinsamen Standpunkt des Rates abgelehnt hat, wenn der Rat Abänderungen des Europäischen Parlaments annehmen will, welche die Kommission nicht übernommen hat oder wenn der Rat den von der Kommission überprüften Vorschlag ändern will, Art. 252 (ex-Art. 189c) Buchst. c) 2. UAbs., Buchst. d) 2. UAbs. und Buchst. e) 2. UAbs. EGV.

232 Die Zweiteilung ist Ausdruck der Verhandlungslinie der Bundesregierung bei den Maastrichter Verhandlungen. Der Vorbehalt der Einstimmigkeit bei Fragen der Mitbestimmung war und ist bestimmt durch die Sorge vor Regelungen mit negativen Auswirkungen auf die deutsche Mitbestimmung, insbesondere bei der Europäischen Aktiengesellschaft, vgl. *Anton Wirmer*, Die Richtlinie Europäische Betriebsräte - Ein zentraler Baustein europäischer Sozialpolitik, DB 1994, 2134-2137 (2135).

233 Nach Art. 3 Abs. 2 hört die Kommission vor Unterbreitung von Vorschlägen im Bereich der Sozialpolitik die Sozialpartner zu der Frage, wie eine Gemeinschaftsaktion gegebenenfalls ausgerichtet werden sollte. Nach Art. 3 Abs. 3 hört die Kommission, falls sie nach dieser Anhörung eine Gemeinschaftsmaßnahme für zweckmäßig hält, die Sozialpartner zum Inhalt des in Aussicht genommenen Vorschlags. Die Sozialpartner übermitteln der Kommission eine Stellungnahme oder gegebenenfalls eine Empfehlung.

anzeige der Sozialpartner nach Art. 3 Abs. 4 SozAbk[234] musste sie den Vorschlag für die spätere Richtlinie 94/45/EG selbst zu Ende bringen. Offenkundig waren bereits mit dem mitbestimmungstheoretisch "schwachen", eher prozedural als inhaltlich-zwingend angelegten Rechtsetzungsprojekt der "Europäischen Betriebsräte" die Grenzen der Einigungsfähigkeit der europäischen Sozialpartner überschritten. Die Gründe hierfür lagen allem Anschein nach in starken Vorbehalten der europäischen Arbeitgeber-Dachorganisation UNICE und innerhalb dieser vor allem bei den verbandlich organisierten britischen Arbeitgebern.[235]

5.1.4. Konzeptionelle Merkmale der Richtlinie 94/45/EG

Die Richtlinie 94/45/EG ist ausführlich beschrieben und kommentiert worden.[236] Eine erneute Beschreibung ihrer rechtlichen Merkmale ist hier entbehrlich; sie entspräche auch nicht der Zielsetzung dieser Arbeit. Ziel ist hier vielmehr, die die Richtlinie kennzeichnenden Merkmale und Methoden herauszuarbeiten. Damit soll die Bewertung der Richtlinie im Kontext der Mitbestimmungsentwicklung in Europa und ihrer Bedeutung für die Euro-

---

234 Art. 3 Abs. 4 des Sozialabkommens lautet: "Bei dieser Anhörung können die Sozialpartner der Kommission mitteilen, dass sie den Prozess des Artikels 4 in Gang setzen wollen. Die Dauer des Verfahrens darf höchstens neun Monate betragen, sofern die betroffenen Sozialpartner und die Kommission nicht gemeinsam eine Verlängerung beschließen."

235 Zum Widerstand des britische Arbeitgeberverbands CBI vgl. "Europe" Nr. 6234 vom 20.5.1994, S. 12; "Europe" Nr. 6235 vom 21.5.1994, S. 13; "Europe" Nr. 6256 vom 22.6.1994; "Europe" Nr. 6320 vom 22.9.1994, S. 14.

236 Vgl. *Bernd Sandmann*, Die Euro-Betriebsrats-Richtlinie 94/45/EG, Heidelberg 1996; *Erik Beckedahl*, Der Europäische Betriebsrat, Dissertation Köln 1996; *Bettina Wunsch-Semmler*, Entwicklungslinien einer europäischen Arbeitnehmermitwirkung, Baden-Baden 1995, 107 ff.; *Manfred Weiss*, Germany, in: Roger Blanpain and Tadashi Hanami (eds.), European Works Councils, 1995, 150-163; ders., Europäische Betriebsräte und Konzern - 20 Thesen, ZIAS 1995, 633-639; *Klaus-Stefan Hohenstatt*, Der Europäische Betriebsrat und seine Alternativen, EuZW 1995, 169-172; *Björn Gaul*, Die Einrichtung Europäischer Betriebsräte, NJW 1995, 228-232; *Udo R. Mayer*, Richtlinie Europäische Betriebsräte - Harmonisierungsprobleme bei der Umsetzung, BB 1995, 1794-1798; *Peter Mozet*, Beteiligung der Arbeitnehmer auf europäischer Ebene, ZEuP 1995, 552-563; *Monika Schmidt*, Der Europäische Betriebsrat, NZA 1997, 180-183; *Antoine Lyon-Caen*, La négociation collective dans ses dimensions internationales, Droit Social 4/1997, 352-367.

päisierung der Mitbestimmungspraxis in der Bundesrepublik Deutschland vorbereitet werden.

Fünf Merkmale und Methoden der Richtlinie 94/45/EG verdienen vor allem Beachtung. Kennzeichnend für die Richtlinie sind zum ersten die an materiellrechtlichen Festlegungen arme, ganz überwiegend auf die Bereitstellung von *Verfahren* beschränkte gesetzgeberische Konzeption; zum zweiten der klare Vorrang *freiwilliger Vereinbarungen* zwischen dem besonderen Verhandlungsgremium und der zentralen Leitung; zum dritten die *normative Einhegung* des Vorrangs der Freiwilligkeit durch die *subsidiäre Anwendung* der Rechtsvorschriften des Mitgliedstaats, in dem die zentrale Leitung ihren Sitz hat; zum vierten die *normative Aufstockung* der subsidiären Rechtsvorschriften für den Fall, dass sie den im Anhang zur Richtlinie niedergelegten Bestimmungen nicht genügen; und fünftens die das Element der Freiwilligkeit noch einmal verstärkende, bis zum 22.9.1996 fristgebundene *Bestandsschutzregelung*. Eine kurze Betrachtung der einzelnen Merkmale in der genannten Reihenfolge führt zu folgenden Ergebnissen.

(1) Für moderne Gesetzgebungsprobleme im allgemeinen wie für die besonderen Schwierigkeiten der europäischen Angleichung von Mitbestimmungsrecht gibt es offensichtlich zwei methodische Erleichterungen: die Zerlegung einer einheitlichen Regelung in eine Mehrzahl von Regelungsoptionen und der Rückzug inhaltlich steuernden Rechts zugunsten verfahrensmäßig organisierenden Rechts. Die Richtlinie 94/45/EG kombiniert in gewisser Hinsicht beide Ansätze. Zum einen bietet sie eine kleine Option. Sie lässt, wie bereits ihre Überschrift deutlich macht, ihren Regelungsanspruch auf zweierlei Weise erfüllen, durch die Einsetzung eines europäischen Betriebsrats oder die Schaffung eines Verfahrens zur Unterrichtung und Anhörung der Arbeitnehmer in gemeinschaftsweit operierenden Unternehmen und Unternehmensgruppen. Zum anderen beschränkt sie sich auf wenige inhaltliche Festlegungen, insbesondere bei den Begriffsbestimmungen in Artikel 2 und bei der Definition des "herrschenden Unternehmens" in Artikel 3, bei den Minimalanforderungen an Vereinbarungen nach Art. 6 Abs. 2 und bei einigen der im Anhang zusammengestellten subsidiären Vorschriften nach Artikel 7. Geprägt ist die EBR-Richtlinie von einer prozeduralen Konzeption. Sie hat im wesentlichen *organisierenden, nicht anordnenden* Charakter.

Organisierender Charakter von Regelungen bringt typischerweise Rechtswirkungen hervor, die bestimmt sind durch die Kontingenzen der

Verfahrensausfüllung, d. h. durch die "örtlichen" wirtschaftlichen, sozialen und machtbestimmten Bedingungen. Damit führt verfahrensgesteuerte Selbstorganisation, jedenfalls in einer ersten Phase, zu einem höheren Grad an Vielfalt der Ergebnisse. Dieser Effekt wird bei den Europäischen Betriebsräten ohne Zweifel durch den bevorzugten Modus des freiwilligen Vertrages noch verstärkt, wie sogleich unter (2) zu erörtern sein wird. Vielfalt der Regelungen hat ihrerseits zwei Wirkungen. Sie führt zu Wettbewerb der unternehmensindividuell gefundenen Lösungen, zumal in einem kommunikationsstarken Bereich wie der Beteiligung von Arbeitnehmern an Unternehmensentscheidungen, und sie führt rascher zum Auslegungskonflikt und damit zur Rechtsprechung. Über Rechtsprechung können die in offenen Verfahren gefundenen Ergebnisse "nachmaterialisiert" werden. Rechtsprechung und Wettbewerb der Vereinbarungen befördern ihrerseits, längerfristig gesehen, Standardisierung und die Herausbildung von "best practices"[237]. Damit steht ein verfahrensoffenes Konzept, wie es beispielsweise in der Richtlinie 94/45/EG gewählt worden ist, nicht notwendigerweise im Verhältnis der Alternativität zu inhaltlich regelnden Gesetzen. Es wird sich vielmehr häufig als Vorstufe zu inhaltlich stärker verfestigten Regelungen erweisen. Im Unterschied zu diesen gelingt jedoch über das regelungsschwache Angebot zur Selbstorganisation, jedenfalls im Bereich der Arbeitnehmermitwirkung in Europa, was über regelungsstarke Ansätze der Vereinheitlichung oder Angleichung von Recht bisher nicht gelungen ist.

(2) Von ihrer Systematik und von ihrem Wortlaut her lässt die Richtlinie 94/45/EG keinen Zweifel daran, dass sie *Vereinbarungen* bevorzugt, die auf freiwillig geführten Verhandlungen beruhen. Sie überträgt damit ein Element des globalen Steuerungsprinzips der Subsidiarität im Sinne des Art. 5 (ex-Art. 3b) EGV auf die rechtliche Organisation der industriellen Bezie-

---

237 Wolfgang Lecher, Gewerkschaften und industrielle Beziehungen in Frankreich, Italien, Großbritannien und Deutschland - Rahmenbedingungen für die EBR, WSI-Diskussionspapier Nr. 30, Düsseldorf, Januar 1997. 24; Lecher, Wolfgang / Nagel, Bernhard / Platzer, Hans-Wolfgang, Die Konstituierung Europäischer Betriebsräte - Vom Informationsforum zum Akteur?, Baden-Baden 1998; Lecher, Wolfgang / Platzer, Hans-Wolfgang / Rüb, Stefan u. a., Europäische Betriebsräte. Perspektiven ihrer Entwicklung und Vernetzung, Baden-Baden 1999; Thorsten Schulten, European Works Councils: Prospects for a New System of European Industrial Relations, European Journal of Industrial Relations 2 (1996), 303-324 (319).

hungen in Europa. In rechts- und industriesoziologischer Hinsicht verfolgt sie einen prononcierten Ansatz des "neo-voluntarism".[238]

Die Richtlinie fördert den Ansatz der Freiwilligkeit und die ihm korrespondierende inhaltliche Freiheit der Vereinbarung durch die Selbstorganisation unterstützende Verfahrensvorschriften, vor allem in den Artikeln 1 Abs. 2 ("auf Antrag"), 5 Abs. 1 ("nimmt die zentrale Leitung von sich aus oder auf schriftlichen Antrag von mindestens 100 Arbeitnehmern ... Verhandlungen ... auf"), 5 Abs. 2 und 3 (besonderes Verhandlungsgremium), durch das Zusammenarbeitsgebot in Art. 6 Abs. 1, durch die Freistellung der Vereinbarung von der Geltung der subsidiären Vorschriften des Anhangs nach Art. 6 Abs. 4 und durch die ausdrückliche Ermächtigung in Art. 7 Abs. 1, die Anwendung der subsidiären Rechtsvorschriften des Mitgliedstaats zu beschließen. Gesichert wird die Vereinbarungsfreiheit von der anderen Seite her mit Hilfe des durch Art. 5 Abs. 5 dem besonderen Verhandlungsgremium ausdrücklich eingeräumten Rechts, Verhandlungen nicht zu eröffnen oder bereits eröffnete Verhandlungen zu beenden. Der Vorrang der Vereinbarungsfreiheit kommt schließlich auch in dem Recht nach Art. 13 Abs. 2 der Richtlinie zum Ausdruck, bei Auslaufen einer im Sinne von Art. 13 Abs. 1 bestandsgeschützten Vereinbarung die weitere Anwendung gemeinsam zu beschließen.

Charme und Risiko vertraglicher Regelungen zur Arbeitnehmerbeteiligung sind im Grundsatz aus der binnenstaatlichen arbeitsrechtlichen Diskussion bekannt. Ist die Vertragsparität gewahrt, ermöglicht die freiwillige und freie Vereinbarung optimale Abstimmung der Interessen beider Vertragsparteien untereinander und in bezug auf die Unternehmensbedingungen. Ist die Voraussetzung fairer und paritätischer Verhandlungsbedingungen zweifelhaft, wird aus dem prozeduralen Programm eine schiefe Ebene in Richtung Unternehmensinteressen. Für eine gesicherte Bewertung der Voraus-

---

238 *Wolfgang Streeck/Sigurt Vitols*, European Works Councils: Between Statutory Enactment and Voluntary Adoption, WZB discussion paper FS I 93-312, Berlin , September 1993, 14 ff.

setzungen und Ergebnisse von EBR-Vereinbarungen ist es zu früh.[239] Eigene Eindrücke aus Gesprächen mit deutschen Europäischen Betriebsräten[240] haben keinen Anlass zu Zweifeln an paritätischen Vertragsbedingungen gegeben. Aber die hier besichtigte Auswahl könnte ausnehmend positiv sein. An der Vertragsparität wird man häufig schon deshalb Zweifel haben können, weil sich das besondere Verhandlungsgremium, im Unterschied zu den Vertretern des Managements der zentralen Leitung, aus zu diesem Zweck ad hoc aus mehreren Ländern zusammengerufenen Arbeitnehmervertretern mit unterschiedlichen Mitbestimmungserfahrungen zusammensetzen wird. Die interne Pluralität des Gremiums und das Fehlen gemeinsamer Erfahrungen der Interessenvertretung können das unabhängige und effektive Durchsetzen von Verhandlungspositionen erheblich erschweren.

Von der Frage der Vertragsparität abgesehen, wird die Bevorzugung von freiwilligen Verhandlungen und Vereinbarungen die bereits unter (1) angesprochene Wirkung einer (zunächst) erhöhten Vielfalt von unternehmensindividuellen Regelungen verstärken. Sie könnte in längerfristiger Perspektive

---

239 Auch der von der Europäischen Stiftung zur Verbesserung der Lebens- und Arbeitsbedingungen 1996 zusammengestellte "Überblick über bestehende Vereinbarungen zur Unterrichtung und Anhörung in europäischen multinationalen Unternehmen" von *Bonneton / Carley / Hall / Krieger* kann eine solche eher kritisch prüfende als beschreibende Lektüre nicht leisten. Dasselbe gilt für die von *Carley / Geissler / Krieger* vorgelegte vergleichende Textanalyse "European Works Councils in Focus. The contents of voluntary agreements on European-level information and consultation: preliminary findings of an analysis of 111 agreements", European Foundation, Dublin, September 1996, und für *Michael Blank / Sabine Geissler / Rolf Jaeger*, Euro-Betriebsräte, Köln 1996, die acht Fallbeispiele vorstellen und auswerten.

240 Die Gespräche dienten allein dem Vertrautmachen mit Wirklichkeitsbedingungen von Europäischen Betriebsräten. Sie erheben keinen eigenständigen Forschungsanspruch. Solche Praxisgespräche wurden geführt mit dem Europäischen Konzernbetriebsrat der Volkswagen AG in Wolfsburg (*Eva Lavon, Hans-Jürgen Uhl, Werner Widuckel-Mathias*), den Europäischen Betriebsräten von Kabel Metal Europa (KME) in Osnabrück (*Walter Fritsch*), Allianz Versicherungs AG in München (*Michael Krynitz*), Nestlé AG in Frankfurt am Main (*Roland Hohenstein*), Kreditbank-Bankverein AG in Bremen (*Heiner Vahlenstein*) und der Beiersdorf AG in Hamburg (Dr. *Detlef Wiswe*). Ebenfalls der praktischen Vergewisserung dienten Gespräche mit *Rolf Jaeger* von der Hauptverwaltung der Industriegewerkschaft Bergbau, Chemie, Energie (IG BCE, früher Chemie-Papier-Keramik) und *Doris Meissner* (zu diesem Zeitpunkt) vom EMCEF in Brüssel. Ich danke allen Genannten für die für mich außerordentlich nützlichen Gespräche.

einer Abkoppelung transnationaler Mitbestimmungspraxis von gewerkschaftlichen Einwirkungsmöglichkeiten Vorschub leisten. Auch die unter (1) erwogene Re-Standardisierung der Information und Konsultation und die Herausbildung von beispielhaften Praktiken muss nicht notwendigerweise eine sein, die mit gewerkschaftlichen Vorstellungen und Anleitungen zur Abfassung von EBR-Vereinbarungen übereinstimmt.

c) *Normativ eingehegt* wird das privatautonome Verhandlungs-*setting* der EBR-Richtlinie zum einen, wenn auch nur schwach und eher thematisch als inhaltlich, durch den Katalog bindender Festlegungen "unbeschadet der Autonomie der Parteien" in Art. 6 Abs. 2, zum anderen und vor allem jedoch durch die in Art. 7 Abs. 1 angeordnete Anwendung der subsidiären Rechtsvorschriften der Mitgliedstaaten. Diese Subsidiarität kommt in drei Fällen zum Tragen: Bei einem entsprechenden Beschluss der Verhandlungspartner, bei Verweigerung der Aufnahme von Verhandlungen durch die zentrale Leitung binnen sechs Monaten nach dem ersten Antrag und bei Nichtzustandekommen einer Vereinbarung binnen drei Jahren nach dem entsprechenden Antrag. Ähnlich wie bei dem Bestandsschutzangebot des Art. 13 Abs. 1 greift die Richtlinie 94/45/EG auch bei der subsidiären Geltung mitgliedstaatlichen Rechts auf den wechselnden Einsatz von Elementen des Anreizes und des Zwangs zurück. Das Vorgehen erscheint nicht nur gesetzgebungstheoretisch modern, sondern im Interesse gemeinschaftsrechtlicher Gleichbehandlung transnationaler Unternehmen auch geboten. Allerdings droht bei dieser Methode, wie bei jeder Verweisung auf das Recht der Mitgliedstaaten, die bekanntlich ausgeprägte Unterschiedlichkeit der in Bezug genommenen Regelungen und damit möglicherweise doch ein gewisser "Delaware-Effekt"[241]. Diesem soll die faktisch minimal rechtsangleichende Bedingung (4) steuern.

(4) Die Regelung in § 7 Abs. 2 der Richtlinie 94/45/EG zielt auf die Gleichheit verbürgende Sicherung von Minimalinhalten des gegebenenfalls zur Anwendung kommenden nationalen Rechts. Nach dieser Regel müssen die subsidiären Vorschriften nach Art. 7 Abs. 1 in der durch die Rechtsvorschriften der Mitgliedstaaten festgelegten Fassung den im Anhang niedergelegten Bestimmungen genügen. Hierin liegt ein interessanter Ansatz der *Aufstockung* subsidiär geltenden Rechts der Mitgliedstaaten bis zu einem

---

241 *Friedrich Kübler*, Gesellschaftsrecht, 4. Auflage, Heidelberg 1994, § 35 V 3, S. 618; vgl. *Wißmann* RdA 1992, 320 ff. (321).

durch die 7 Ziffern des Anhangs definierten "floor" von Regelungsinhalten. Die zur subsidiären Geltung aufgerufenen mitgliedstaatlichen Vorschriften sind gegebenenfalls auf die Anforderungshöhe des Anhangs der EBR-Richtlinie hoch zu setzen. Damit wird die Regelung in Art. 7 Abs. 2 der Richtlinie jedenfalls mittelbar in beschränktem Umfang rechtsangleichende Wirkung erzeugen. Darüber hinaus lässt sich erwarten, dass die durch den Anhang aufgeworfene Frage des "Genügens" der entsprechenden Rechtsvorschriften der Mitgliedstaaten Prüfungen der Gemeinschaftskonformität durch die Gerichte auslösen wird.

(5) Unter implementationsmethodischen Gesichtspunkten hat sich die Bestandsschutzregelung in Art. 13 Abs. 1 der Richtlinie 94/45/EG als außergewöhnlich erfolgreiches Mittel erwiesen. Nach dieser Vorschrift gilt die Richtlinie nicht für gemeinschaftsweit operierende Unternehmen und Unternehmensgruppen, in denen zu dem Zeitpunkt nach Artikel 14[242] oder zu einem früheren Zeitpunkt der Durchführung dieser Richtlinie in dem betreffenden Mitgliedstaat bereits eine für alle Arbeitnehmer geltende Vereinbarung besteht, in der eine länderübergreifende Unterrichtung und Anhörung der Arbeitnehmer vorgesehen ist. Das Interesse von Unternehmen, gesetzlichen Zwängen durch Lösungen *a la casa* zuvorzukommen,[243] hat der EBR-Richtlinie bis zum Stichtag 22.9.1996 zu einer geradezu boomenden Anwendung verholfen. Bis zum 22. September 1996 wurden über 200 EBR-Vereinbarungen gezählt.[244] Bis zum November 1996, als die Betriebsratsrichtlinie (spätestens) verpflichtend wurde, hatten nach Angaben des Generalsekretärs des Europäischen Gewerkschaftsbundes, *Emilio Gabaglio*, be-

---

242 22. September 1996.

243 Vgl. *M. Weiss*, ZIAS 1995, 633, der das Verhalten der Unternehmen als "Abwendungsstrategie" bezeichnet. Allerdings hatten mitunter offenbar beide Parteien Interesse an dieser Art von Abwendung; das jedenfalls haben die Gespräche mit EBR-Vorsitzenden bzw. -Mitgliedern bei Beiersdorf, Nestlé, KME und Kredietbank AG ergeben. Das Eigeninteresse deutscher Belegschaftsvertreter an hausgemachten EBR-Vereinbarungen scheint sich nach den Gesprächen wesentlich auf die mit der (deutschen) Unternehmensleitung geteilte Überzeugung von den Vorzügen der deutschen Mitbestimmungspraxis und auf das selbstbewusste Ausfüllen eines Gestaltungsspielraums, der durch europäische Rechtsetzung kaum erweitert werden könnte, gestützt zu haben.

244 "Europe" Nr. 6825 vom 4.10.1996, S. 14. Ebenso *Carley / Geissler / Krieger* a. a. O., S. 1. Nach *Peter Mozet*, DB 1997, 477, haben sogar rund 400 Unternehmen von der Stichtags-Befreiung bis zum 22.9.1996 Gebrauch gemacht.

reits mehr als 300 Unternehmen auf freiwilliger Basis Europäische Betriebs-
räte eingerichtet.[245] Bei einer auf rund 1 200 EBR-fähige Unternehmen ge-
schätzten Gesamtzahl in der Europäischen Union[246] wäre damit rund ein
Viertel aller möglichen EBR-Vereinbarungen im wesentlichen unter dem
Eindruck der Bestandsschutzregelung des Art. 13 Abs. 1 der Richtlinie
94/45/EG zustande gekommen. Das ist sicherlich keine schlechte Bilanz.
Die hohe Zahl lässt allerdings keinerlei Rückschlüsse auf die inhaltliche
Beschaffenheit der Vereinbarungen zu. Aus der inhaltlichen Beschaffenheit
eines Vereinbarungstextes lässt sich wiederum wenig vorhersagen für die
tatsächliche Handhabung der Vereinbarung, vor allem unter Krisenbedin-
gungen. Für die beiden letztgenannten Vorbehalte steht das Fallbeispiel Renault.

5.2.   Der Stand der Umsetzung in das nationale Recht

Einen informativen Überblick über den Stand der Umsetzung und über Besonderheiten der Umsetzung gibt das Arbeitspapier Nr. 27 des Europäischen
Gewerkschaftsbundes vom Januar 1997. Hier werden für 16 von 17 Mitgliedstaaten der Europäischen Union und des Europäischen Wirtschaftsraums[247] der Stand der Umsetzung festgehalten und anschließend die Beschaffenheit der Umsetzung unter insgesamt 20 rechtlichen Merkmalen kurz

---

245 "Europe" Nr. 6910 vom 8.2.1997, S. 15.

246 Das Europäische Gewerkschaftsinstitut hat für die EU 1152 multinationale Unternehmen ermittelt, die den Kriterien der EBR-Richtlinie unterliegen, zitiert in "iwd"
10/1996, S. 2. Hinzukommen entsprechende Unternehmen aus den drei Signatarstaa-
ten des Europäischen Wirtschaftsraums. Von ca. 1 200 von der EBR-Richtlinie erfassten Unternehmen in der EU geht auch *Wirmer* a. a. O., S. 2134, aus. *Mozet*, DB
1997, 478 Fn. 6 schätzt die Gesamtzahl auf 1500-2000 Unternehmen. Zu den insgesamt ca. 1000-1500 erfassten Unternehmen gehören ca. 200-250 deutsche Unternehmen, Soziales Europa 3/96, 149.

247 Lediglich Liechtenstein fehlt in der Aufzählung. Über den Stand der Umsetzung in
diesem Land gab es im Januar 1997 keine genauen Informationen.

qualifiziert.[248] In grober Unterscheidung lässt sich hinsichtlich des Anfang 1997 ermittelten Standes der Umsetzung festhalten, dass in drei Staaten die Umsetzung der EBR-Richtlinie im Wege von Sozialpartner-Abkommen erfolgt ist,[249] in acht Staaten ist ein diesbezügliches Gesetz verabschiedet,[250] in vier Staaten lagen zum Berichtszeitpunkt Gesetzentwürfe vor[251], in einem Staat wurde ein Gesetzentwurf erwartet.[252]

5.3. Die Europäischen Betriebsräte in der Praxis

Bei der Umsetzung von europäischem Gemeinschaftsrecht in das Recht der Mitgliedstaaten sind stets zwei Abschnitte zu unterscheiden. Vergleichsweise gut erkennbar und rechtlich bewertbar ist der erste Abschnitt der Umsetzung einer EG-Richtlinie in das nationale Recht.[253] Er wird häufig einige öffentliche Aufmerksamkeit schon wegen des für die Umsetzung erforderlichen parlamentarischen Gesetzgebungsprozesses erlangen. Darüber hinaus wacht die Europäische Kommission, entsprechend ihrer Aufgabenstellung in Artikel 211 (ex-Art. 155) 1. Spiegelstrich i. V. m. Art. 226 (ex-Art. 169) EGV, mit rechtlichen Argusaugen über die Anwendung allen Gemeinschaftsrechts. Im Falle von Unzulänglichkeiten kann es zu ebenfalls öffent-

---

248 Die 20 Merkmale sind: 1. Antrag auf Errichtung eines besonderen Verhandlungsgremiums (bVG), 2. Benennung bzw. Wahl der Mitglieder des bVG; 3. Zusammensetzung des bVG; 4. Experten im bVG; 5. Sitzungen des bVG; 5. - 11. Zusammensetzung des EBR und andere organisatorische Merkmale des EBR laut Anhang der Richtlinie; 12. Status der Mitglieder von EBR; 13. Unterrichtung örtlicher Arbeitnehmervertreter; 14. Vertraulichkeit und Geheimhaltung; 15. Seefahrendes Personal der Handelsmarine; 16. Arbeitnehmervertreter aus Drittstaaten; 17. Gerichtsweg; 18. Begriff der Unternehmensgruppe und des Unternehmens; 19. Tendenzschutz; 20. Umsetzung von Artikel 13 der Richtlinie.

249 Norwegen, Belgien, Italien.

250 Dänemark, Schweden, Deutschland, Frankreich, Niederlande, Österreich, Irland, Finnland.

251 Spanien, Portugal (Gesetzentwurf den Sozialpartnern vorgelegt), Luxemburg und Griechenland.

252 Island.

253 Siehe oben 5.2. Die Vorgänge müssen nicht stets zeitlich säuberlich geschieden sein. Die reale Implementation kann die rechtliche bereits begleiten oder ihr sogar – sie antezipierend – vorausgehen.

liche Aufmerksamkeit erregenden Vertragsverletzungsverfahren nach Art. 226 (ex-Art. 169) EGV oder, in neuerer Zeit verstärkt, zu Staatshaftungsklagen gegenüber dem bei der Umsetzung von Richtlinien säumigen Staat kommen.[254]

Viel schwieriger zu bestimmen ist demgegenüber die tatsächliche Implementation, d. h. die Anwendung und Effektivität des gemeinschaftsrechtlichen Konzeptes nach der Umsetzung in das Recht des Mitgliedstaates. Das wird auch am Beispiel der Richtlinie über Europäische Betriebsräte deutlich. Das Wissen über das, was nach der Umsetzung in das deutsche Gesetz über Europäische Betriebsräte (EBRG) vom 28. Oktober 1996[255] nun tatsächlich in grenzüberschreitend tätigen Unternehmen in der Bundesrepublik geschieht, ist auf wenige ausgewählte Fälle beschränkt und daher, ungeachtet der ausgezeichneten Qualität dieser Arbeiten, auf bisher nicht kontrollierbare Weise selektiv.[256] Das kann die empirische Neugierde und das Interesse an den Graden der Verallgemeinerbarkeit der vorgelegten Ergebnisse nicht befriedigen. Die Feststellung, dass hier ein weites Feld für Forschung vorliegt, kann nur bekräftigt werden.[257] Hinzuzufügen ist, dass sich hier gegenwärtig eine der seltenen Gelegenheiten dafür bietet, einen rechtlichen und sozialen Konstitutionsprozess in der europäischen Arbeitswelt von Anfang an forschend zu verfolgen. Über Begleitforschung zum nationalen Implementationsprozess hinaus ist anzustreben eine die vorhandenen Forschungsberichte *vergleichend* analysierende Zwischenbilanz auf einer mittleren Theorieebene.

Noch ganz ohne eigene Forschung lassen sich aus den vorliegenden Untersuchungen zu Europäischen Betriebsräten und sonstigen Verfahren der

---

254 Vgl. zur nicht fristgerechten Umsetzung: EuGH EuZW 1991, 758 (*Francovich*) und EuGH EuZW 1996, 654 (*Dillenkofer*). Vgl. zur fehlerhaften Umsetzung: EuGH EuZW 1996, 274 (*British Telecommunications*); EuGH EuZW 1996, 695 (*Denkavit*); EuGH NJW 1999, 3181 (*Rechberger*).

255 BGBl. I S. 1548.

256 *Nagel / Riess / Rüb / Beschorner* a. a. O.; *Wolfgang Lecher*, Betriebliche Funktionsfähigkeit der französischen und deutschen Arbeitnehmerinteressenvertretung – ein empirisch gestützter Vergleich, in: Industrielle Beziehungen 1 (1994), 179-202; ders., Euro-Betriebsräte: Ein empirisch gestützter deutsch-französischer Vergleich, WSI Mitteilungen 2/1994, 108-116; *Thorsten Schulten*, "European Works Councils in Action" - Experiences from the Food Sector, o.J.

257 *Wolfgang Lecher*, Forschungsfeld Europäische Betriebsräte, WSI Mitteilungen 11/1996, 710-715 (710).

Information und Konsultation sowie aus Informationsgesprächen mit Europäischen Betriebsräten in der Bundesrepublik folgende möglicherweise verallgemeinerbare Erkenntnisse ziehen.

(1) Partikularisierung der Mitbestimmung

Die verfahrensoffene, durch Subsidiarität und Kontraktualität bestimmte EBR-Richtlinie von 1994 hat die auch in anderer Hinsicht wirkende Tendenz zur betriebsspezifischen, hier besser: zur unternehmens- oder konzernspezifischen Rechtsentwicklung verstärkt. Die "Verbetrieblichung" der Arbeitsbeziehungen[258] drückt sich bei der Anwendung der Vorgaben der Richtlinie 94/45/EG in einer beachtlichen Varianz von Regelungen und Regelungsqualitäten in den EBR-Vereinbarungen aus. Zwar lassen sich alle Vereinbarungen nach abstrakten, zum Teil die verfahrensrechtlichen Vorgaben der Richtlinie aufnehmenden Bestimmungen ordnen und vergleichen.[259] Doch von solchen Strukturmerkmalen abgesehen, streut die inhaltliche Ausgestaltung der Vereinbarungen erheblich. Auch wenn Rechtstexte nicht mit sozialem Verhalten gleichgesetzt werden dürfen, lässt die Vielfalt der Vereinbarungstexte im Kontext unterschiedlicher nationaler Gepflogenheiten der Arbeitnehmerbeteiligung unterschiedliche soziale Stile und Wirkungen in den Europäischen Betriebsräten erwarten.

(2) Der Europäische Betriebsrat als persönliches Projekt

Viel stärker als bei der Wahl und Arbeitsweise von Mitbestimmungsgremien in der deutschen Betriebsverfassung setzen Europäische Betriebsräte das engagierte und längerfristig verlässliche Handeln konkreter Personen vor-

---

258 *Schulten* a. a. O., 341; ders., European Journal of Industrial Relations 1996, 311: "There will be a great variety of company-specific, tailor-made models and arrangements". Vgl. *Franz Traxler / Philippe C. Schmitter*, Arbeitsbeziehungen und europäische Integration, in: M. Mesch (Hrsg.), a.a.O., 231-256, die das Interesse des Arbeitgebers an kollektiven Regelungen mit dem werksgemeinschaftlichen Kalkül der "Produktivitätskoalition" mit der Belegschaft beschreiben (S. 235). Koalitionsinteressen lassen sich auch bei hausgemachten Vereinbarung zur Unterrichtung und Anhörung vorstellen, hier wohl eher solche zur Abwehr staatlicher Reglementierung.
259 *Bonneton et al.*, Überblick, 1996.

aus.[260] Das erklärt sich unschwer aus den infolge des Fehlens von Routine wesentlich höheren Anforderungen an individuelle Initiative, kulturelle, soziale und sprachliche Kompetenz, Toleranz gegenüber anders beschaffenen Organisations- und Verhaltensweisen und der Fähigkeit, die Vertretung von Arbeitnehmerinteressen in längerfristiger, grenzüberschreitender Perspektive, um nicht zu sagen Vision, zu entwickeln. Vorbilder gibt es bisher kaum, ratgebende Rechtstexte oder Schulungsveranstaltungen nur begrenzt. Damit wird der Europäische Betriebsrat, jedenfalls im gegenwärtigen Entwicklungsstadium, zum persönlichen Projekt. Für die Hauptverantwortlichen dieses Projektes, meist erfahrene Betriebsratsvorsitzende und kongeniale Partner in ausländischen Vertretungsgremien, gelegentlich aber auch überzeugte Unterstützer aus dem Management, gilt, was *Niklas Luhmann* in seinen rechtssoziologischen Analysen zu konkreten Personen als Adressaten von Verhaltenserwartungen ausgeführt hat.[261] In der Abgrenzung zu Rollen, Programmen und Werten, die ebenfalls Bezugspunkte von Verhaltenserwartungen sein können, beziehen sich die Erwartungen hier auf das, was einem konkreten Menschen als Erleben und Handeln zugerechnet werden kann. "Sie lassen sich nicht ohne weiteres auf andere Menschen übertragen. Um sicher und zuverlässig erwarten zu können, muss man diesen Menschen 'persönlich' kennen. Das setzt eine Geschichte gemeinsamer Interaktion voraus, gemeinsames Leben, in dessen Verlauf der andere sich selbst dargestellt und man ihn kennen gelernt hat. (...) Die Erwartungssicherheit hängt mithin im wesentlichen vom Verpflichtungsmechanismus der Selbstdarstellung und den Sanktionsmitteln des sozialen Verkehrs ab."[262] Das sind exakt die Bedingungen, die in Fallstudien zu den Entstehungsbedingungen Europäischer Betriebsräte beschrieben werden. Das hohe Maß an persönlicher Verpflichtungsfähigkeit gilt zwar nicht für die 20-30-köpfige Gesamtheit eines EBR, wohl aber für dessen steuernden Ausschuss. Für *Luhmann* liegt es auf der

---

260 Vgl. *Lecher*, WSI Mitteilungen 2/1994, 108 ff. (114 f.); *Schulten*, in: Mesch a. a. O., 345. ders., Internationalismus von unten: Europäische Betriebsräte in transnationalen Konzernen, Marburg 1992, 118; ders., Der 'Europäische Betriebsrat' bei Nestlé, in: Informationen über Multinationale Konzerne (hrsg. vom AK Wien), IMK 4/96, 45-52 (47); gesprächsweise bestätigt beispielsweise von *Roland Hohenstein* (Nestlé), *Walter Fritsch* (KME) und Dr. *Detlef Wiswe* (Beiersdorf) sowie von *Rolf Jaeger* vom Hauptvorstand der IG BCE (früher Chemie-Papier-Keramik).

261 *Niklas Luhmann*, Rechtssoziologie, 2., erweiterte Auflage, Opladen 1983, S. 85 f.

262 *Luhmann* a. a. O., 85 f.

Hand, dass dieser Typus personaler Normidentifikation vor allem für Intimgruppen Bedeutung hat.[263] Man wird den Lenkungsausschuss eines Europäischen Betriebsrats nicht als Intimgruppe ansehen können. Aber die besonderen Anforderungen an das Überwinden kultureller und rechtlicher Differenzen schaffen offensichtlich Verhaltensbedingungen, die denen einer Intimgruppe im rechtssoziologischen Sinne nahe kommen.

(3) EBR-Stil spiegelt zentrale Leitung

Der Kommunikations- und Arbeitsstil Europäischer Betriebsräte wird, ungeachtet ihrer pluralen Zusammensetzung, bestimmt durch die Informations- und Konsultationspraxis der zentralen Leitung. Das kennzeichnet jedenfalls den gegenwärtigen Stand der sich entwickelnden Praxis.[264] Deutlich wird das beispielsweise aus der interessanten Minderheitenerfahrung des deutschen Mitglieds eines im "belgischen Stil" geführten Europäischen Betriebsrates,[265] aber umgekehrt auch aus dem starken Interesse ausländischer EBR-Mitglieder an den privilegierten Informationsressourcen der deutschen Mitglieder deutscher EBR, die zugleich Arbeitnehmervertreter im Aufsichtsrat sind.[266]

(4) Entwicklung durch Kommunikation

Für eine Beurteilung der Entwicklungsfähigkeit von Europäischen Betriebsräten ist über den Text von EBR-Vereinbarungen hinaus die kommunikative Praxis des Gremiums in den Blick zu nehmen. Hier gibt es jedenfalls in den "guten Fällen" Entwicklungschancen, die erheblich über den schriftlich fixierten Rahmen hinausgehen. Das betrifft zum einen Thematik, Ausmaß und Dichte von Unterrichtung und Anhörung im Verhältnis zwischen dem EBR und der zentralen Leitung.[267] Zum anderen verändert sich durch die gleichzeitige Anwesenheit des örtlichen Managements und von Vertretern der zentralen Leitung in dem EBR-Forum die mehrstufige Kommunikationsla-

---

263 *Luhmann* a. a. O., 86.

264 Vgl. *Schulten*, Internationalismus von unten, 134

265 Berichte von *Heiner Vahlenstein*, Bremen, vom Euro-Betriebsrat der Kredietbank-Bankverein AG, Belgien, und von *Eike Hemmer*, Stahlwerke Bremen (Konzern-zentrale in Luxemburg).

266 Berichte von *Fritsch* (KME), *Eva Lavon* und *Hans-Jürgen Uhl* (VW) und *Hohenstein* (Nestlé).

267 Vgl. *Blank/Geissler/Jaeger* a. a. O., 171.

ge. Belegschaftsvertreter aus den Unternehmen in anderen EU-Mitglied-staaten oder auch in Drittstaaten haben im EBR die Möglichkeit zur förmli-chen Diskussion – gegebenenfalls auch zu informellen Kontakten – mit ihrer jeweiligen Unternehmensleitung gewissermaßen coram publico.[268] Das ver-ändert die Bedingungen von Kommunikation im Unternehmen zugunsten der Arbeitnehmervertreter vor allem aus mitbestimmungsrechtlich "schwächeren" Ländern. Es kann aber auch nicht unproblematische Auswir-kungen eines "by-pass" zu Lasten der örtlichen Unternehmensleitung haben, wie sie vom Europäischen Parlament befürchtet worden sind.[269]

Unter dem Blickwinkel der Entwicklung durch Kommunikation wird es wesentlich auf die Kommunikationsdichte zwischen den jährlichen Treffen ankommen, das heißt auf die Selbstverständlichkeit und Leichtigkeit des Kontakts zwischen den Mitgliedern des Lenkungsausschusses und ihren Ansprechpartnern in den ausländischen Betrieben. Ist diese Kommunikation stabil,[270] so kann sich Vernetzung zumindest hinsichtlich unternehmerischer Basisinformationen entwickeln. Mit häufigeren Telefongesprächen, e-mail-Mitteilungen oder auch förmlich übersetzten Briefen lassen sich die großen Abstände der meist einjährigen Treffen gut überbrücken.

(5) Entwicklung durch konkrete Projekte

Lernprozesse in bezug auf die Bildung und Abstimmung von Interessen in Europäischen Betriebsräten lassen sich nach vorliegenden empirischen Er-kenntnissen besonders rasch über konkrete thematische Fokussierung errei-chen, beispielsweise auf Arbeitsschutz, Gesundheitsschutz oder Umwelt-schutz, auf konzernweite Arbeitsformen oder Vergütungsformen. Berichte aus der Chemischen Industrie können belegen, dass sich das neue Verfahren des Öko-Audit für die Behandlung auf der Ebene des Europäischen Be-triebsrats gut eignet, weil es das komplexe Umweltthema bündelt und neue

---

268 Beispiele von *Lavon* (VW) und *Fritsch* (KME).

269 Geändert werden sollte nach den Vorstellungen des Europäischen Parlaments die ursprüngliche Fassung des Art. 5 Abs. 4 der Richtlinie, siehe hierzu ABl. Nr. C 292/35 vom 8.11.82; vgl. *Pipkorn*, CMLR 1983, 725 ff. (739).

270 Ein Beispiel hierfür findet sich bei *Schulten*, in Mesch a. a. O., 346; ähnlich *Hohen-stein* (Nestlé) und *Uhl* (VW).

Einflussbereiche eröffnet.[271] Über ihre fachliche Seite hinaus veranlasst die unternehmens- bzw. konzernweite Beteiligung Europäischer Betriebsräte an solchen Projekten zum Einüben in grenzüberschreitende Informations-, Beratungs- und Organisationspraxis.

(6) Rückwirkungen auf nationale Gewerkschaftsstrukturen

Die knappen Ressourcen des Zugangs zum Europäischen Betriebsrat und der zumindest latente Wettbewerb um die Berücksichtigung der jeweiligen Standortbedingungen hat allem Anschein nach Rückwirkungen auf die Gewerkschaftsstruktur in Ländern mit ausgeprägten Traditionen von Richtungs- und Fachgewerkschaften (beispielsweise in Spanien, Belgien und dem Vereinigten Königreich, begrenzt auch in Frankreich). Deren Vertreter werden durch das begrenzte Teilnahmeangebot faktisch gezwungen oder auch vom Lenkungsausschuss des EBR ausdrücklich aufgefordert zu einer – häufig ungewohnten – vorherigen Abstimmung ihrer divergierenden Auffassungen.[272] Das hat aus deutscher Sicht den Vorzug übersichtlicherer Kommunikation ("Einigt Euch zu Hause!"). Außerdem könnte es gewisse Modernisierungseffekte im Hinblick auf tradierte Gewerkschaftsstrukturen vor allem in den "lateinischen" Staaten Europas auslösen. Auf der anderen Seite ist eine solche Entdifferenzierung im Hinblick auf eine adäquate Repräsentation von tatsächlich vorhandenen Interessen in den Unternehmen problematisch. Zumindest sollte sie in oder vor den EBR-Sitzungen thematisiert werden können.

(7) Verkoppelung mit dem Normalbetrieb der Mitbestimmung

Entscheidend dafür, daß Europäische Betriebsräte als Experimentierfeld für die Herausbildung europäischer Mitbestimmungsstrukturen wirken können,

---

271 *Eberhard Schmidt*, Beteiligung an betrieblichen Umweltschutzmaßnahmen (insbesondere Öko-Audits) als Gestaltungsaufgabe für Europäische Betriebsräte in der Chemischen Industrie. Schlussbericht des Projekts für die Hans Böckler Stiftung (Projekt Nr. 95-755-2), 1997, 21, 26, 35, 41, 53 f., 61.; ähnlich *Wiswe*, EBR-Mitglied der Beiersdorf AG, für die Themen Gruppenarbeit und Zulagensysteme im Gesamtunternehmen.

272 *Lavon* und *Uhl* (VW), *Fritsch* (KME), *Hohenstein* (Nestlé). *Hohenstein* ist darüber hinaus der Auffassung, dass bei Nestlé der Europäische Betriebsrat als "Motor für die allmähliche Integration" der französischen, kommunistisch orientierten Gewerkschaft CGT wirkt, die nicht Mitglied des Europäischen Gewerkschaftsbundes ist.

ist ihre rechtliche und praktische Verkoppelung mit dem Normalbetrieb der Mitbestimmung, das heißt für die Bundesrepublik: mit der Tätigkeit von Betriebsrat, Gesamtbetriebsrat und gegebenenfalls Konzernbetriebsrat einerseits und mit den Aufsichtsräten und ihren vor- und nachbereitenden Ausschüssen andererseits.[273] Vor der Gefahr der Marginalisierung eines Gremiums, das sich einmal im Jahr irgendwo in Europa zu einer sprachlich und kulturell komplexen Informations- und Konsultationssitzung trifft, wird der Europäische Betriebsrat auf Dauer nur durch thematische, möglicherweise auch verfahrensförmige Einbindung in normale Mitbestimmungsabläufe bewahrt werden können. Das wird allgemein so gesehen, ändert aber nichts daran, dass die Verkoppelung bisher nur schwach bis gar nicht gelungen ist.[274] Die personellen Voraussetzungen für Verkoppelung in der Bundesrepublik sind günstig, weil im Regelfall zwischen (deutschen) Teilnehmern am EBR und Betriebs- oder Gesamtbetriebsrat, im Einzelfall auch Aufsichtsrat, Personalunion besteht. Auch gelegentliche thematische Rückwirkungen auf die Beratungen des Betriebsrats, beispielsweise beim Kostenoder Arbeitszeitvergleich, bei der Ausgestaltung der Vergütungsstruktur oder bei innovativen Arbeitsformen, die an anderen Unternehmensstandorten erprobt werden,[275] lassen sich feststellen. Aber von einer systematischen Einbeziehung der EBR-Themen in die alltägliche Arbeit der Betriebsräte oder in das *agenda setting* für die Sitzungen des Aufsichtsrats ist das noch weit entfernt. Über die EBR-Sitzungen wird von den deutschen Teilnehmern in ihren Betriebsrats- und Gesamtbetriebsratsgremien durchaus pflichtgemäß berichtet. Die Belegschaften werden auf Betriebsversammlungen und über andere Medien (Betriebszeitungung) informiert, dies allerdings mit mäßigem Echo.[276]

---

273 Vgl. *Wolfgang Lecher / Hans-Wolfgang Platzer*, Europäische Betriebsräte: Fundament und Instrument europäischer Arbeitsbeziehungen?, WSI Mitteilungen 8/1996, 503-512 (507): "Eine der entscheidenden, wenn nicht die entscheidende, Voraussetzung für die Funktionsfähigkeit von EBR ist ihre Einpassung in die jeweiligen nationalen Arbeitsbeziehungssysteme." Vgl. auch *Däubler*, KJ 1/1990, 14 ff. (26), der in der fehlenden Verzahnung des SE-Statuts von 1989 mit den anderen Beteiligungsebenen einen wesentlichen Grund für seine Annahme findet, dass dieses Statut in seiner bisherigen Form eine "undurchsetzbare Utopie" ist.

274 In diesem Sinne skeptisch beispielsweise *Rolf Jaeger* von der IG Ch-P-K; vgl. *Schulten*, Internationalismus von unten, 134 (für VW).

275 Beispiele von *Wiswe* (Beiersdorf).

276 *Fritsch* (KME); *Uhl* (VW); *Hohenstein* (Nestlé).

5.4. Die mitbestimmungspolitischen Folgerungen der Europäischen Kommission und die Kritik daran

Die Richtlinie 94/45/EG vom 22. September 1994 ist nicht nur Ausdruck einer Änderung des rechtlichen Konzepts, sie markiert zugleich einen bemerkenswerten Wandel in der mitbestimmungspolitischen Orientierung der europäischen Gemeinschaft. In ihrer Mitteilung "Zur Information und Konsultation der Arbeitnehmer" vom 14. November 1995 beschreibt die EG-Kommission den Prozess der Neubestimmung ihrer an Enttäuschungen reichen Mitbestimmungspolitik ganz offen:

"In diesem Zusammenhang stellt sich für die durch den überwältigenden Erfolg der *Richtlinie über den Europäischen Betriebsrat* auf seiten der Sozialpartner gestärkte Kommission die Frage, ob denn nun mit diesem Modell gemeinschaftlicher Intervention nicht die Ideallösung oder zumindest das Mögliche und Machbare erreicht worden ist. Vor dem *ewigen Weiterdebattieren* über Möglichkeiten zur Mitwirkung der Arbeitnehmer gelangt die Kommission immer mehr zu der Überzeugung, dass die mit der *Richtlinie über den Europäischen Betriebsrat* gefundene Lösung als Musterbeispiel herangezogen werden könnte, das beim gegenwärtigen Stand der Dinge die aussichtsreichste Lösung wäre."[277]

Diese Bewertung beruht auf Erfahrungen, die die Kommission dahingehend bilanziert,

"dass die Kommissionsvorschläge zur Regelung der Unterrichtung und Anhörung der Arbeitnehmervertreter (mit Ausnahme des "*Vredeling-Vorschlags"*) erfolgreich waren, während die Vorschläge zur Einführung von Mitbestimmungsmodellen auf europäischer Ebene auf der Strecke blieben."[278]

Beflügelt vom Erfolg der Richtlinie über Europäische Betriebsräte stellt die Kommission einen neuen Ansatz für die rechtliche Entwicklung von Unterrichtung, Anhörung und Mitbestimmung zur Diskussion, der sich durch ein zurückgenommenes, an der EBR-Richtlinie orientiertes Anspruchsniveau und durch die Abkehr von punktuellen Regelungsansätzen zugunsten eines allgemeinen Rahmens für die Unterrichtung und Anhörung im nationalen Maßstab auszeichnet. Die Kommission geht dabei von vier Grundsätzen aus. Der Grundsatz der Vereinfachung[279] führt von der Viel-

---

277 Mitteilung der Kommission zur Information und Konsultation der Arbeitnehmer, KOM(95) 547 endg. (im folgenden: Mitteilung), S. 9; Kursivdruck im Original.
278 Mitteilung Ziff. 5, S. 4.
279 Mitteilung Ziff. 9 ff., S. 6 ff.

zahl spezifischer Rechtsrahmen (vor allem: SE, Verein, Genossenschaft, Gegenseitigkeitsgesellschaft) weg zu einem allgemeinen Rahmen für das nationale Regelungspendant zur EBR-Richtlinie. Gesehen wird dabei die mögliche Kollisionslage mit dem Subsidiaritätsprinzip. Die zweite Begründung für einen neuen Ansatz beruht auf dem Gedanken der Kohärenz des Gemeinschaftsrechts und der Sozialpolitik der EG.[280] In Frage gestellt sieht die Kommission die Kohärenz durch die Tatsache, dass es zwar für die *transnationale* Unterrichtung und Anhörung der Arbeitnehmer mittlerweile eine Regelung gibt und auch punktuelle Regelungen für Massenentlassungen und Unternehmensübergänge, nicht hingegen für die Information und Konsultation auf nationaler Ebene. Zum dritten lässt sich die Kommission vom "Grundsatz eines pragmatischen und ausgewogenen Vorgehens in der Frage der Nachhaltigkeit und des konkreten Gehalts der auf europäischer Ebene festzuschreibenden Regeln" leiten.[281] Dieser Grundsatz führt zu der oben bereits erwähnten Qualifizierung der EBR-Richtlinie als Musterbeispiel, "das beim gegenwärtigen Stand der Dinge die aussichtsreichste Lösung wäre". Und schließlich besteht die Kommission in ihren Überlegungen auf dem Grundsatz der Allgemeingültigkeit von Gemeinschaftsregeln jeder Art.[282] Die genannten vier Grundsätze führen die Kommission zu drei denkbaren Optionen für das weitere Vorgehen: die Beibehaltung des *status quo*, der globale Ansatz eines allgemeinen Rahmens für die Unterrichtung und Anhörung der Arbeitnehmer und drittens, und aufbauend auf der zweiten Option, der "sofortige Vorstoß" bezüglich der Statutenvorschläge für die SE, den Europäischen Verein, die Europäische Genossenschaft und die Europäische Gegenseitigkeitsgesellschaft.[283]

Das pragmatische, am Machbaren und Möglichen ausgerichtete und im wesentlichen auf die Verallgemeinerung des Ansatzes der Unterrichtung und Anhörung der Arbeitnehmer zielende Konzept hat der Kommission starke Kritik vor allem von Seiten der Gewerkschaften eingetragen. So kritisierte

---

280 Mitteilung Ziff. 10, S. 8.
281 Mitteilung Ziff. 11, S. 9. Kritisch anzumerken ist, dass es sich bei diesem "Grundsatz" erstens nicht um einen solchen, sondern um die diplomatische Umschreibung eines Vorgehenswollens handelt, und dass zweitens die deutsche Übersetzung die Unklarheit der Formel auch noch sprachlich verstärkt – was ist die "Frage der Nachhaltigkeit"? Wogegen setzt sich der "konkrete Gehalt" der Regeln ab?
282 Mitteilung Ziff. 12, S. 9 f.
283 Mitteilung Ziff. 13, S. 10 ff.

beispielsweise der EGB[284] die begriffliche und konzeptionelle Vermischung von Anhörung mit Mitbestimmung und den Verzicht auf weitere Entwicklung von Mitbestimmungspositionen auf europäischer Ebene ("Mitbestimmung ist klammheimlich fallengelassen worden.").[285] Allerdings vermischt auch die Kritik ein wenig, und zwar die eher resignative Haltung der Kommission in puncto Mitbestimmung mit den gemeinschaftsrechtlichen Zwängen zur Einstimmigkeit im Ministerrat. Für letzteres ist die Kommission nicht verantwortlich zu machen, auch nicht auf dem Umweg über die Kritik, dass sie gerade das verschweige.

5.5. Exkurs: Der Fall Renault-Vilvoorde 1997

Durch Vereinbarung vom 5. April 1993 ist zwischen der Unternehmensgruppe Renault und den Gewerkschaftsorganisationen der Gruppe das "Comité de Groupe Européen (C.G.E.) Renault" gegründet worden. Die Vereinbarung wurde durch die Folgevereinbarung vom 5. Mai 1995 erneuert und erweitert.[286] Nach deren Präambel (5. Erwägung) schlossen die Vertragsparteien das neue Übereinkommen "im Hinblick auf die nationale Umsetzung der Richtlinie des Rates der Europäischen Union vom 22. September 1994 betreffend die Einsetzung eines europäischen Betriebsrates". Weiterhin wurde ausdrücklich festgehalten, dass das Übereinkommen der Umsetzung vorausgeht.

Im belgischen Vilvoorde, ca. 15 km nördlich von Brüssel gelegen, baut Renault seit 1925 Automobile, zuletzt die Typen "Clio" und "Megane". Das Werk gehört dem Tochterunternehmen "Renault Industrie Belgique (R.I.B.)" und beschäftigt ca. 3.100 Arbeitnehmer. Am 27. Februar 1997 kündigte die

---

284 Durch *Willy Buschak* in „Kommentare zur 'Mitteilung der Kommission zur Information und Anhörung der Arbeitnehmer'" vom 12.12.1995.

285 *Buschak* a. a. O., Ziff. 10, S. 3.

286 Der Text dieser Vereinbarung ist in deutscher Übersetzung abgedruckt in: *Bonneton / Carley / Hall / Krieger*, Überblick über bestehende Vereinbarungen über Unterrichtung und Anhörung in europäischen multinationalen Unternehmen, Luxemburg 1996, S. 120 ff.

französische Konzernleitung Renault überraschend[287] die Schließung des Werkes zum 31. Juli 1997 an. Diese Ankündigung löste eine spontane Betriebsbesetzung in Vilvoorde, die Verhinderung der Auslieferung von Automobilen, politische Proteste und Demonstrationen, diplomatische Demarchen und in der Folgezeit verschiedene Gerichtsverfahren von Beschäftigten in Belgien sowie gewerkschaftlichen Organisationen und dem Europäischen Betriebsrat der Renault-Gruppe in Frankreich aus.

Der Fall Renault in Vilvoorde 1997 lohnt nähere Betrachtung. Er ist gewiss nicht der erste Fall eines transnationalen Konfliktes innerhalb eines Unternehmens, aber doch wohl der erste Fall, in dessen Klärung zeitgleich Gerichte aus zwei Mitgliedstaaten eingeschaltet wurden. Die Gerichte mussten sowohl Fragen des individuellen Arbeitsrechts als auch kollektivrechtliche Streitfragen auf zum Teil gerade erst europäisch ausgestalteter Rechtsgrundlage entscheiden. Begleitet wurde die juristische Klärung von einem ersten "Eurostreik" und einer ersten "Euro-Demonstration". Über den konkreten Anlass hinaus verhilft die Befassung mit der Fallgeschichte in Vilvoorde zu rechtlichen und politischen Erkenntnissen zur Frage der Krisentauglichkeit einer vereinbarten "Struktur für Information und Dialog" und damit eines Elementes europäischer Mitbestimmungspraxis. Bei alledem sind arbeits- und prozessrechtliche Besonderheiten in Belgien und Frankreich im Blick zu behalten.

5.5.1. Chronologie und Kurzdokumentation der Ereignisse

Der äußere Ablauf der Geschichte der Schließung des Renault-Werkes in Vilvoorde nahe Brüssel lässt sich auf der Grundlage von Presseberichten[288]

---

287 Gängige Formulierungen in der französischen und frankophonen belgischen Presse zu den Umständen der Ankündigung lauteten z.B.: "Renault annonce brutalement la fermeture de son usine de Vilvorde ..." ("Libération" vom 8. Mai 1997, S. 2); vgl. "Le Point"No. 1277 vom 8. März 1997, S. 74. Vgl. Zur Prozeßgeschichte nunmehr auch *Walter Kolvenbach / Dirk W. Kolvenbach*, Massenentlassungen bei Renault in Belgien, NZA 1997, 695-697.

288 Der folgenden Dokumentation liegt eine Auswertung der französischen Tageszeitungen "Libération" und "Le Monde" sowie der belgischen Tageszeitungen "Le Soir" und "La Libre Belgique" der Monate März bis Juni 1997 zugrunde. Auf Einzelnachweise wird hier mit Rücksicht auf die Übersichtlichkeit der Darstellung verzichtet.

und den Tatbeständen der Urteile der Arbeidsrechtbank van Brussel vom 4. April 1997,[289] des Tribunal de Grande Instance de Nanterre vom 4. April 1997[290] sowie des Beschlusses des Berufungsgerichtes, der Cour d'Appel de Versailles, vom 7. Mai 1997[291] wie folgt gliedern.

27. Februar 1997

Die französische Konzernleitung von Renault in Boulogne sur Seine kündigt die Schließung des der belgischen Gesellschaft "Renault Industrie Belgique (R.I.B.)" gehörenden Werkes Vilvoorde nahe Brüssel mit ca. 3.100 Beschäftigten für den 31. Juli 1997 an. Der Generalsekretär der Gruppe, Michel de Virville, hält aus diesem Anlass in Brüssel eine Pressekonferenz ab. Das örtliche Management in Vilvoorde eröffnet die Sitzung des "conseil d'entreprise" von Renault Industries Belgique. Die Beschäftigten besetzen das Werk und verhindern die Auslieferung von 5000 Automobilen. Die Konzernleitung von Renault kündigt ein neues Produktionsprogramm an. Danach wird künftig die Produktion des Werkes Vilvoorde (die PKW-Typen "Clio" und "Megane") zwischen Flins und Palencia in Spanien aufgeteilt. Der Sekretär des Europäischen Betriebsrates (Comité de groupe européen, CGE) von Renault, Michel Batt, wird in Paris zu einer Besprechung einbestellt. Bei dieser Gelegenheit wird ihm ein zweiseitiges Dokument ausgehändigt und der Vorschlag gemacht, eine Sitzung des Vorstands des CGE zu Zwecken der Information einzuberufen. Michel Batt fordert eine Vollsitzung des Europäischen Betriebsrats.

3. März 1997

Renault kündigt einen Sozialplan für seine Unternehmen in Frankreich an. 2.764 Arbeitsplätze sollen gestrichen werden. Erste Demonstration in Brüssel.

5. März 1997

Für die engagierte Hilfestellung bei der Pressedokumentation wie auch beim Besorgen der Gerichtsurteile möchte ich meiner Kollegin *Dr. Edwige Lefebvre,* zur Zeit in Brüssel und Paris, herzlich danken. Ohne sie wäre die Dokumentation unter den gegebenen Zeitbedingungen nicht gelungen.

289 Rep. nr. 97/08228.

290 Das Urteil ist im Verfahren des einstweiligen Rechtsschutzes ergangen, es trägt die No. B.O.: 97/00992.

291 Arrêt no. 308 du 07.05.97, R.G. no. 2780/97.

Der Generaldirektor (Vorstandsvorsitzende) von Renault, Louis Schweitzer, wird vom französischen Premierminister Alain Juppé zu einem Gespräch empfangen. Juppé tadelt das Vorgehen des Konzerns, akzeptiert jedoch die "industrielle Logik" der Entscheidung.

7. März 1997

Vor allem in den Renault-Werken in Frankreich und Belgien, aber teilweise auch in Spanien, kommt es zum ersten "Europastreik" (eurogrève) von Arbeitnehmern des Konzerns.

11. März 1997

Rund 9.000 französische, belgische und spanische Beschäftigte von Renault versammeln sich zu einer Demonstration ("euro-manifestation") in Paris während des Treffens des Europäischen Betriebsrates. Europäische Kommission und Europäisches Parlament werfen Renault vor, das soziale Europa "sabotiert" zu haben.

16. März 1997

Ein "Marsch für Beschäftigung" versammelt zwischen 50.000 und 70.000 Menschen auf den Straßen von Brüssel.

19. März 1997

Zusammentreffen des Vorstandsvorsitzenden Schweitzer in Beauvais mit Gewerkschaftsvertretern aus Vilvoorde. Schweitzer bekräftigt, die Schließung des Werkes in Vilvoorde sei unwiderruflich.

20. März 1997

Louis Schweitzer gibt die Bilanz des Konzerns für 1996 bekannt. Renault hat danach 5,25 Milliarden französische Francs Verluste gemacht.

25. März 1997

Ein Arbeiter des Betriebes in Vilvoorde reicht Klage vor dem Arbeitsgericht Brüssel ein.

3. April 1997

Das Arbeitsgericht Brüssel zwingt Renault, das ordentliche Schließungs- und Sozialplanverfahren (erneut) zu beginnen. Die Unternehmensleitung legt gegen diese Entscheidung Rechtsmittel ein.

4. April 1997

Das Landgericht von Nanterre (Tribunal de Grande Instance, TGI) kommt zu dem Ergebnis, dass das Unternehmen Renault die Informations- und Konsultationsrechte des Europäischen Betriebsrates nicht beachtet hat. Es untersagt der Unternehmensleitung, das Verfahren der Betriebsstillegung fortzusetzen. In seinem Urteil stellt das Gericht fest, dass die Unternehmensleitung von Renault durch das Unterlassen vorheriger Information und Konsultation des Europäischen Betriebsrates "Grundrechte der Arbeitnehmer, wie sie sowohl durch das europäische Recht als auch durch das nationale Recht anerkannt werden", missachtet habe.

7. Mai 1997

Die 14. Kammer des "Oberlandesgerichts" (cour d'appel) des Département Yvelines in Versailles bestätigt im wesentlichen die Entscheidung der Vorinstanz. Es hat in seiner Entscheidung dem Konzern Renault aufgegeben, eine Vollversammlung des Europäischen Betriebsrats aufgrund außergewöhnlicher Umstände einzuberufen und den Mitgliedern des "Comité de groupe européen" wenigstens acht Tage vor der Sitzung die für die Kenntnis der Beweggründe und der Auswirkungen einer solchen Betriebsstillegung erforderlichen Unterlagen zu übermitteln.[292] Zusätzlich hat das Gericht Renault dazu verurteilt, dem Europäischen Betriebsrat einen Betrag von DM 15.000 Francs zu zahlen.

Das rechtliche Vorbringen des Unternehmens Renault in dem Berufungsverfahren vor der cour d'appel in Versailles lässt sich in drei Punkten zusammenfassen. Zum ersten weist das (beklagte) Unternehmen darauf hin, dass eine Unterrichtung des Europäischen Betriebsrats (Comité de groupe européen[293]) sehr wohl stattgefunden habe, und zwar in der Plenarsitzung am 11. März 1997.[294] Dieses Datum liegt allerdings erkennbar *nach* dem Datum der Ankündigung der Betriebsstillegung am 27. Februar 1997. Zum zweiten beruft sich Renault darauf, dass die Vereinbarung über die Errichtung eines europäischen Betriebsrates (comité de groupe européen) 1993

---

292 Diese und die folgenden Informationen stammen aus einem Bericht von *Frédéric Lemaître* in Le Monde vom 9. Mai 1997, S. 13.

293 Siehe Art. L. 439-6 des französischen Code du Travail in der Fassung des Loi n° 96-985 vom 12. November 1996.

294 Darüber berichtet "Le Monde" vom 12. März 1997 unter der doppelsinnigen Überschrift "Louis Schweitzer réunit son comité de groupe européen".

geschlossen und 1995 verbessert worden ist. Daher unterliege diese Vereinbarung nicht den Anforderungen, die die EG-Richtlinie für Vereinbarungen nach dem Stichtag für die Umsetzung in nationales Recht am 22.9.1996 zwingend vorsehe. Insbesondere sei die Unternehmensleitung aus diesem Grund nicht zur "Konsultation" des Europäischen Betriebsrats verpflichtet. Zum dritten stellte es nach Auffassung von Renault eine Verkennung der Prinzipien der Souveränität und Territorialität dar, wenn ein französisches Gericht die Entscheidung eines belgischen Gerichts aufhöbe.

Die Entscheidung der Gerichts beruht auf der Erwägung, dass die Unternehmensleitung den Europäischen Betriebsrat in Übereinstimmung mit der EG-Richtlinie 94/45 zwar nicht vor jeder Entscheidung, aber doch jedenfalls vor solchen Entscheidungen anhören muss, die geeignet sind, die Interessen der Arbeitnehmer erheblich zu beeinträchtigen.[295] Das Berufungsverfahren war von der Renault AG gegen den Europäischen Betriebsrat angestrengt worden. Diesem hatte sich der Europäische Metallarbeiterbund als Streithelfer zur Seite gestellt.

5.5.2. Rechtliche Argumentation, politische und gewerkschaftliche Reaktionen

a)   Das Verfahren vor dem Arbeitsgericht Brüssel

Den Rechtsstreitigkeiten um die Schließung des Renault-Werkes in Vilvoorde liegen unterschiedliche Initiativen und Rechtsschutzbedürfnisse zugrunde. Das Arbeitsgericht Brüssel, das am 3. April 1997 entschieden hat, wurde im Wege des einstweiligen Rechtsschutzes von einem Arbeiter des Unternehmens in Vilvoorde wegen Verletzung verschiedener Kollektivverträge aus Anlass der Schließung des Betriebes angerufen. Nach Auffassung des Klägers, dem sich verschiedene Gewerkschaften streithelfend angeschlossen hatten, stand das Vorgehen von Renault im Widerspruch zu zwei Kollektivverträgen[296] mit Bezug zur vorherigen Anhörung der Beschäftigten und zu Massenentlassungen.

Das Arbeitsgericht Brüssel stellte in seiner Entscheidung schwere Verfahrensfehler der Unternehmensleitung bei der Ankündigung der Schließung

---

295 A l'occasion de toute décision susceptible "d'affecter considérablement les intérêts des travailleurs".
296 Sogenannten CCT - Conventions Collectives du Travail - Nr. 9 und 24.

des Werkes fest. Verletzt wurden nach Auffassung des Gerichts durch das Vorgehen von Renault insbesondere der Königliche Beschluss vom 20.9.1967 sowie die beiden Kollektivverträge (C.A.O.)[297] Nr. 9 vom 9.3.1972 und Nr. 24 vom 20.10.1975, die durch Königlichen Beschluss vom 21.1.1976 für allgemein verbindlich erklärt wurden. Mit dem zweitgenannten Kollektivvertrag Nr. 24 wurde die Richtlinie 75/129/EWG zur Angleichung der Rechtsvorschriften der Mitgliedstaaten über Massentlassungen[298] in das belgische Recht umgesetzt. Das Arbeitsgericht stellte in seiner Begründung klar, dass der Betriebsrat (ondernemingsraad) zu dem Zeitpunkt unterrichtet und angehört werden muss, zu dem der Arbeitgeber Maßnahmen mit erheblichen Auswirkungen auf die Beschäftigung oder die Organisation der Arbeit plant. Statt dessen hatte der (örtliche) Arbeitgeber Renault Industrie Belgique (R.I.B.) seine Entscheidungen bezüglich der Schließung des Werkes erstmalig in einem an den Direktor des Subregionalen Arbeitsamtes (Subregionale Tewerkstellingsdienst) gerichteten Schreiben vom 27. Februar 1997 bekannt gegeben. In diesem Schreiben kündigte R.I.B. an, dass es den Betriebsrat konsultieren werde. Damit hatte die Unternehmensleitung in den Augen des Arbeitsgerichtes hinlänglich deutlich gemacht, dass es seiner gesetzlichen Verpflichtung zur *vorherigen* Unterrichtung und Anhörung des Betriebsrates nicht nachgekommen war. Das machte die Notifizierung der Entlassungspläne durch R.I.B. gegenüber dem Arbeitsamt nach Erkenntnis des Arbeitsgerichts Brüssel ungültig ("ongeldig"). Daraus folgt, dass Renault Industrie Belgique unverzüglich eine wirkliche Beratung mit der Arbeitnehmervertretung bezüglich der Beschäftigungsentwicklung und der Arbeitsorganisation einschließlich der Möglichkeiten der Verhinderung oder der Verminderung einer eventuellen Massenentlassung und der Möglichkeiten der Abmilderung der Folgen durch soziale Begleitmaßnahmen beginnen muss.

b)   Das Verfahren vor dem Tribunal de Grande Instance Nanterre

Ebenfalls in einem Eilverfahren entschied das Tribunal de Grande Instance (TGI) von Nanterre[299] durch Urteil (ordonnance de référé) vom 4. April 1997 zugunsten des Verfügungsklägers, des Europäischen Betriebsrats

---

297 C.A.O.: Collectieve Arbeidsovereenkomst.
298 ABl. Nr. L 48/29 vom 22.2.75.
299 Vergleichbar einem Landgericht in der ordentlichen Gerichtsbarkeit in Deutschland.

(Comité de groupe européen) von Renault. Der Entscheidungstenor lautet im Original:

"**Constatons** que l'accord d'anticipation du 5 mai 1995 relatif au Comité de groupe européen RENAULT fait obligation à la direction centrale de la société RENAULT d'informer et consulter celui-ci au sujet d'une décision à prendre intéressant ses orientations stratégiques et l'évolution majeure d'une filiale européene de nature à avoir des répercussions au plan européen;

Constatons qu'en l'espèce cette obligation n'a pas été respectée avant l'annonce de la décision de la fermeture de l'usine de VILVORDE faite le 27 février 1997;

Faisons en conséquence interdiction à la société RENAULT, dirigeante du groupe RENAULT, de poursuivre y compris à travers ses filiales, dans le cadre de ses pouvoirs de direction, la mise en oeuvre de la fermeture de l'usine de VILVORDE jusqu'à ce qu'elle ait rempli son obligation d'information et de consultation envers son comité de groupe européen en application de l'accord du 5 mai 1995;

Disons n'y avoir lieu autrement à référé;

Condamnons la société RENAULT à payer au Comité de groupe européen RENAULT une somme de 15.000 francs au titre de l'article 700 du nouveau Code de procédure civile;

La **condamnons** aux dépens.

Rappelons que la présente décision est exécutoire de plein droit."

Parteivorbringen und Erwägungen des Gerichts ergeben folgendes Bild. Der klagende Europäische Betriebsrat wirft dem beklagten Unternehmen Renault das völlige Fehlen von vorheriger Information über die wirtschaftlichen und strategischen Gründe der umstrittenen Entscheidung vor. Das Gericht vertritt die Auffassung, dass das Vorbringen des Klägers, das sich im wesentlichen auf die Anwendung der EBR-Vereinbarung von Renault vom 5. Mai 1995 stützt, im Lichte der Regeln des Gemeinschaftsrechts, nämlich der Gemeinschaftscharta der sozialen Grundrechte der Arbeitnehmer vom 8. und 9. Dezember 1989 und der Richtlinie 94/45/EG vom 22. September 1994, verstanden werden muss.

Das beklagte Unternehmen bestreitet hingegen, dass das Abkommen vom 5. Mai 1995 die Verpflichtung zur vorherigen Information und Konsultation beinhalte und trägt vor, dass es allein verpflichtet sei, den Europäischen Betriebsrat zu *informieren*. Im Hinblick auf die Form der Unterrichtung ist das Unternehmen der Meinung, dass es eine freiwillige Geste des Entgegenkommens gewesen sei, dass man sich einverstanden erklärt habe, anstelle einer Sitzung des Vorstandes des Ausschusses der europäischen Renault-Gruppe[300] eine Plenarsitzung einzuberufen. Rechtliche Folgen ließen sich hieraus nicht ableiten. Das europäische Gemeinschaftsrecht verpflichte das Unternehmen zu nicht mehr. Im übrigen hält die Beklagte den Richter nicht für berechtigt, den Klaganträgen stattzugeben, weil es sich zum einen um eine bereits entschiedene Sache handele und weil zum anderen die Entscheidung keinesfalls extraterritoriale Auswirkungen auf Belgien haben dürfe.

Das Landgericht Nanterre geht in seinen Erwägungen davon aus, dass das Renault-Übereinkommen von 1995 zu seiner Gültigkeit mit den Anforderungen der EG-Richtlinie 94/45, so wie sie durch das französische Gesetz vom 12. November 1996[301] umgesetzt worden sei, übereinstimmen müsse. Die Richtlinie sei das höhere anwendbare Recht. Allerdings bestimme Artikel 13 dieser Richtlinie, dass die Richtlinie nicht für gemeinschaftsweit operierende Unternehmen und Unternehmensgruppen gelte, in denen zu dem Endzeitpunkt für die Umsetzung in nationales Recht nach Artikel 14 Abs. 1 – am 22. September 1996, A.H.[302] – oder zu einem früheren Zeitpunkt der Durchführung dieser Richtlinie in dem betreffenden Mitgliedstaat bereits eine für alle Arbeitnehmer geltende Vereinbarung besteht, in der eine länderübergreifende Unterrichtung und Anhörung der Arbeitnehmer vorgesehen ist. Auch das nationale Umsetzungsgesetz vom 12. November 1996 nehme in seinem Artikel 5 diejenigen Unternehmen und Unternehmensgruppen von seiner Anwendung aus, in denen am 22. September 1996 "eine für alle Arbeitnehmer geltende Vereinbarung existiert, welche Ausschüsse oder andere Formen der Information, des Meinungsaustausches und des Dialoges auf Gemeinschaftsebene vorsieht". Demgegenüber habe Artikel 3

---

300 Nach Art. 7 Abs. 1 des EBR-Übereinkommens vom 5. Mai 1995 benennt der Ausschuss der europäischen Gruppe aus den eigenen Reihen einen Sekretär und sechs stellvertretende Sekretäre, die den Vorstand bilden. Nach Art. 7 Abs. 2 erhält der Vorstand regelmäßig Informationen über den allgemeinen Gang der Gruppe.

301 Loi n°. 96-985 du 12 novembre 1996, relative à l'information et à la consultation des salariés dans les entreprises et les groupes d'entreprises de dimension communautaire, ainsi qu'au développement de la négociation collective, Journal Officiel 13 nov. 1996, p. 16527 = Recueil Dalloz Sirey, 1996, 42ᵉ cahier-législation, p. 474.

302 Nach Artikel 14 Abs. 1 der Richtlinie 94/45/EG erlassen die Mitgliedstaaten die erforderlichen Rechts- und Verwaltungsvorschriften, um dieser Richtlinie spätestens zum 22. September 1996 nachzukommen, oder vergewissern sich spätestens zu diesem Zeitpunkt, daß die Sozialpartner mittels Vereinbarungen die erforderlichen Bestimmungen einführen.

dieses Gesetzes, durch den Art. L. 439-6 in das Gesetzbuch der Arbeit (code du travail) eingefügt worden ist, einen Europäischen Betriebsrat oder ein Verfahren zur Unterrichtung und Anhörung der Arbeitnehmer in gemeinschaftsweit operierenden Unternehmen und Unternehmensgruppen eingeführt.

Nach Auffassung des Gerichts ergibt sich aus dem ersten Artikel des Vereinbarungstextes, dass die Vereinbarung vom 5. Mai 1995 mit den genannten Anforderungen im Einklang steht. Denn zum einen mache diese Vorschrift aus dem Ausschuss der europäischen Renault-Gruppe eine "Struktur für Information und Dialog" hinsichtlich der strategischen Leitlinien der Gruppe auf europäischer Ebene wie auch hinsichtlich der wichtigsten Entwicklungen der Niederlassungen, soweit sich diese auf europäischer Ebene auswirken. Außerdem lege Artikel 1 fest, dass den Ausschussmitgliedern mindestens acht Tage vor jeder Plenarsitzung Dokumente übermittelt werden, um einen gründlichen Meinungsaustausch und das Vorbringen von Bemerkungen und Vorschlägen seitens des Ausschusses zu gestatten.

Das Kernstück der Begründung des TGI Nanterre gliedert sich in drei Punkte. Erstens stelle das Renault-Abkommen vom 5. Mai 1995 am Ende seiner Präambel den Zusammenhang mit der Umsetzung der EG-Richtlinie vom 22. September 1994 her. Diese Richtlinie sei – zum zweiten – erlassen worden in der Erwägung, dass die Gemeinschaft und die Mitgliedstaaten das Ziel haben, den sozialen Dialog zu fördern und dass nach Nummer 17 der Gemeinschaftscharta der sozialen Grundrechte der Arbeitnehmer u. a. Unterrichtung, Anhörung und Mitwirkung der Arbeitnehmer in geeigneter Weise, unter Berücksichtigung der in den verschiedenen Mitgliedstaaten herrschenden Gepflogenheiten, weiterentwickelt werden müssen. Zum dritten darf nach dem letzten Erwägungsgrund der Gemeinschaftscharta die feierliche Verkündung der sozialen Grundrechte in der Europäischen Gemeinschaft bei ihrer Verwirklichung keinen Rückschritt in den Mitgliedstaaten gegenüber der derzeitigen Lage bewirken, im gegebenen Fall also gegenüber dem französischen Recht, das bei Konsultationen von Arbeitnehmervertretungen, ungeachtet der Modalitäten, verlangt, daß sie voher stattfinden.

Im Hinblick auf die Häufigkeit der Sitzungen des EBR entnimmt das Gericht dem Abkommen vom 5. Mai 1995, dass dieses zwar zur Durchführung von mindestens *einer* Plenarsitzung pro Jahr verpflichte, damit aber offenkundig die Einberufung weiterer Sitzungen nicht verhindern wolle. Im übrigen habe das EBR-Abkommen keinen Fall, auch keinen Notfall vorgesehen, in dem die Unternehmensleitung von der Beachtung der vertraglichen Verpflichtungen entbunden wäre.

Prüfe man nun, so das TGI Nanterre, ob die Unternehmensleitung von Renault sich gegenüber dem Europäischen Betriebsrat in Übereinstimmung mit ihren Pflichten aus dem EBR-Abkommen verhalten habe, so ergebe sich aus den Schriftsätzen wie aus den beigefügten Unterlagen, insbesondere dem Protokoll der Sitzung des EBR vom 11. März 1997, dass

– die Bekanntgabe der Schließung des Werkes Vilvoorde am 27. Februar 1997 vor jeglicher Sitzung des Europäischen Betriebsrats erfolgt ist,
– die am 11. März 1997 abgehaltene Sitzung des EBR eine Plenarsitzung war, deren Zulässigkeit zu keinem Zeitpunkt in Frage gestellt wurde,
– im Hinblick auf diese Sitzung jedoch keinerlei Information an die Mitglieder des EBR mit der gebotenen Mindestfrist von 8 Tagen übermittelt worden ist,
– sich im Verlauf der Sitzung weder ein Dialog noch ein Meinungsaustausch zum Thema der Unternehmensentscheidung entwickeln konnten, durch welche Bedenken und Vorschläge des EBR zur Kenntnis der Unternehmensleitung hätten gebracht werden können, weil die Schließung des Werkes im belgischen Vilvoorde nachdrücklich und beharrlich als unumstößliche Tatsache behandelt wurde.

Die Tatsache der unabweisbaren Härte der Entscheidung selbst kann nach Auffassung des Gerichts die Vorgehensweise von Renault nicht rechtfertigen. Denn im Streit stehe allein die Methode der Bekanntgabe der Entscheidung, insbesondere der völlig unzulässige Überrumpelungseffekt ("sa brutalité"). Wie sonst auch, könne der Arbeitgeber von seinem Recht zur unternehmerischen Entscheidung regelmäßig nur unter Beachtung der Rechte anderer, hier der Rechte der Belegschaftsvertretung, Gebrauch machen.

Aus den genannten und nicht ernsthaft zu bestreitenden Gründen ist nach Ansicht des TGI Nanterre festzustellen, dass die Renault AG gegenüber ihrem Europäischen Betriebsrat verpflichtet war, diesen vor der Bekanntgabe der Entscheidung zur Schließung des Werkes in Vilvoorde zu unterrichten und anzuhören. Diese doppelte Verpflichtung ist nicht eingehalten worden. Das führte offenkundig zu einer unzulässigen Rechtsbeeinträchtigung ("un trouble illicite").[303] Ziel der genannten Verpflichtung sei es nämlich, die Verwirklichung der sozialen Grundrechte der Arbeitnehmer, so wie sie im Gemeinschaftsrecht wie im nationalen Recht anerkannt werde, zu sichern.

c)   Das Verfahren vor der Cour d'Appel Versailles

In dem Berufungsverfahren am 7. Mai 1997 vor der Cour d'Appel von Versailles (vergleichbar dem deutschen Oberlandesgericht) standen der Renault AG als Berufungsklägerin nunmehr zwei Parteien gegenüber, das Comité de groupe européen (C.G.E.) als Berufungsbeklagte und die Fédération Européenne des Metallurgistes (F.E.M.)[304] als Streithelferin (intervenante volontaire). Die Renault AG beantragte im Berufungsverfahren die Aufhebung des Verfügungsurteils der Vorinstanz. Sie bestritt die Statthaftigkeit des Verfahrens der einstweiligen Verfügung und beantragte hilfsweise die Feststellung, dass ein französischer Richter nicht die Aussetzung eines Verfahrens anordnen dürfe, das sich auf ausländischem Territorium vollziehe. Denn dadurch, dass französisches Recht auf belgischem Staatsgebiet zur Wirkung gebracht werde, würde der Territorialitätsgrundsatz des französischen Rechts und zugleich der Souveränitätsanspruch eines ausländischen Staates verletzt. Des weiteren hielt die Berufungsklägerin der Vorinstanz eine Verkennung von Grundsätzen des adversarischen Verfahrens vor, weil diese in ihrer Entscheidung der belgischen Tochtergesellschaft R.I.B. das weitere Betreiben der Schließungspläne untersagt hat, ohne dass die betroffene juristische Person an dem Verfahren überhaupt beteiligt gewesen sei. Wenn das Gericht 1. Instanz geglaubt habe, "sich hinter die Geschäftsführungsmacht des herrschenden Unternehmens flüchten zu können", dann habe es das Recht jeder juristischen Person verkannt, sich in einem Gerichtsverfahren unabhängig von ihrer Mehrheitseigentümerin zur Wehr setzen zu können.

Der Europäische Betriebsrat von Renault beantragte, darin unterstützt von der streithelfenden F.E.M., die Aufrechterhaltung des Urteils der Vorinstanz und die Zubilligung einer Summe von 20.000 Francs,[305] hilfsweise die

---

303 Der Begriff hat Ähnlichkeit mit den "groben Verstößen des Arbeitgebers gegen seine Verpflichtungen aus diesem Gesetz" nach § 23 Abs. 3 Satz 1 BetrVG.

304 Der Europäische Metallarbeiterbund.

305 Auf der Grundlage des Art. 700 des Nouveau Code de Procédure Civile (NCPC).

Formulierung von zwei Vorlagefragen an den Europäischen Gerichtshof zur Reichweite der Richtlinie 94/45/EG und der "vorgreiflichen Übereinkommen" (accords d'anticipation).[306] Dem letztgenannten Hilfsantrag wurde von der Renault AG widersprochen.

Unter teilweiser Abänderung der Entscheidung der Vorinstanz kam das Berufungsgericht in den hauptsächlichen Streitfragen der Verletzung der Unterrichtungs- und Anhörungspflicht im wesentlichen zum gleichen Ergebnis. In seiner Begründung widmete es jedoch dem Konzerncharakter solcher Unternehmensentscheidungen mehr Aufmerksamkeit, relativierte das Gebot der "Vorherigkeit" der Anhörung und begründete den Grundsatz der "Rechtzeitigkeit" (en temps utile) der Information ebenfalls unter Rückgriff auf die Gemeinschaftscharta der sozialen Grundrechte der Arbeitnehmer.[307]

Das Vorbringen der Renault AG in bezug auf die territorialen Grenzen des französischen Rechts und den Einwand, das belgische Tochterunternehmen R.I.B. hätte im Verfahren gehört werden müssen, wies das Berufungsgericht in Versailles dadurch zurück, dass es die französische Konzernleitung an ihrem eigenen Wort und Auftreten festhielt. Denn die mit der öffentlichen Bekanntgabe der Entscheidung zur Betriebsstillegung am 27. Februar 1997 notwendig verbundene Entscheidungsmacht der Renault AG habe erkennbar dieses Unternehmen als Adressatin einer möglichen Untersagungsverfügung gekennzeichnet. Nicht die Untersagungsverfügung habe das Recht des Tochterunternehmens R.I.B. auf Autonomie verkannt, sondern die Erklärung der zentralen Leitung selbst habe der Tochter die Autonomie verweigert. Das Prinzip der Territorialität des französischen Rechts sei in keiner Weise durch eine Verfügung beeinträchtigt, die sich an eine französische juristische Person richte und ihr untersage, eine Entscheidung zu treffen, die Auswirkungen in Belgien haben könne. Aus denselben Gründen sei auch der Hilfsantrag der Berufungsklägerin unbegründet: Bei der in Frankreich getroffenen Entscheidung über das Schicksal der Filiale in Belgien handele es sich nicht um ein Verfahren im Ausland, sondern um einen

---

306 Gemeint sind die mit dem Ziel des Bestandsschutzes nach Art. 13 Abs. 1 der EG-Richtlinie 94/45 bis zum 22. September 1996, dem Enddatum der Umsetzung der Richtlinie in nationales Recht, geschlossenen Vereinbarungen, wie beispielsweise auch bei Renault.

307 Siehe Nr. 18 der Gemeinschaftscharta.

einfachen Leitungsakt im Rahmen der Führung eines multinationalen Unternehmens durch die französische Zentrale.

Auch das Berufungsgericht maß den Inhalt des EBR-Abkommens von Renault, ungeachtet der Tatsache des Bestandsschutzes im Sinne des Art. 13 Abs. 1 der Richtlinie 94/45/EG, an den Anforderungen des europäischen Gemeinschaftsrechts. Ausgehend von der von der Richtlinie selbst hergestellten Anknüpfung an Nr. 17 der Gemeinschaftscharta der sozialen Grundrechte der Arbeitnehmer,[308] dem Wortlaut des Art. 1 Abs. 1 der Richtlinie 94/45/EG,[309] der Bestimmung des Begriffs "Anhörung" durch Art. 2 Abs. 1 Buchst. f) der Richtlinie 94/45/EG[310] führt der Begründungsgang zu einer ersten inhaltlichen Anforderung an die Informationen. Sie wird Art. 6 Abs. 3 der Richtlinie 94/45/EG entnommen. Danach erstrecken sich "diese Informationen (...) insbesondere auf länderübergreifende Angelegenheiten, welche erhebliche Auswirkungen auf die Interessen der Arbeitnehmer haben". Ein zweites, für ihre Begründung tragendes Merkmal, das der Umsetzung "en temps utile", gewann die Berufungsinstanz in Versailles aus Artikel 18 der Gemeinschaftscharta, die durch die Richtlinie 94/45/EG in "hartes" Recht umgesetzt worden ist. Danach sind "Unterrichtung, Anhörung und Mitwirkung (...) rechtzeitig vor allem in folgenden Fällen vorzusehen ..." (u. a. bei Massenentlassungen).

Das Berufungsgericht ging ebenfalls davon aus, dass die Renault-Vereinbarung zum Europäischen Betriebsrat aus dem Jahr 1995 eine Vereinbarung im Sinne des Art. 13 Abs. 1 der EG-Richtlinie 94/45 darstellt, wobei es den Zusammenhang mit dem sozialen Dialog hervorhob, in dem Art. 13 der Richtlinie steht, und damit ein Verständnis der einzelnen Merkmale der Vereinbarung aus den Funktionsanforderungen eines solchen Dia-

---

308 Durch den Erwägungsgrund Nr. 4. Nach der erwähnten Nr. 17 der Gemeinschaftscharta müssen "Unterrichtung, Anhörung und Mitwirkung der Arbeitnehmer (müssen) in geeigneter Weise, unter Berücksichtigung der in den verschiedenen Mitgliedstaaten herrschenden Gepflogenheiten, weiterentwickelt werden. Dies gilt insbesondere für Unternehmen und Unternehmenszusammenschlüsse mit Betriebsstätten bzw. Unternehmen in mehreren Mitgliedstaaten der Europäischen Gemeinschaft".

309 Danach ist das "Ziel dieser Richtlinie (...) die Stärkung des Rechts auf Unterrichtung und Anhörung der Arbeitnehmer in gemeinschaftsweit operierenden Unternehmen und Unternehmensgruppen".

310 In Sinne dieser Richtlinie bezeichnet der Ausdruck "Anhörung": "den Meinungsaustausch und die Einrichtung eines Dialogs zwischen den Arbeitnehmervertretern und der zentralen Leitung oder einer anderen, angemesseneren Leitungsebene".

logs heraus vorbereitete. Darüber hinaus stellte die Cour d'Appel Versailles die Vereinbarung konsequent in den von dieser selbst hergestellten Zusammenhang mit der Richtlinie 94/45/EG und deutete sie als vorwegnehmende Anpassung an die Normen dieser Richtlinie. In Anbetracht des hieraus erkennbaren Willens der Vertragsparteien sei es dann aber nicht möglich, unter Berufung auf die Autonomie dieses Willens die Begriffe der Richtlinie und ihres Umsetzungsgesetzes unberücksichtigt zu lassen. Der durch Art. 13 der Richtlinie 94/45/EG bewirkte Dispens beschränke sich auf die dort vorgesehenen Verfahrensvorschriften für die Organisation einer anderen Informationsstruktur. Aus diesen Erwägungen müsse daher davon ausgegangen werden, dass

"die Gesellschaft RENAULT gehalten war, bei jeder Entscheidung, welche erhebliche Auswirkungen auf die Interessen der Arbeitnehmer haben kann, die Normen der Richtlinie auf dem Weg über das in der Vereinbarung vorgesehene Informations- und Konsultationsverfahren zur Anwendung zu bringen. Dabei muss die Richtlinie ihrerseits, bei Gefahr der Verkennung ihrer Funktion, im Lichte des erwähnten Zieles der Charta von 1989 angewandt werden, die im übrigen in der ursprünglichen Vereinbarung von 1993 in Bezug genommen worden war. Die vom Unternehmen geschuldete Information und Konsultation mussten rechtzeitig erfüllt werden. Ungeachtet dessen, dass den Begriffen der Gemeinschaftscharta keinerlei rechtlichnormative Bedeutung zukommt, entspricht ein solches Verständnis dem allgemeinen Gebot und der Logik des Bemühens um Wirksamkeit der Rechtsvorschriften (effet utile), ein Gebot, auf das auch der Europäische Betriebsrat von RENAULT besonders hingewiesen hat."[311]

---

311 Entscheidungsgründe IV-6, Übersetzung durch den Verfasser. Die Stelle lautet im Original:
"... qu'il doit donc être tenu pour acquis que la société RENAULT était tenue d'appliquer, à l'occasion de toute décision susceptible' *d'affecter considérablement les intérêts des travailleurs'*, les normes de la directive au moyen de la procédure d'information et de consultation prévue par l'accord; que la directive devant elle-même, sauf à méconnaître sa fonction, être appliquée à la lumière de l'objectif mentionné par la charte de 1989 d'ailleurs citée comme référence dans l'accord initial des 1993, l'information et la consultation dont la société était débitrice devaient être *'mises en oeuvre en temps utile'*, ce qui correspond d'ailleurs simplement, en refusant même aux termes de la charte toute valeur intrinsèque de norme, à l'impératif général et logique de recherche de l'effet utile des règles de droit, impératif souligné par le C.G.E. RENAULT."

Abweichend zur Vorinstanz schränkt das Berufungsgericht allerdings die Allgemeinheit der Anhörung ein. Im Unterschied zu Anhörungsverfahren nach dem nationalen Arbeitsrecht gebe es weder in der Vereinbarung von Renault noch in der EG-Richtlinie Hinweise auf einen obligatorisch oder substantiell zu verstehenden absoluten Vorrang. Abzuändern war daher die uneingeschränkte Tenorierung der TGI Nanterre, wonach Renault seinen Europäischen Betriebsrat "zum Thema einer zu treffenden Entscheidung" zu informieren und anzuhören habe.

Auf der anderen Seite ist die zeitliche Vorrangigkeit von Unterrichtung und Anhörung auch nicht ausgeschlossen. Deshalb ist im Einzelfall unter Abwägung aller Umstände zu prüfen, ob die *vorherige* Unterrichtung dem Gebot der Rechtzeitigkeit oder einfacher noch dem Wirksamkeitsgebot (effet utile) hinsichtlich der Willensäußerungen der zur Entscheidung befugten Stelle entspricht. Die erforderliche Wirksamkeit (utilité) bestimmt sich nach Auffassung des Berufungsgerichts

"unter Beachtung vernünftiger Merkmale, zu denen auf jeden Fall der Stellenwert gehört, der Bedenken, Widersprüchen oder Kritik eingeräumt wird, das Gewicht der möglicherweise hervorgerufenen Beeinträchtigungen sowie die Frage, ob diese endgültigen oder nicht endgültigen Charakter haben. Dazu gehört auch die Beachtung eines zeitlichen Ablaufs, der wirksame Maßnahmen oder Reaktionen, möglicherweise sogar eine Abänderung der ursprünglichen Beschlusslage gestattet. Dies alles muss unter der Maßgabe stehen, dass die getroffene oder die zu treffende Entscheidung einen Mindestgehalt an Flexibilität (souplesse) erreicht oder auf ein Mindestmaß an Akzeptanz oder Verständnis trifft, welches für die offenbar angestrebte Regelung der grenzüberschreitenden sozialen Beziehungen notwendig ist".[312]

---

312 Entscheidungsgründe IV-8; Übersetzung durch den Verfassern. Die Stelle lautet im Original:
"que cette utilité s'appréciera au regard de critères raisonnables, au nombre desquels figureront à tout le moins la place laissée aux observations, contestations ou critiques, l'importance et le caractère irrémédiable ou non des préjudices susceptibles d'être causés ou encore le respect d'une chronologie propice aux mesures ou réactions utiles, voire à une modification des résolutions initiales, le tout pour que la décision prise ou à prendre ait un dégré minimum d'acceptation ou de compréhension nécessaire à la régulation, apparemment recherchée, des rapports sociaux transnationaux."

Aus diesen Erwägungen kommt das Berufungsgericht Versailles zu dem die Vorentscheidung teilweise abändernden Beschluss:

"1 ° / Dit que si la société RENAULT entend apporter ou faire apporter par sa filiale la société RENAULT INDUSTRIE BELGIQUE une suite quelconque à l'annonce faite par son président-directeur-général le 27 février 1997[313] d'une fermeture de l'unité de production de Vilvoorde, elle devra auparavant réunir en session plénière, au besoin extraordinaire, le Comité de Groupe Européen RENAULT, avec transmission aux membres de ce comité, huit jours au moins avant la session, des documents utiles à une connaissance des motifs et des répercussions d'une telle fermeture,

2 ° / Interdit en conséquence qu'il soit donné suite à la même annonce sans la réunion préalable susmentionnée,

3 ° / Dit n'y avoir lieu à plus ample référé,

4 ° / Condamne la société RENAULT aux dépens de première instance et d'appel, avec pour ces derniers droit de recouvrement direct au profit de la S.C.P. JULIEN-LECHARNY-ROL, avoués. La condamne en outre à verser pour frais hors dépens au Comité de Groupe Européen RENAULT une somme de 15.000 F (quinze mille francs) qui s'ajoutera à celle déjà allouée pour même frais par le premier juge."

d)   Politische und rechtliche Folgewirkungen

Über die erwartbar heftigen Reaktionen in der lokalen, nationalen und europäischen Öffentlichkeit hinaus könnte das Verhalten der Konzernleitung von Renault bei der geplanten Schließung des Werkes im belgischen Vilvoorde längerfristig Wirkungen zeitigen. Dafür sprechen Reaktionen der Europäischen Kommission, des EU-Sozialministerrates unter dem niederländischen Vorsitz und des Europäischen Gewerkschaftsbundes (EGB). Der EU-Sozialkommissar *Padraig Flynn* hatte Anfang März 1997 das Vorgehen des Konzerns ohne diplomatische Umschweife als Bruch mit Geist und Wortlaut zweier EG-Richtlinien (zu Massenentlassungen und zur Information und Konsultation der Arbeitnehmer) bezeichnet und darüber hinaus die Überprüfung der europäischen Rechtslage angekündigt.[314] Obwohl es sich hierbei möglicherweise eher um ein Problem der Anwendung europäischen Rechts als der Unzulänglichkeit des Rechts selbst handele, wolle man auch dieses

---

313   Im Original steht "22 février 1997". Dabei handelt es sich offenkundig um einen Schreibfehler.

314   "Europe" Nr. 6929 vom 7.3.1997, S. 7.

überprüfen und gegebenenfalls neue Vorschläge ausarbeiten, etwa zur genaueren Bestimmung des Zeitpunktes, zu dem Unternehmensleitungen den Arbeitnehmervertretern Informationen vorzulegen haben.[315] Zur Frage möglicher Lücken im Gemeinschaftsrecht bezüglich Information und Konsultation der Arbeitnehmer in der Situation von Betriebsschließungen hat die Europäische Kommission Anfang Juni 1997 eine erste Anhörung der Sozialpartner im Sinne des Art. 3 Abs. 2 SozAbk eingeleitet.[316] EU-Kommissar *Flynn* hat sich dabei für eine Prüfung der Möglichkeit ausgesprochen, "dass die Sozialpartner selbst auf Ebene der Gesellschaft Verfahren für die Information und Konsultation der Arbeitnehmer ausarbeiten und diese an die spezifischen Kulturen und lokalen Situationen anpassen".[317] Nach Auffassung des Europäischen Gewerkschaftsbundes sollten die Erfahrungen mit der Betriebsschließung in Vilvoorde unter anderem in die für 1999 geplante Überarbeitung der Richtlinie über Europäische Betriebsräte Eingang finden.[318] Darüber hinaus hat der EGB bei der Europäischen Kommission im Gefolge der Renault-Entscheidung die Ausarbeitung eines Verhaltenskodex angeregt, an den sich Betriebe bei Schließung und Massenentlassungen vor allem dann zu halten hätten, wenn europäische oder staatliche Beihilfen im Spiel sind.[319] Dieser Vorschlag wurde von den EU-Ministern für Soziales auf ihren Treffen in Rotterdam am 14./15. März 1997 und in Luxemburg am 17. April 1997 und von der Europäischen Kommission positiv aufgenommen.[320]

Man darf die Wirkung eines rechtlich nicht verbindlichen Verhaltenskodex nicht überschätzen. Sehr viel mehr als ein beschädigtes Unternehmensimage wird bei der Übertretung eines solchen Kodex häufig nicht herauskommen. Aber abgesehen davon, dass das in Zeiten globaler Wettbewerbs-, aber auch Öffentlichkeitsbedingungen nicht unbedingt wenig Wirkung sein muss, könnte ein solcher Verhaltenskodex im Laufe der Zeit zur Herausbildung quasi-normativer Anforderungen an internationale Un-

---

315 "Europe" Nr. 6957 vom 18.4.1997, S. 5.
316 "Europe" Nr. 6988 vom 5.6.1997, S. 7.
317 "Europe" ebenda.
318 "Europe" Nr. 7008 vom 3.7.1997, S. 15.
319 "Europe" Nr. 6929 vom 7.3.1997, S. 7.
320 "Europe" Nr. 6936 vom 17./18.3.1997, S. 9a; "Europe" Nr. 6955 vom 16.4.1997, S. 7; "Europe" Nr. 6957 vom 18.4.1997, S. 5; "Europe" Nr. 6987 vom 4.6.1997, S. 15.

ternehmen für Fälle von Betriebsänderungen beitragen. Eine konkretere, weil justitiable Wirkung könnte jedoch eine genauere Fassung der zeitlichen und vielleicht auch informatorischen Anforderungen des Tatbestandes der Unterrichtung und Anhörung der Arbeitnehmer bei geplanten Betriebsstilllegungen und/oder Massenentlassungen entfalten.

5.5.3. Zwischenergebnis

Ein grundsätzlicher Einwand gegen die Funktionsfähigkeit europäischer Betriebsräte lässt sich aus dem Fall Renault-Vilvoorde nicht gewinnen, wohl aber eine realistischere Beurteilung von Praxisbedingungen. Der durch Art. 13 Abs. 1 der Richtlinie 94/45/EG ausgelöste Boom an "antizipierenden", in ihrem Bestand geschützten Vereinbarungen bis zum 22. September 1996 hat eine vor allem *quantitativ* bestimmte Euphorie ausgelöst.[321] Der Fall Renault-Vilvoorde 1997 hat dem reinen Zählen abgeschlossener Vereinbarungen Fragen nach deren inhaltlicher Qualität entgegengesetzt. Unter Berücksichtigung der *in casu* bisher ergangenen Entscheidungen des Arbeitsgerichts Brüssel, des Tribunal de Grande Instance Nanterre und der Cour d'Appel Versailles lassen sich auf dem gegenwärtigen, keineswegs abgeschlossenen Stand fünf Beobachtungen notieren.

(1) Zum ersten erweist sich ein Minimum an im Konfliktfall abforderbaren materiellen Rechtsbegriffen auch für eine dem "prozeduralen Paradigma" folgende Rechtsetzung im Bereich der Unterrichtung und Anhörung der Arbeitnehmer als unverzichtbar. Die Auseinandersetzung der beiden französischen Gerichtsinstanzen mit den programmatischen Vorgaben der Gemeinschaftscharta für die sozialen Grundrecht der Arbeitnehmer, hier insbesondere der Nr. 17 und 18, zeigt das Bedürfnis nach inhaltlicher Auffüllung prozeduraler Rahmenkonzepte. Die Informalität und Partikularität hausgemachter Vereinbarungen, die durch Art. 13 Abs. 1 der EBR-Richtlinie bis zum 22. September 1996 stimuliert, aber auch danach durch den Vorrang der Freiwilligkeit[322] begünstigt werden, stoßen bei ernsten Konflikten an

---

321 Vgl. "Europe" Nr. 6910 vom 8.2.1997, S. 15: "Gabaglio erläutert den USA das europäische Betriebsratssystem". Hier wird u.a. hervorgehoben, dass im November 1996, als die Betriebsratsrichtlinie verpflichtend wurde, bereits mehr als 300 Unternehmen auf freiwilliger Basis Betriebsräte eingerichtet hatten.
322 Vgl. Art. 7 der Richtlinie 94/45/EG.

Grenzen der Klarheit und Verlässlichkeit. Über die gerichtliche – möglicherweise bald EuGH-gerichtliche – Auslegung unbestimmter Rechtsbegriffe wie "erhebliche Auswirkungen auf die Interessen der Arbeitnehmer" oder "rechtzeitig" kann die auf privater Grundlage beruhende Konzernpraxis auf inhaltliche Übereinstimmung mit Mindestanforderungen des europäischen Rechts und des umsetzenden nationalen Rechts geprüft werden.

(2) Zum zweiten können die beiden französischen Gerichtsentscheidungen, die sich mit der mitbestimmungsrechtlichen Seite des Falles Renault-Vilvoorde befasst haben, die vermutlich verbreitete Vorstellung korrigieren, die hausgemachten "vorgreiflichen" EBR-Vereinbarungen, die bis zum 22. September 1996 abgeschlossen worden sind, entzögen sich einer Überprüfung ihrer inhaltlichen Qualität anhand des Gemeinschaftsrechts. Zwar ist richtig, dass die Richtlinie 94/45/EG nach Art. 13 Abs. 1 nicht für gemeinschaftsweit operierende Unternehmen und Unternehmensgruppen gilt, in denen zu dem Zeitpunkt nach Art. 14 Abs. 1 oder zu einem früheren Zeitpunkt der Durchführung dieser Richtlinie in dem betreffenden Mitgliedstaat bereits eine für alle Arbeitnehmer geltende Vereinbarung besteht, in der eine länderübergreifende Unterrichtung und Anhörung der Arbeitnehmer vorgesehen ist. Die dadurch im Grundsatz gesicherte Vertragsgestaltungsfreiheit für EBR-Vereinbarungen findet jedoch bei zentralen Rechtsbegriffen wie "Anhörung", "erhebliche Interessen der Arbeitnehmer" oder "Rechtzeitigkeit" ihre Grenze dadurch, dass Gerichte bei ihrer Auslegungsarbeit auf gemeinschaftsrechtliche Begriffsbildung zurückgreifen. Insbesondere dadurch, dass die beiden französischen Zivilgerichtsinstanzen bei der Begriffsprüfung auf die Gemeinschaftscharta der sozialen Grundrechte der Arbeitnehmer von 1989 – ein rechtlich nicht verbindliches Dokument – zurückgegangen sind, haben sie den durch Art. 13 Abs. 1 der Richtlinie 94/45/EG bewirkten befristeten Vorrang für eigene Vereinbarungslösungen für die Auslegung insoweit überbrücken können. Im übrigen bedarf keiner weiteren Erläuterung, dass solche unternehmensprivaten Vereinbarungen nicht zwingendes europäisches bzw. umgesetztes nationales Recht außer Kraft setzen können, wie beispielsweise die in der Richtlinie 75/129/EWG aufgestellten Anforderungen an die Konsultation im Falle von Massenentlassungen.

(3) Die dritte Beobachtung betrifft die Frage der territorialen Begrenzung von Recht und Rechtsprechung. Die Annahme liegt nahe, dass die hier angeschnittenen Probleme Grundbedingungen multinationaler Unternehmens-

entscheidungen kennzeichnen. Der Begriff der Territorialität des Rechts, der seine Ursprünge im öffentlichen Recht, im Steuer- und Vollstreckungsrecht und in Teilrechtsgebieten mit ausgeprägt öffentlichen Anteilen, wie dem Arbeitsschutz- und dem Betriebsverfassungsrecht hat, ragt mit einer gewissen Zwangsläufigkeit in die privatrechtliche Binnenorganisation gemeinschaftsweit operierender Unternehmen hinein. Das Argument wird von der Renault AG mit dem Ziel der rechtlichen Entkoppelung von Entscheidungszentrum und Entscheidungswirkung in die Verfahren eingeführt. Damit steht das Prinzip der Territorialität in einem deutlich anderen Zusammenhang als in der globalen Debatte um multinationale Unternehmen während der 70er Jahre. Drückte sich in der Berufung auf dieses Prinzip damals in erster Linie die Sorge der Staaten, insbesondere der Entwicklungsländer, vor Souveränitätsverlust infolge grenzüberschreitender Unternehmenstätigkeit aus, so wird das Prinzip der Territorialität im Fall Vilvoorde von der Renault AG umgekehrt zum Schutz der Konzernautonomie evoziert.

Beide französischen Gerichte haben sich von dem Prinzip der Territorialität nicht beeindrucken lassen. Sie haben auf die auch nach außen erkennbare Wirklichkeit unternehmens- bzw. konzerninterner Entscheidungsabläufe abgestellt. Wenn die zentrale Leitung einer gemeinschaftsweit operierenden Unternehmensgruppe im Sinne des Art. 2 Abs. 1 Buchst. e) der Richtlinie 94/45/EG die Entscheidung trifft, ein abhängiges Unternehmen zu schließen oder zu ändern, dann ist eine solche Entscheidung nach ihrem rechtlichen und empirischen Wesen nicht durch extraterritoriale, sondern durch intraorganisatorische Wirkungen bestimmt. Das Spannungsfeld, das sich hierdurch zu ebenfalls berührten staatlichen Interessen auftut, soll nicht verkannt werden. Es hat im konkreten Fall seinen Ausdruck allem Anschein nach in sondierenden Hinweisen vorab auf belgischer Regierungsebene gefunden.[323] Aber jedenfalls wird die Berufung auf das Argument der Territorialität einer "Mutter" schon im Interesse effektiven Rechtsschutzes zu Recht verwehrt, weil hierdurch eine zentrale Entscheidung in dezentrale Rechtsfolgen aufgespalten werden könnte. Vom konkreten Fall abgesehen, verdient jedoch das Problem des möglichen Widerspruchs zwischen Konzernbinnenwirkung und staatlicher und zwischenstaatlicher Außenwirkung genauere Untersu-

---

323 Vgl. "Le Monde" vom 1. März 1997 und "Le Point" No. 1277 vom 8. März 1997, S. 72 f. Den Presseberichten zufolge wurde allerdings die definitive Schließungsentscheidung auch den politischen Verantwortlichen in Belgien erst relativ kurz vorher mitgeteilt.

chung. Ein Augenmerk wird dabei auf der Unterscheidung zwischen wirtschaftlichen und wirtschaftspolitischen Auswirkungen der Entscheidungen einer Konzernleitung einerseits, rechtlichen und rechtsstaatlichen Auswirkungen (z. B. auf Rechtsprechung und Verwaltungsentscheidungen) in einem anderen Staat andererseits liegen müssen.

(4) In einer vierten Hinsicht veranlasst der Fall Renault-Vilvoorde zu einer nüchternen Vergewisserung der Grenzen eines auf Unterrichtung und Anhörung beschränkten Konzeptes von Arbeitnehmerbeteiligung. Selbst wenn die französische Unternehmensleitung alle Formen und Verfahren korrekt eingehalten hätte, hätte das an der Entscheidung inhaltlich vermutlich nichts geändert.[324] Dennoch darf man den Unterschied zur Beachtung der Anforderungen rechtzeitiger Konsultation der Arbeitnehmervertreter im Falle einer Betriebsschließung nicht gering schätzen. Der Unterschied liegt in elementaren Fairness-Geboten industrieller Beziehungen und der nicht auszuschließenden Möglichkeit der Veränderung von Rahmen- oder Detailbedingungen einer solchen Entscheidung. Rechtzeitige Konsultation ermöglicht die Prüfung von Bedingungen und Alternativen und eröffnet jedenfalls die Chance zu Gegenvorstellungen. Sie bezieht die Arbeitnehmer, wenn auch unterhalb der Einflussschwelle von Mitbestimmung, in einer ihre wirtschaftlichen und sozialen Interessen und Dispositionen achtenden Weise in industrielle Umstrukturierungsprozesse ein.

(5) Bei der fünften und abschließenden Anmerkung handelt es sich um den eher rechtssoziologischen Hinweis auf die Bedeutung der Gemeinschaftscharta der sozialen Grundrechte der Arbeitnehmer für die Bestimmung von Rechtsbegriffen in der EBR-Vereinbarung von Renault wie auch in der EBR-Richtlinie. Die Charta hat keine Rechtsverbindlichkeit. Sie ist auf der anderen Seite keine rein politische Erklärung. Die in ihr 1989 formulierten "sozialen Grundrechte" zielen auf normative Bewertung und Anleitung. Das ursprünglich vom Europäischen Parlament gewünschte, an der Nichtunterzeichnung der Charta durch das Vereinigte Königreich geschei-

---

324 Und konnte es im Ergebnis an der Tatsache der Schließung des Werkes in Vilvoorde nichts ändern.

terte Ziel war der Status eines bindenden Rechtsdokuments.[325] In ihrer schließlich verabschiedeten Fassung gehört die Charta zu der interessanten Kategorie des "soft law", die in der Europäischen Gemeinschaft/Union zu erheblicher Bedeutung gelangt ist.[326] An beiden vorgestellten französischen Gerichtsentscheidungen lässt sich genauer verfolgen, dass und auf welchen methodischen Wegen "soft law" in der Auslegung von Rechtsbegriffen und im Verständnis von Normzielen zur Anwendung gebracht werden kann.

5.6. Zwischenfrage: Erfolgreicher Minimalismus oder Gestaltungsverzicht?

Die Bewertung der Richtlinie 94/45/EG über die Einsetzung eines Europäischen Betriebsrates bestimmt sich, wie stets, nach dem gewählten Maßstab. Gemessen am jahrelangen Rechtsetzungsstillstand der Europäischen Gemeinschaft im Themenbereich Mitwirkung der Arbeitnehmer ist die Richtlinie, wenn auch minimal, so doch ein Erfolg. Nimmt man hingegen Maß an der deutschen Mitbestimmung, so ist die EBR-Richtlinie nur minimal und ihr Erfolg möglicherweise sogar der des Einstiegs in eine europaweite Verschlankung der Arbeitnehmer-Mitbestimmung. Von der begrifflichen Suggestion des – erst kurz vor der Verabschiedung die Richtlinie wieder so

---

325 Vgl. *Bob Hepple*, The Implementation of the Community Charter of Fundamental Social Rights, The Modern Law Review 53 (1990), 643-654 (644); *Brian Bercusson*, Maastricht: A fundamental change in European labour law, Industrial Relations Journal 23 (1992), 117-190 (179); beide Texte sind abgedruckt in: Francis Snyder (ed.), European Community Law, Volume II, 1993, Nr 8 und 9; *Alfred Wisskirchen*, Der Soziale Dialog in der Europäischen Gemeinschaft, in: Die Arbeitsgerichtsbarkeit. Festschrift zum 100jährigen Bestehen des Deutschen Arbeitsgerichtsverbandes, Neuwied / Kriftel / Berlin 1994, 653-677 (657).

326 *Francis Snyder*, The Effectiveness of European Community Law: Institutions, Processes, Tools and Techniques, The Modern Law Review 56 (1993), 19-54 (31 ff. m.w.N.); *Oppermann*, Europarecht, 2. Aufl., München 1999, Rn. 144, 150, 481 et passim.

genannten – Europäischen Betriebsrates[327] ist, nüchtern und normativ gesehen, geblieben eine Art Wirtschaftsausschuss im Sinne des § 106 BetrVG.

Die Verabschiedung der Richtlinie 94/45/EG über den Europäischen Betriebsrat am 22. September 1994 hatte zunächst einmal eine über ihren sachlichen Gehalt erheblich hinaustragende politische und psychologische Signalwirkung. Sie wurde in der Situation einer im wesentlichen, vor allem in den Bereichen der Mitbestimmung im engeren Sinne, seit 1970 stagnierenden Beschlusslage als ermutigendes Zeichen des Wiederingangkommens von Rechtsentwicklungen aufgenommen. Die Europäische Kommission machte sich diese freisetzende Wirkung auch sogleich zunutze, um den Erfolg nach Möglichkeit zu verstetigen. Das findet seinen Ausdruck beispielsweise in der Mitteilung der Kommission vom November 1995 zur Information und Konsultation der Arbeitnehmer, in der sie die Auffassung vertritt, "dass der politische Wille und die entschlossene Kompromissbereitschaft, die vor einem Jahr die Annahme der Richtlinie über den 'Europäischen Betriebsrat' den Weg bereitet haben", nun bekräftigt werden müssten, damit die Vorschläge rasch verabschiedet werden können.[328]

Gerecht werden kann man der EBR-Richtlinie nur, wenn man sie nicht als abgeschlossenen Rechtsakt, sondern als Teil eines Prozesses sieht.[329] Für eine diesen Prozess mitorganisierende Funktion ist die EBR-Richtlinie jedoch gerade durch die Eigenschaften gut qualifiziert, die als Verzicht auf rechtspolitische Gestaltung angesehen werden mögen. Das die Richtlinie,

---

327 Noch in dem geänderten Vorschlag der Kommission vom 3. Juni 1994 für eine Richtlinie ging es um die Einrichtung eines "Europäischen Ausschusses", siehe ABl. Nr. C 199/10 vom 21.7.94; hierauf bezieht sich auch *Walter Kolvenbach*, Vom "Europäischen Betriebsrat" zum "Europäischen Ausschuß", RdA 1994, 279-284. Erst im Gemeinsamen Standpunkt (EG) Nr. 32/94, der vom Rat am 18. Juli 1994 – nunmehr unter deutscher Präsidentschaft – festgelegt wurde, ist die Rede von der Einsetzung eines "Europäischen Betriebsrats". Verabschiedet wurde die Richtlinie am 22. September 1994 vom Rat "Sozialfragen" unter dem Vorsitz von Bundesarbeitsminister Norbert Blüm; Portugal enthielt sich der Stimme im Elfer-Rat, siehe "Europe" Nr. 6321 vom 23.9.1994, S. 6.

328 KOM(95) 547 endg., Ziff. 7, S. 6.

329 In diesem Sinne ist auch *Alan Larsson* zu verstehen, Generaldirektor der Generaldirektion V (soziale Angelegenheiten) der Europäischen Kommission, der im Oktober 1996 die Einsetzung eines Europäischen Betriebsrates als "eine wichtige Etappe im Prozess der Modernisierung des europäischen Sozialmodells" bezeichnete, "Europe" Nr. 6827 vom 7./8.10.1996, S. 13.

wie oben beschrieben, kennzeichnende Verhältnis von vorrangiger Freiwilligkeit im Modus Vertrag und nachrangiger Verbindlichkeit im Modus Gesetz hat, im Zusammenwirken mit der listig gesetzten Bestandsschutzklausel des Art. 13 Abs. 1 der Richtlinie, einen sich selbst organisierenden Prozess in Gang gesetzt, der sozusagen nach oben hin offen ist.

Die Richtlinie 94/45/EG hat transitorischen Charakter in einem zweifachen Sinn. Sie *ist* transitorisch und sie *wirkt* transitorisch. Sie ist transitorisch in ihrer Funktion als bisher einziger in sich geschlossener europäischer Rechtsakt zur Mitwirkung der Arbeitnehmer in gemeinschaftsweit tätigen Unternehmen. Die neuen, gesetzgebungsmethodisch modernisierten Ansätze der Europäischen Kommission zur Stellung der Arbeitnehmer in europäischen Handelsgesellschaften sowie in den sozialwirtschaftlichen Unternehmensformen lassen mit wieder wachsender Wahrscheinlichkeit, nicht zuletzt aufgrund einer seit Mai 1997 veränderten regierungspolitischen Konstellation in der Europäischen Union, Rechtsetzung erwarten.

Die Richtlinie *wirkt* transitorisch, weil und soweit sie durch ihre voluntaristische und proteduralistische Konzeption zwar inhaltlich wenig vorsetzt, aber damit auch wenig determiniert. Das wird positive Unterschiede zwischen Texten und Praxis erzeugen. Diese können sich über die verstärkenden Medien grenzüberschreitender Arbeitnehmerkommunikation, gewerkschaftlicher Betreuung, aufmerksamer Beobachtung und Evaluation im Rahmen des sozialen Dialogs auf Gemeinschaftsebene zu Maßstab und Modell bildenden Bezugspunkten für die weitere Entwicklung ausbilden.

Die europäischen Reaktionen auf die Verletzung von Minima von Information und Konsultation durch Renault bei der angekündigten Schließung des Werkes in Vilvoorde haben deutlich gemacht, dass es europaweit nicht mehr hintergehbare Mindestanforderungen an partizipatorischen Unternehmensstil gibt. Es mag der jeweiligen Belegschaft im Krisenfall nicht gelingen, ihn tatsächlich einzufordern. Aber die öffentlichen, politischen und gerichtlichen Reaktionen auf Verletzungen solcher Mindestanforderungen lassen Zunahme an Verbindlichkeit erwarten.

Damit lässt sich im Ergebnis die eingangs gestellte Frage verneinen. Mit der Richtlinie über die Europäischen Betriebsräte ist *nicht das Paradigma, sondern die Methode* gewechselt worden. Die inhaltliche Verantwortung für die weitere Ausbildung von Verfahrensansätzen für die Mitwirkung und Mitbestimmung der Arbeitnehmer ist, zumindest zeitweilig, an die Praxis grenzüberschreitender Unternehmen zurückgegeben worden. Die verfahrensoffene Konzeption der Richtlinie 94/45/EG und ihre auf die Rechtsgrundlage des Sozialabkommens abgestimmte Beschränkung auf Information und Konsultation der Arbeitnehmer haben eine dem Modellwettbewerb überlassene Entwicklung auf Unternehmensebene in Europa freigesetzt.[330]

Bedingungslos wird sich das in diesem Verfahren liegende Potential an Beteiligungsformen allerdings nicht verwirklichen lassen. Die wohl wichtigste ist die Verkoppelung der EBR-Diskussionen mit dem Normalbetrieb der Mitbestimmung. Die Beratungen und Entscheidungen in Betriebsräten, Gesamt- und Konzernbetriebsräten müssen sich durch die Themen und Probleme der EBR-Sitzungen anleiten lassen. Nur so werden sie die europäische Dimension der Interessenvertretung über das dürre institutionelle Gerippe des Europäischen Betriebsrates hinaus verstärken und verstetigen können.

---

330 Vgl. *M. Weiss*, ZIAS 1995, 633 ff., 636.

6. Entwicklungsperspektiven

Bei der Untersuchung möglicher Entwicklungsperspektiven sind zwei Blickrichtungen auseinander zu halten. Mitbestimmung wird sich "in Europa" weiterentwickeln, d. h. in den Diskursen und auf den vielfältigen Beratungs- und Entscheidungsebenen der Europäischen Gemeinschaft. Und diese Entwicklung wird nicht ohne Einfluss auf die Mitbestimmungsordnung in der Bundesrepublik bleiben. Das Schwergewicht der abschließenden Überlegungen wird auf der zweiten Frage liegen.

6.1. Perspektiven für die Mitbestimmung in Europa

Der Entwicklungsverlauf der europäischen Mitbestimmung bietet ein zum vorherrschenden Modus der Rechtsentstehung in Europa gegenläufiges Beispiel für rechtliche *Dekonstruktion* und soziale, normativ abgestützte *Konstruktion*. Alle konstruktiven Bemühungen der an der Rechtsetzung beteiligten Organe der Europäischen Gemeinschaften um einheitliche oder strukturell angeglichene gesellschaftsrechtliche Verfassungen sind – mit bezeichnender Ausnahme der EWIV – an den nationalen Hausgütern der industriellen Beziehungen gescheitert. Auch die vom kodifikatorischen Perfektionismus des SE-Verordnungsvorschlages von 1975 und die dadurch angestrebte allgemeine Geltung *eines* Mitbestimmungsmodells sich abkehrende Wendung zum Angebot einer Modellpalette für die Europäische Aktiengesellschaft ab 1989 sowie die als Entlastungsstrategie konzipierte Politik der gesellschaftsrechtlichen Rechtsangleichung mit Bezug zur Mitbestimmung im Rahmen von Art. 44 (ex-Art. 54) Abs. 3 Buchst. g) EGV ab 1972 sind erfolglos geblieben. Alle Kommissionsvorschläge zur Einführung von Mitbestimmungsmodellen auf europäischer Ebene sind – im Unterschied zu den Vorschlägen zur Regelung der Unterrichtung und Anhörung der Arbeitnehmervertreter (mit Ausnahme des *Vredeling*-Vorschlags) – nach dem eigenen Resümee der EG-Kommission "auf der Strecke geblieben".[331]

Aus den Erfahrungen zur europäischen Mitbestimmung ist die Lehre zu ziehen, dass reine Rechtskonstruktion, die sich allein aus der theoretischen Attraktivität gemeinschaftsweit gleicher oder angeglichener Gesellschafts- und Mitbestimmungsrahmen begründet, vitale Eigeninteressen der Mitgliedstaaten im Hinblick auf ihre industriellen Beziehungen nicht überwinden kann. Die europäische Gemeinschaft ist zwar, nach der bekannten Kennzeichnung von Walter *Hallstein*, eine Rechtsgemeinschaft in dem mehrfachen Sinne, dass sie allein rechtlich – und nicht territorial und kulturell – konstituiert ist, sich vorwiegend mit Hilfe von Recht politisch integriert, in ihrer fortschreitenden Integration rechtsstaatliche, und das heißt auch grund- und menschenrechtliche Basisbedingungen achtet und entwickelt, und sich den spezifischen Konsistenz- und Legitimitätsanforderungen europäischgerichtlicher Kontrolle unterwirft.[332] Aber aus der Grundtatsache einer Rechtsgemeinschaft folgt nicht zwingend Legitimität oder auch nur politische Hinnehmbarkeit für jede beliebige Rechtskonstruktion. Die Thematik der Mitbestimmung eignet sich für abstrahierende Rechtskonstruktion mit dem Anspruch der Vereinheitlichung oder auch nur Angleichung von Recht offenkundig erheblich weniger als andere Themen einer Integration durch Recht. Das dürfte sich nicht nur durch die empirische Wirkung von Traditionen erklären lassen. Traditionen und rechtskulturell gebundene Eigentümlichkeiten der Rolle des Rechts und der Rechtsanwendung finden sich auch in anderen Bereichen, beispielsweise des Verbraucherschutzes oder des individuellen Arbeitsrechts, deren Harmonisierung vergleichsweise wenig Schwierigkeiten aufwirft. Die Erklärung der besonderen Sensibilität der Mitgliedstaaten gegenüber der Regelung der Mitbestimmung dürfte vielmehr in dem *normativen Gehalt* gerade dieser Traditionen liegen. Mitbe-

---

331 Mitteilung der Kommission zur Information und Konsultation der Arbeitnehmer, KOM(95) 547 endg. vom 14.11.1995, S. 5.

332 *Walter Hallstein*, Die Europäische Gemeinschaft, 5. überarbeitete und erweiterte Auflage 1979, S. 53; vgl. *Hans Peter Ipsen*, Europäisches Gemeinschaftsrecht in Einzelstudien, Baden-Baden 1984, 36 f.; *Manfred Zuleeg*, in: Groeben / Thiesing / Ehlermann, Kommentar zum EWG-Vertrag, 4. Aufl, 1991, Artikel 1 Rn. 47; vgl. EuGH 23.4.1986 Rs. 294/83 (*Les Verts*), Slg. 1986, 1339, Ziff. 23; *Ernst Steindorff*, EG-Vertrag und Privatrecht, Baden-Baden 1996, 389.

stimmungsregelungen bilden, wie auch das Beispiel Deutschlands belegen kann, energiehaltige gesellschaftliche Kompromisse, in denen Macht- und Rechtsentscheidungen in bezug auf organisierte verbandliche Auseinandersetzungen um die Steuerung der Entwicklung von Wirtschafts- und Unternehmenspolitik, von Arbeitsmärkten und Beschäftigung, von Eigentum und Erträgnisverteilung, Unternehmerfreiheit und Partizipationsansprüchen der Arbeitnehmer in landesspezifischen Mischungen aus Diskursen, Kämpfen und Verhandlungen zu akzeptablen und damit friedenstiftenden Ergebnissen gebracht worden sind.

Vor dem Hintergrund dieser aus einem Vierteljahrhundert rechtlicher Stagnation[333] zu ziehenden Lehren ist die dekonstruktive Wendung, die die EG-Kommission im Bereich der Mitbestimmung und der Information und Konsultation der Arbeitnehmer eingeleitet hat, folgerichtig und möglicherweise erfolgversprechend. Das Verfahrensangebot, das den gemeinschaftsweit operierenden Unternehmen und Unternehmensgruppen und den in ihnen beschäftigten Arbeitnehmern mit der Richtlinie 94/45/EG seit 1994 gemacht wird, ist im Hinblick auf den rechtlichen Konstruktionsgehalt schwach. Unter den oben gekennzeichneten Merkmalen der Subsidiarität, der Optionalität, der Freiwilligkeit und des prozeduralen Charakters dieser Richtlinie zum Europäischen Betriebsrat bleibt von der in den 70er und 80er Jahren von der EG-Kommission und dem Europäischen Parlament angestrebten inhaltlichen Höhe der Vereinheitlichung sehr wenig. Daraus folgt jedoch nicht zwingend Wirkungsschwäche, sondern veränderte Wirkungsweise. Die fehlende Gestaltungskraft der Rechtskonstruktion muss ersetzt werden durch soziale Praxis auf der Grundlage der schlanken Verfahrensangebote der EBR-Richtlinie. Solche Praxisformen der Arbeitnehmerbeteiligung werden zumindest während einer Übergangszeit sehr unterschiedlich ausfallen, weil sie auf Verträgen beruhen und damit den Partikularismus nationaler Mitbestimmungspraktiken noch einmal auf der Unternehmensebene verstärken.

---

333 Stagniert hat tatsächlich nur die *Rechtsetzung* im Bereich der Mitbestimmung. Gerade in der Tatsache der Stagnation könnte ein wesentlicher Grund dafür zu liegen, dass sich in dieser Zeit ein ungemein starker und differenzierter rechts- und sozialwissenschaftlicher Diskurs in Europa zu Fragen der Europäisierung der Mitbestimmung entwickelt hat. Im Hinblick auf die *wissenschaftliche* Durchdringung der Problematik ist die Blockade auf dem Gebiet der *Rechtsetzung* daher stark förderlich gewesen.

Die Erfahrungen mit den Methoden der EG-Rechtsetzung im Bereich der Mitbestimmung liefern unter rechtstheoretischem Blickwinkel Hinweise dafür, dass das prozedurale Rechtsparadigma auch – und vielleicht in stärkerem Maße als für die nationale Rechtsentwicklung – die vor komplexe inhaltliche Anforderungen gestellte Rechtsetzung der Europäischen Gemeinschaft zu bestimmen begonnen hat. Allerdings wird man das Ursachengefüge hier teilweise anders bestimmen müssen. Es sind weniger die von der Diskurstheorie des Rechts benannten, dem reflexiven Recht des Sozial- und Sicherheitsstaats angemessenen Bedingungen der legitimen Erzeugung und Anwendung von Recht,[334] die zur Dezentralisierung von Rechtsetzungskompetenzen drängen. Für das auf Gemeinschaftsebene zu entwickelnde Recht steht die Notwendigkeit einer akzeptablen Verarbeitung rechtlicher und rechtskultureller Differenzen in bezug auf Regelungsfelder der Mitgliedstaaten im Vordergrund. Die Komplexität, die es hier zu reduzieren gilt, ist daher weniger die quantitative Komplexität entwickelten materialisierten Rechts des Sozialstaats als vielmehr die qualitative Vielfalt rechtlicher Lösungen für gleichartige soziale Probleme in den Mitgliedstaaten.

Ganz sich selbst überlassen wird die soziale Konstruktion europäischer Mitbestimmung auf der Grundlage der Richtlinie zu den Europäischen Betriebsräten allerdings nicht sein. Gegenüber den Gefahren der Entstehung einer Vielfalt eigentümlicher Rechtsformen der Unterrichtung und Anhörung auf der Ebene transnationaler Unternehmen in den Mitgliedstaaten dürften die im Konfliktfall zu mobilisierenden materiellen Mindestanforderungen der EBR-Richtlinie und ihres normativen Bezugsfeldes wirken, wie sich an der Rechtsprechung im Fall Renault 1997 gezeigt hat. Des weiteren wird man auf Beobachtung der Rechtsentwicklung vor allem durch das System des sozialen Dialogs setzen können. Die Ergebnisse dieser Beobachtung werden, da auf einfache Weise in die politische Wahrnehmung der Europäischen Kommission hinein transportierbar, nicht ohne Lernerfolg für weitere Rechtsentwicklung im Bereich der Mitbestimmung bleiben. Und schließlich wird gerade die Partikularität der Vereinbarungen und Praktiken zu Europäischen Betriebsräten über die Selbstbeobachtung dieses Feldes

---

334 *Jürgen Habermas*, Faktizität und Geltung. Beiträge zur Diskurstheorie des Rechts und des demokratischen Rechtsstaats, Zweite Auflage, Frankfurt am Main 1992, 516 ff., 529 f.

einen vielleicht nicht heftigen, aber dauerhaft wirksamen Wettbewerb der Modelle in Gang setzen.

In aller Kürze sei auf fünf, für die weitere Entwicklung der Mitbestimmung auf europäischer Ebene voraussichtlich einwirkende Bedingungen hingewiesen. Die erste ist die konzeptionelle Entscheidung der Rechtsetzung auf Gemeinschaftsebene zwischen einem Optionsmodell und der von *Dreher* in die Diskussion gebrachten "Sockellösung", die einer Mitbestimmung "à la carte" einen einheitlichen, aber niedrig angesetzten Sockel von Mitbestimmungsrechten entgegensetzen will.[335] Eine zweite Systemstelle, an der auf die Bedingungen für die weitere Mitbestimmungsentwicklung in Europa nachhaltig Einfluss genommen werden dürfte, ist der soziale Dialog. Dieser kann auch im Feld der Mitbestimmung zwar nur eine hintergründige, dennoch an Bedeutung offenkundig wachsende Rolle als "Katalysator"[336] spielen und die weitere Entwicklung durch die Ausarbeitung von Bausteinen kollektiven Arbeitsrechts befördern. In dem Maße, in dem sich, angestoßen und koordiniert, vielleicht zum Teil auch realisiert durch den europäischen sozialen Dialog und seine Derivate, kollektiv- oder vielleicht besser verbandsvertragliche Rahmenabkommen herstellen lassen, werden die Anreize für die Organisation von Arbeitnehmerbeteiligung auf Betriebs- wie Unternehmensebene wachsen. An den sozialen Dialog knüpft die dritte Bedingung an, die emergierenden europäischen Tarifverträge. Auch wenn der bisher erreichte Stand von "Rahmenabkommen"[337] von der klassischen Form des obligatorisch und normativ wirkenden Tarifvertrages noch weit entfernt ist,[338] lässt sich nicht übersehen, dass die Verpflichtungsfähigkeit der Sozialpartner auf europäischer Ebene wächst, möglicherweise stärker als ihre interne Durchsetzungsfähigkeit. Auf der Basis spitzenverbandlicher Kontrakte vorangebrachte Module von Mitbestimmung in europäischen Unter-

---

335 *Meinrad Dreher*, Sockellösung statt Optionsmodell für die Mitbestimmung in der Europäischen Aktiengesellschaft?, EuZW 1990, 476-478; vgl. *von Maydell*, AG 1990, 446. *Hopt*, in: FS für Everling, 475 ff. (490) plädiert für Optionen trotz des damit verbundenen Verzichts auf einen gemeinsamen rechtlichen Sockel, weil jene den einzelnen Staaten insgesamt mehr Raum für Experimente belassen.

336 *M. Weiss*, FS für Otto Rudolf Kissel, 1994, 1253 ff.

337 Vgl. das Rahmenabkommen zur Verbesserung der bezahlten Beschäftigungslage im Agrarsektor der Europäischen Union, das den nationalen Sozialpartnern als künftige Verhandlungsgrundlage zugehen soll, "Europe" Nr. 7023 vom 25.7.1997, S. 12.

338 Vgl. *Rolf Birk*, Vereinbarungen der Sozialpartner im Rahmen des Sozialen Dialogs und ihre Durchführung, EuZW 1997, 453-459 (454 f.).

nehmen sind jedenfalls inzwischen nicht mehr undenkbar. Die durch das Maastrichter Sozialabkommen bewirkte Erweiterung der Handlungsbefugnisse der Sozialpartner sowohl auf der europäischen Ebene als auch im Rahmen der Umsetzung von EG-Richtlinien begünstigen diese Entwicklung. Zum vierten wird die Europäisierung der Mitbestimmung beeinflusst werden von den praktischen Ergebnissen der Anwendung der Richtlinie über die Europäischen Betriebsräte. Hier entstehen in Ansätzen zwar zunächst konzerngebundene, über den zu erwartenden Modellwettbewerb aber möglicherweise perspektivisch Standards setzende Grundformen von Mitwirkung und Mitbestimmung der Arbeitnehmer.[339] Fünftens schließlich bleibt abzuwarten, ob und inwieweit sich die Koinzidenz der beschäftigungspolitische Ansätze verstärkenden Regierungswechsel in der EU mit den neuen Vorschlägen der Davignon-Gruppe zur Europäischen Aktiengesellschaft nachhaltig belebend für die Entwicklung der Mitbestimmung in Europa auswirken wird.[340]

6.2. Die Europäisierung der Mitbestimmung in Deutschland

Für eine resümierende Bestimmung des Verhältnisses zwischen Mitbestimmung in Deutschland und Mitbestimmungsentwicklungen in Europa sind zwei Einflussrichtungen auseinander zu halten, die Einflüsse der deutschen Mitbestimmung auf die europäischen Vorstöße und Rechtsetzungen in bezug auf die Arbeitnehmerbeteiligung einerseits, die europäischen Einflüsse auf die deutsche Rechtspraxis der Mitbestimmung andererseits. Die Mitbestimmung auf Unternehmens- und Betriebsebene in der Bundesrepublik ist keineswegs nur Funktion der auf Gemeinschaftsebene gesetzten politischen und rechtlichen Daten mit Bezug zur Mitbestimmung. Sie ist auch, und we-

---

339 Vgl. *M. Weiss*, ZIAS 1995, 633 ff., 636.

340 Entschlossenheit in diese Richtung kündigten jedenfalls die programmatischen Erklärungen der luxemburgischen Präsidentschaft für die zweite Jahreshälfte 1997 an, siehe "Europe" Dokumente Nr. 2046/47 vom 16. Juli 1997, S. 3. Vgl. die Schlussfolgerungen des Rates vom 27. Juni 1997 "für das weitere Vorgehen im Anschluss an die Aussprache über die Rolle der Arbeitnehmer in der Europäischen Aktiengesellschaft (Bericht der Sachverständigengruppe "European Systems of Worker Involvement")", ABl. Nr. C 227/1 vom 26.7.97. Siehe hierzu auch den Bericht von *Bruno Barth*, EuroAS 7-8/1997, S. 97 f.

gen ihrer unbestreitbar hohen Partizipationsqualität vielleicht in besonderem Maße, Referenzordnung für die Weiterentwicklung rechtlicher Mitbestimmungsansätze auf Gemeinschaftsebene. Auch wenn die starken Versuche der 70er Jahre, das deutsche Organkonzept für Aktiengesellschaften und das deutsche System der Unternehmensmitbestimmung nach Europa auszuführen, gescheitert sind, hinterlassen deutsche Konzepte und Elemente der Mitbestimmung ihre Spuren in der einschlägigen Rechtsetzung auf Gemeinschaftsebene, so beispielsweise in der allerdings sehr partikularen Regelung zum Tendenzschutz in § 8 Abs. 3 der EBR-Richtlinie.[341]

Die von der deutschen Mitbestimmung ausgehenden Einflüsse auf europäische Entwicklungen sind, von den erwähnten Ausnahmen abgesehen, schwer zu bestimmen. Sie sollen hier nicht weiter verfolgt werden. Konkretisierung gelingt eher bei der umgekehrten Betrachtung der europäischen Einflüsse auf die Mitbestimmung in Deutschland. Dabei erscheint es sinnvoll, die *operative* Ebene der Einwirkungen von Rückwirkungen auf das Gesamtsystem der deutschen Mitbestimmung zu unterscheiden.

6.2.1. Entwicklungsbedingungen auf der operativen Ebene

Operative Ebene meint hier die Alltagsvollzüge der Mitbestimmung. Die Frage ist, in welcher thematischen Hinsicht, zu welchem Zeitpunkt und in welchem rechtlichen Rahmen können oder müssen Entwicklungen, die im Außenraum der deutschen Mitbestimmung, das heißt an Unternehmensstandorten im europäischen Ausland geplant oder verwirklicht werden oder die sich auf diese auswirken, zum Gegenstand von Verfahren der deutschen Mitbestimmung gemacht werden? Die duale Mitbestimmungsverfassung in der Bundesrepublik Deutschland gebietet die Unterscheidung möglicher Auswirkungen europäischer Rechtsentwicklungen nach den Ebenen des Betriebes und des Unternehmens. Auf beiden Ebenen wird die Grenze der expliziten Berücksichtigungsfähigkeit rasch erreicht. Im Mitbestimmungs-

---

341 Diese Regelung ist auf deutsche Initiative eingefügt worden, vgl. *Wirmer* DB 1994, 2134, 2136; *Kohte* kritisiert die Regelung als "widersprüchlich und mit der Richtlinie nicht vereinbar", siehe seine "Stellungnahme zum Entwurf eines Gesetzes über Europäische Betriebsräte (EBRG-E)" zur Anhörung vor dem Ausschuss für Arbeit und Sozialordnung des Deutschen Bundestages am 17.6.1996, MS., S. 22.
Vgl. *Hermann Blanke*, Europäischer Betriebsrat und Tendenzbestimmung, AiB 1996, 204-208.

gesetz sind alle über den deutschen Rechtsraum hinausweisenden rechtlichen Aspekte unberücksichtigt geblieben und auch der räumliche Geltungsbereich des Betriebsverfassungsgesetzes beschränkt sich nach herrschender Auffassung im Grundsatz auf das Territorium der Bundesrepublik.[342] Das neue deutsche Gesetz über Europäische Betriebsräte (EBRG) vom 28. Oktober 1996 kann diese Geltungsbeschränkung für den Bereich der Betriebsverfassung nur an einzelnen Stellen abwandeln.

a) Betriebsebene

Auf der Ebene der betrieblichen Mitbestimmung hat das Gemeinschaftsrecht die Rechts- und mittlerweile auch Wirklichkeitslage durch die Einführung Europäischer Betriebsräte beziehungsweise des alternativ möglichen Verfahrens zur Unterrichtung und Anhörung der Arbeitnehmer in gemeinschaftsweit operierenden Unternehmen und Unternehmensgruppen nachhaltig umgestaltet. Bisher wenig bekannt ist jedoch, ob und inwieweit die europäischen Mitbestimmungsstrukturen mit der jeweiligen nationalen bzw. lokalen Mitbestimmungspraxis auf Betriebsebene verklammert sind. Für die erfolgreiche Umsetzung des europäischen Mitbestimmungsangebotes in diesem Bereich kommt es auf diese Verzahnung mit der Alltagspraxis von Mitbestimmung entscheidend an.

Europäische Betriebsräte

Ihren konkretesten gesetzlichen Ausdruck hat die Verklammerung europäischer mit mitgliedstaatlichen Beteiligungsrechten in dem am 1. November 1996 in Kraft getretenen Gesetz über Europäische Betriebsräte (EBRG) gefunden. Unter den dort genannten Voraussetzungen können Europäische Betriebsräte in einem auf Freiwilligkeit und vertraglicher Gestaltungsfreiheit, hilfsweise auf dem europarechtlich qualifizierten Recht der Mitglied-

---

342 *Nagel / Riess / Rüb / Beschorner*, Information und Mitbestimmung im internationalen Konzern, 1991, 69. Ebenfalls kritisch hierzu DKK/*Trümner* BetrVG § 1 Rn. 23 ff. mit der Forderung an die Praxis, angesichts zunehmender Auslandsberührung "pragmatische Lösungen" zu finden (Rn. 29). Nach *Fabricius*, GK-BetrVG § 106 Rn. 17, ist das Territorialitätsprinzip für die Frage nach den Anwendungsgrenzen, die sich auf Grund der Beziehungen eines Sachverhalts zu zwei verschiedenen Territorien ergibt, ohne normativen Aussagewert. Es vermöge "als Schlagwort allenfalls eine Rechtslage zu bezeichnen, dagegen weder zur Klärung der Rechtslage noch zur Lösung der Probleme beizutragen".

staaten beruhenden Verfahren errichtet werden. Die Durchsicht des Gesetzestextes unter dem Blickwinkel normativer Verklammerung zwischen mitgliedstaatlichen, d. h. in diesem Falle deutschen betriebsverfassungsrechtlichen Regelungen und grenzüberschreitenden Fragen der Beteiligung der Arbeitnehmer legt eine Unterteilung nach zwei Regelungsthemen nahe. Zur ersten Gruppe von Regelungen gehören die Befugnisse von deutschen Betriebsräten, Gesamtbetriebsräten und gegebenenfalls Konzernbetriebsräten im Zusammenhang mit der *Errichtung* bzw. *Neubesetzung* Europäischer Betriebsräte. Eine zweite Gruppe bilden Regelungen zur Sicherung des *Informationsflusses* zwischen dem Europäischen Betriebsrat und den genannten Organen der Betriebsverfassung.

Zur erstgenannten Gruppe gehören Auskunftsrechte des Betriebsrats oder Gesamtbetriebsrats gegenüber der örtlichen Betriebs- oder Unternehmensleitung bereits im Vorfeld der Errichtung eines Europäischen Betriebsrats[343] und hinsichtlich der Bildung eines besonderen Verhandlungsgremiums und seiner Zusammensetzung.[344] Detaillierte Vorschriften über die Beteiligung der betriebsverfassungsrechtlichen Organe an der Bestellung der inländischen Arbeitnehmervertreter für das besondere Verhandlungsgremium und anschließend sowohl für den vereinbarten als auch für den gesetzlich errichteten Europäischen Betriebsrat enthalten die §§ 11, 18 Abs. 2 und 23 EBRG.

Den Informationsfluss sichern und zugleich unter dem Merkmal der Geheimhaltungsbedürftigkeit kontrollieren sollen die Vorschriften der § 35 Abs. 1 und – mit einer Ausdehnung auf Sprecherausschüsse der leitenden Angestellten – Abs. 2 und § 39 Abs. 2 Satz 3 und 4 EBRG. Dabei reicht § 39 Abs. 3 Nr. 2 und 4 EBRG die Vertraulichkeitsverpflichtung an die Arbeitnehmervertreter im Rahmen eines Verfahrens zur Unterrichtung und Anhörung bzw. an die örtlichen Arbeitnehmervertreter weiter und statuiert zugleich entsprechende Ausnahmen von der Pflicht zur Vertraulichkeit. Eine besondere Unterrichtungs- und Anhörungspflicht trifft die zentrale Leitung gegenüber dem Europäischen Betriebsrat im Falle außergewöhnlicher Umstände, die erhebliche Auswirkungen auf die Interessen der Arbeitnehmer haben (§ 33 Abs. 1 EBRG). Besteht ein Ausschuss nach § 26 Abs. 1

---

343 § 5 Abs. 2 EBRG.
344 §§ 9 Abs. 3, 12, 24 EBRG.

EBRG,[345] so sind im Falle außergewöhnlicher Umstände nach § 33 Abs. 2 Satz 3 EBRG zu den Sitzungen des Ausschusses auch diejenigen Mitglieder zu laden, die für die Betriebe oder Unternehmen bestellt worden sind, die unmittelbar von den geplanten Maßnahmen betroffen sind. Da die für den Europäischen Betriebsrat bestellten deutschen Mitglieder im Regelfall zugleich Mitglieder von Betriebs- bzw. Gesamtbetriebsräten sind, existieren auf dieser Grundlage Informationskanäle auch für den Krisenfall. Der oben dokumentierte Fall Renault kann allerdings die Verallgemeinerbarkeit dieser Annahme empirisch in Frage stellen.

Insgesamt ist die vom Gesetzgeber des EBR-Gesetzes vorgegebene rechtliche Verklammerung zwischen dem Europäischen Betriebsrat und der Betriebsverfassung in der Bundesrepublik normativ schwach, aber prozedural offen. Den detaillierten, aber höchst selten zur Anwendung gelangenden konstitutionellen Vorschriften stehen praktisch wichtige Informationsvorschriften gegenüber, die sich auf eine weder zeitlich noch inhaltlich qualifizierte Berichtspflicht beschränken. Eröffnet wird dadurch ein mitbestimmungspraktisch auszugestaltender Informationsrahmen.

Betriebsverfassung

Der allgemeine Rahmen der deutschen Betriebsverfassung bietet, wenn man von den Sonderregelungen des EBR-Gesetzes absieht, nur wenige, allerdings ausbaufähige Ansatzpunkte für die Einwirkung europäischer bzw. ausländischer Mitbestimmungsthemen auf den Normalbetrieb der betrieblichen Mitbestimmung. Existiert im Unternehmen ein Wirtschaftsausschuss nach § 106 Abs. 1 BetrVG, so hat der Unternehmer diesen nach § 106 Abs. 2 BetrVG rechtzeitig und umfassend über die wirtschaftlichen Angelegenheiten des Unternehmens unter Vorlage der erforderlichen Unterlagen zu unterrichten. Zu den hier genannten wirtschaftlichen Angelegenheiten gehören nach § 106 Abs. 3 BetrVG "insbesondere" zehn Themengruppen, die gegebenenfalls an mehreren Stellen um europäische Fragen anzureichern sind. So können die wirtschaftliche und finanzielle Lage des Unternehmens (Ziff. 1), das Produktions- und Investitionsprogramm (Ziff. 3), Rationalisierungsvorhaben (Ziff. 4), die Einschränkung oder Stillegung von Betrieben oder von Betriebsteilen (Ziff. 6), die Verlegung von Betrieben oder Be-

---

345 Ein solcher Ausschuss ist nach § 26 Abs. 1 EBRG zu bilden, wenn ein Betriebsrat aus neun oder mehr Mitgliedern besteht.

triebsteilen (Ziff. 7), der Zusammenschluss oder die Spaltung von Unternehmen oder Betrieben (Ziff. 8) oder die als Auffangkategorie formulierte Ziff. 10 bezüglich sonstiger Vorhaben, welche die Interessen der Arbeitnehmer des Unternehmens wesentlich berühren, in grenzüberschreitend tätigen Unternehmen eine angemessene Einbeziehung europäischer Auslandssachverhalte gebieten.[346] Nach treffender Bewertung bei *Fabricius* werden durch die gemeinsame Zweckbezogenheit der einzelnen Betriebe, der inländischen wie der ausländischen, normalerweise Wechselwirkungen auch zwischen den betrieblichen Geschehensabläufen bestehen, weshalb eine Unterrichtung über die wirtschaftlichen Angelegenheiten des gesamten Unternehmens geboten erscheint.[347]

Ebenfalls in diesem Sinne europäisierbar ist die Unterrichtungspflicht des Unternehmers in wirtschaftlichen Angelegenheiten gegenüber dem Sprecherausschuss der leitenden Angestellten nach § 32 Abs. 1 SprAuG. Genutzt werden könnte auch die Möglichkeit, Arbeitnehmer der ausländischen Betriebe in den Wirtschaftsausschuss zu berufen.[348]

Von hoher Intensität wird der Beratungs- und Abstimmungsbedarf auch in grenzüberschreitenden Unternehmen mit Sitz in der Bundesrepublik in den Fällen von Betriebsänderungen nach § 111 BetrVG jedenfalls dann sein, wenn solche Betriebsänderungen die Interessen ausländischer Betriebe berühren. Hier sollte es rechtspolitisches Ziel sein, ein nicht effektives Nebeneinander von Informationsregimen gegenüber Betriebs- und Gesamtbetriebsrat einerseits, Europäischem Betriebsrat andererseits zu vermeiden. Zwischen nationaler und mitgliedstaatlicher Unterrichtung und Anhörung koordinierende Regelungen gibt es im geltenden Gesetzesrecht nicht. Sie könnten jedoch Regelungsgegenstand sowohl einer freiwilligen Betriebs- bzw. Gesamtbetriebsvereinbarung nach § 88 BetrVG sein als auch von den Tarifvertragsparteien für die Gruppe der grenzüberschreitenden Unternehmen eingeführt werden.[349]

---

346 Vgl. *Fabricius*, GK-BetrVG § 106 Rn. 29; *Spiros Simitis*, Internationales Arbeitsrecht - Standort und Perspektiven, in: Festschrift für Gerhard Kegel, Frankfurt am Main 1977, 153-186 (179).

347 GK-BetrVG § 106 Rn. 29.

348 Die Zulässigkeit ist bestritten, im Interesse paritätischer Informationsqualität auch in grenzüberschreitenden Unternehmen aber zu bejahen, vgl. DKK / *Däubler* / *Trümner* § 106 Rn. 23-25.

349 Vgl. DKK / *Däubler* § 111 Rn. 134.

Auf der institutionellen Ebene kann es sich als sinnvoll erweisen, betriebliche Mitbestimmungsorgane in der Bundesrepublik in Teilen so zu spezialisieren, dass eine permanente Beobachtung und Auswertung europäischer Entwicklungen im Unternehmen sichergestellt wird. Eine angemessene Form hierfür kann die Bildung eines Europa-Ausschusses im Sinne des § 28 Abs. 1 BetrVG sein, der möglicherweise besser auf der Ebene des Gesamtbetriebsrats[350] oder gegebenenfalls des Konzernbetriebsrats[351] angesiedelt ist. Ein solcher Europa-Ausschuss könnte sich die Herstellung von Kontakten zu entsprechenden Arbeitnehmervertretungen in den ausländischen Betrieben des Unternehmens bzw. der Unternehmensgruppe und die Verstetigung des Informationsflusses zur Aufgabe machen. Hierdurch könnten, ungeachtet der vergleichsweise selten erfüllten Voraussetzungen für die Errichtung eines Europäischen Betriebsrats, die für die Europäisierung der deutschen Mitbestimmung wichtigen kommunikativen und informativen Verbindungen zwischen in- und ausländischen Arbeitnehmervertretungen verstärkt werden.

b)   Unternehmensebene

Auf Unternehmensebene vollzieht sich die Mitbestimmung der Arbeitnehmer in der Bundesrepublik in den Aufsichtsräten, die nach den jeweils einschlägigen Gesellschafts- und Mitbestimmungsgesetzen zu bilden und zusammenzusetzen sind.[352] Europäisierung dürfte sich hier, in einem empirisch genauer zu bestimmenden Maße, in den Diskussionen im Aufsichtsrat über grenzüberschreitende Standort-, Investitions- und Produktionsplanungen niederschlagen. Die territorial bestimmten Geltungsgrenzen der Mitbestimmung sind allerdings auch auf Unternehmensebene rasch er-

---

350 Nach §§ 51 Abs. 1, 28 Abs. 1 BetrVG.
351 Nach §§ 59 Abs. 1, 28 Abs. 1 BetrVG.
352 §§ 6 ff. MitbestG; §§ 3 ff. Montan-Mitbestimmungsgesetz; §§ 5 ff. Montan-Mitbestimmungsergänzungsgesetz; §§ 76, 77 BetrVG 1952; § 25 Abs. 1 Satz 1 Nr. 2 MitbestG (für die GmbH) und Nr. 3 (für Erwerbs- und Wirtschaftsgenossenschaften); siehe auch §§ 95 ff. AktG für die Aktiengesellschaft und §§ 278 ff. AktG für die Kommanditgesellschaft auf Aktien.

reicht.[353] Dass Aufsichtsratsdiskussionen angesichts solcher Geltungsgrenzen der mitbestimmungspraktisch gebotenen Komplexität in bezug auf grenzüberschreitende Sachverhalte gerecht werden können, lässt sich bezweifeln. Auch für die Aufsichtsräte in mitbestimmten Unternehmen ist daher die Möglichkeit funktionaler Spezialisierung in der Form von "Europa-Ausschüssen" zu prüfen. Solche Ausschüsse können im Rahmen der Satzungs- und Organisationsautonomie beispielsweise für europaweit handelnde Aktiengesellschaften nach § 107 Abs. 3 AktG durch den Aufsichtsrat gebildet werden.

Von der Möglichkeit der Bildung von Aufsichtsratsausschüssen wird vielfältiger Gebrauch gemacht. Aus praktischer Erfahrung besteht allgemein Einigkeit darüber, dass die Arbeit des Aufsichtsrats erheblich verbessert werden kann, indem in weitem Umfang Aufgaben auf kleinere Ausschüsse delegiert werden.[354] Traditionelle Aufgabenzuweisungen sind vor allem die des Personalausschusses, des Präsidiums, des Finanz- oder Bilanzausschusses oder gelegentlich des Investitionsausschusses.[355] Neuere Ansätze in der gesellschaftsrechtlichen und betriebswirtschaftlichen Aufsichtsratsdiskussion weisen auf Innovationsbedarf in diesem Feld hin, wie er beispielsweise in der vieldiskutierten Einrichtung von Prüfungsausschüssen zum Ausdruck kommt.[356] Kompetenzerweiterung bzw. Verbesserung bestehender Praxis in Aufsichtsräten wird auch gefordert unter dem Blickwinkel der Überprüfung der strategischen Planung im Unternehmen.[357] Gerade in grenzüberschreitenden Unternehmen mit ihrer besonderen Störanfälligkeit im Hinblick auf Information und Beteiligung von Arbeitnehmern kann die Modernisierung des Ausschusswesens sich nicht auf Prüfung und strategische Planung beschränken. Die Ausdifferenzierung des Aufsichtsrats in die Richtung einer

---

353 Aus der umgekehrten Perspektive der fehlenden rechtlichen Anerkennung ausländischer Gesellschaften mit Sitz im Ausland im deutschen Gesellschaftsrecht wird diese Problematik aufgenommen von *Horst Eidenmüller* und *Gerhard M. Rehm*, Gesellschafts- und zivilrechtliche Folgeprobleme der Sitztheorie, ZGR 1997, 89-114.

354 *Michael Hoffmann-Becking*, Rechtliche Möglichkeiten und Grenzen einer Verbesserung der Arbeit des Aufsichtsrats, in: Internationale Wirtschaftsprüfung. Festschrift zum 65. Geburtstag von Hans Havemann, Düsseldorf 1995, 231-246 (236).

355 *Mertens*, in: Kölner Kommentar zum AktG, 2. Aufl., 1996, § 107 Rn. 94-98

356 Vgl. *Hoffmann-Becking* a. a. O., 238 f., m. w. N.; *Mertens*, in: Kölner Kommentar zum AktG, § 107 Rn. 98.

357 *Horst Albach*, Strategische Unternehmensplanung und Aufsichtsrat, ZGR 1997, 32-40.

kontinuierlichen Befassung mit grenzüberschreitenden Unternehmensentwicklungen wäre eine der tatsächlichen Europäisierung angemessene institutionelle Weiterentwicklung. Nach dem Prinzip einer sach- und relationsgerechten Besetzung der Ausschüsse[358] ist gerade bei einem solchen "Europa-Ausschuss" auf angemessene Beteiligung der Arbeitnehmervertreter zu achten. Als sinnvoll kann sich auch die Möglichkeit der Beiziehung ad hoc von Arbeitnehmervertretern aus planungsbetroffenen ausländischen Betrieben erweisen. Existiert ein Europäischer Betriebsrat, ist Kompetenzüberschneidung zu vermeiden. Unter solchen Bedingungen sollte der oder sollten die beizuziehenden Arbeitnehmervertreter aus dem Europäischen Betriebsrat kommen.

Ein weiterer Ansatz für die Verbesserung der Kontrollfähigkeit des Aufsichtsrats hinsichtlich grenzüberschreitender Unternehmensoperationen liegt in dem ebenfalls wieder stärker diskutierten Mittel des Zustimmungsvorbehaltes im Sinne von § 111 Abs. 4 Satz 2 AktG. Nach dieser Vorschrift kann die Satzung oder der Aufsichtsrat bestimmen, dass bestimmte Arten von Geschäften nur mit seiner Zustimmung vorgenommen werden dürfen. Der Begriff der Geschäfte wird dabei aus dem systematischen Zusammenhang mit § 111 Abs. 4 Satz 1 AktG[359] und aus den funktionalen Anforderungen an die Überwachungsaufgabe des Aufsichtsrats über den Begriff des Rechtsgeschäftes hinaus weit verstanden, so dass sie das gesamte Handeln des Vorstands betreffen.[360] Die durch § 111 Abs. 4 Satz 2 AktG intensivierbare Kontrolle des Aufsichtsrates erfasst die gesamte Vorstandstätigkeit und damit auch das Vorstandshandeln in verbundenen Unternehmen, beispielsweise in eingegliederten oder beherrschten Beteiligungsgesellschaften.[361] In thematischer Hinsicht können Geschäftsführungsmaßnahmen zustimmungspflichtig gemacht werden, wie beispielsweise der Erwerb, die Veräußerung oder die Liquidation von Tochtergesellschaften (Beteiligungsgesellschaften)

---

358 *Mertens,* in: Kölner Kommentar zum AktG, § 107 Rn. 109 ff.

359 Danach können "Maßnahmen der Geschäftsführung" dem Aufsichtsrat nicht übertragen werden.

360 *Marcus Lutter,* Zur Wirkung von Zustimmungsvorbehalten nach § 111 Abs. 4 Satz 2 AktG auf nahestehende Gesellschaften, in: Festschrift für Robert Fischer, Berlin / New York 1979, 419-436 (423); *Mertens* in Kölner Kommentar zum AktG, § 111 Rn. 61.

361 *Lutter* a. a. O., 424 ff., 433 f.; *Heinrich Götz,* Zustimmungsvorbehalt des Aufsichtsrates der Aktiengesellschaft, ZGR 1990, 633-656 (654 f.).

oder die "Veräußerung des Unternehmens oder einzelner Teile davon".[362] Dabei gibt es keinerlei Beschränkung auf nationale Sachverhalte. Sowohl die betriebliche Organisation eines Unternehmens als auch dessen gesellschaftsrechtliche Gliederung können selbstverständlich die Grenzen der Bundesrepublik Deutschland überschreiten und damit europäische Mitbestimmungssachverhalte entstehen lassen.

In den Katalogen typischer Inhalte für Zustimmungsvorbehalte wird in neuerer Zeit erkennbar mehr Wert gelegt auf die Mitwirkung des Aufsichtsrats bei umfassenden und stärker in die Zukunft gerichteten Festlegungen, wie beispielsweise der Verabschiedung der Jahresplanung und Entscheidungen über die Aufnahme oder Aufgabe von Produkten und Geschäftsgebieten.[363] Faktischen Entwicklungen zur Konzernierung folgend liegt es nahe, dass auch die Zustimmungsvorbehalte "konzerndimensional" gefasst sind.[364] In Anbetracht solcher Entwicklungen wird sich in grenzüberschreitenden Unternehmen schwerlich ein durchgreifender Grund dagegen finden lassen, in das konzerndimensionale Verständnis von Zustimmungsvorbehalt auch mitbestimmungsrelevante Fragen europäischer Standort- und Produktionsentscheidungen einzubeziehen.

6.2.2. Entwicklungsmöglichkeiten auf der Systemebene

Auf der Systemebene, das heißt auf der Ebene des Gesamtgefüges von Mitbestimmungsrecht in der Bundesrepublik und seiner künftigen Geltungsbedingungen, stellt sich die Frage, unter welchen Veränderungs- und möglicherweise "Abwertungsdruck" das deutsche Mitbestimmungsrecht auf seinen beiden Handlungsebenen durch sich vollziehende oder sich abzeichnende europäische Entwicklungen geraten kann. Die Frage ist mangels unmittelbar einschlägiger Empirie schwer zu beantworten, die Gefahr projizierender Erwartungen daher gegeben.

Vier Elemente einer Antwort, oder besser der weiteren Suche nach einer Antwort, lassen sich angeben. Zum ersten ist die Einwirkung des europäischen Sozialmodells auf die deutsche Mitbestimmung kein isolierter Vorgang. Alle grundlegenden finanzpolitischen, wirtschaftlichen und unterneh-

---

362 *Lutter* a. a. O., 421; vgl. *Fabricius*, GK-BetrVG § 111 Rn 77.
363 *Hoffmann-Becking* a. a. O., 243.
364 *Hoffmann-Becking* a. a. O., 244.

merischen Handlungsparameter in der Bundesrepublik sind, verstärkt seit Maastricht, in das Konvergenzprogramm der europäischen Wirtschafts- und Währungsunion eingefügt. Davon erfasst sind beispielsweise auch die Autonomiegrade der Tarifpolitik in der Bundesrepublik.[365] Vor diesem Hintergrund ist die Europäisierung der deutschen Mitbestimmung nur ein vergleichsweise kleiner und im übrigen ein vergleichsweise wenig Dramatik bietender Ausschnitt einer insgesamt deutlich verstärkten Europäisierung der Wirtschaft. Auch im Hinblick auf die Mitbestimmung in der Bundesrepublik erscheint vor diesem Hintergrund das aktive Besetzen von rechtlich gestaltenden Positionen auf den verschiedenen Ebenen von Dialog, Verhandlung und Entscheidung in den politischen, gewerkschaftlichen und rechtsetzenden Strukturen der Europäischen Union aussichtsreicher als die Abwehr von Gemeinschaftsrecht, das – der Logik von supranationalen Kompromissen folgend – nicht alle Qualitätsmerkmale des deutschen Mitbestimmungsrechts erreicht. Zum zweiten darf diese strategische Erwägung nicht dazu führen, reale Risiken in Richtung "Delaware" zu übersehen. Recht hat immer auch Standortqualität, auch wenn im Bereich des Arbeitsrechts die empirische Forschung Beispiele für ökomomisch rationale Rechtsvermeidung eher für das individuelle als für das kollektive Arbeitsrecht belegen kann. Die Gefahr von "Delaware" in Europa, d. h. konkret die Gefahr der Erosion des deutschen Mitbestimmungsrechts durch eine SE "light", erscheint allerdings in einem mitbestimmungsrechtlich weiterhin ungeregelten Europa größer als in einer Gemeinschaft mit einem Mitbestimmungsangebot unterhalb oder neben der deutschen Aufsichtsratsmitbestimmung, aber oberhalb freier Differenzen. Zum dritten ist auch bei Rückwirkungen auf die deutsche Systemebene zwischen der Mitbestimmung im Unternehmen und im Betrieb zu unterscheiden. Die Erosionsge-

---

365 Bemerkenswert ist in diesem Zusammenhang die Ziffer 13 der Entschließung des Europäischen Rates über Wachstum und Beschäftigung, die am 16. Juni 1997 in Amsterdam angenommen worden ist, siehe "Europe" Dokumente Nr. 2043 vom 21. Juni 1997, S. 4 ff. (6). Darin ersucht der Europäische Rat "die Sozialpartner, ihrer Verantwortung im Rahmen ihrer jeweiligen Tätigkeitsbereiche voll nachzukommen". Nach der Ziffer 12 derselben Entschließung sollte "mit den Möglichkeiten, die sich den Sozialpartnern durch das in den neuen Vertrag aufgenommene sozialpolitische Kapitel bieten, (sollte) die Arbeit des Rates in Beschäftigungsfragen unterstützt werden". Aus alledem spricht eine tüchtige Indienstnahme der Sozialpartner Europas für eine von Kommission und Rat koordinierte Beschäftigungspolitik.

fahren sind im Unternehmensbereich größer als im Bereich der Betriebe. Erste Erfahrungen mit den Europäischen Betriebsräten lassen für diesen Teilbereich der gemeinschaftsweit operierenden Unternehmen nicht nur keine Gefahren für die deutsche Betriebsverfassung erkennen, sondern im Gegenteil eher Entwicklungsdruck in die Richtung der betrieblichen Partizipationsqualität in der Bundesrepublik. Zum vierten lässt die EG-Rechtspolitik der Subsidiarität und der Kontraktualität auch im Hinblick auf die Mitbestimmung der Arbeitnehmer eine Verstärkung neovoluntaristischer Unternehmensorganisation erwarten. Zu bedenken ist dabei allerdings, dass für diese Entwicklung nur zum Teil die Europäische Gemeinschaft verantwortlich zu machen ist. Einen erheblichen Entwicklungsschub hat Neo-Voluntarismus auf Unternehmensebene im Gefolge der wirtschaftlichen Transformation in den neuen Bundesländern erhalten, weitere Verstärkung ist aus der Reform des deutschen Instituts des Flächentarifvertrages zu erwarten.

7. Ausblick

Die Rechts- und Praxisordnungen der Mitbestimmung der Arbeitnehmer in den Mitgliedstaaten der Europäischen Union werden sich der Europäisierung nicht entziehen können. Ungeachtet möglicher Interessen von Regierungen und Sozialpartnern am nationalen status quo und damit am Schutz vor rechtlicher "Abwertung" oder vor rechtlicher "Aufwertung" des jeweiligen Entwicklungsstandes der Mitbestimmung, ungeachtet auch des Abwehrens überhaupt von Verrechtlichung bislang regelungsarmer industrieller Beziehungen wirkt europäischer Integrationsdruck in die Richtung von Kompromissbildung. Mitbestimmungsrechtliche Kompromisse bedeuten nicht Stillstand der praktischen Entwicklung, sondern Herstellung gemeinsamer Ausgangsbedingungen. Bereits die Herstellung verläuft im Wege eines Prozesses. Dessen Grundlage bilden die partiell anzugleichenden Arbeitsrechtsordnungen der Mitgliedstaaten. Diese werden, durch Regelungsoptionen ebenso wie durch eine Sockellösung, aus ihrem geschlossenen nationalen Geltungsrahmen herausgelöst und in einen nur schwach determinierten Entwicklungszusammenhang eingebracht.

In methodischer Hinsicht erleichtert wird die Kompromissbildung durch den Schwenk der Rechtsetzungspolitik der Europäischen Kommission von geschlossenen, einheitlichen und auf bestimmte Modelle festlegenden materiellen Kodifikationsvorschlägen zu verhandlungsoffenen Wahlmöglichkeiten. Wahlmöglichkeiten bestehen dabei sowohl hinsichtlich der Organverfassung der Europäischen Aktiengesellschaft als auch – wie im Fall der das nationale Aktienrecht angleichenden 5. gesellschaftsrechtlichen Richtlinie – hinsichtlich der Stellung der Arbeitnehmer. Der methodische Ansatz der Optionalität hat zwei Seiten. Er erleichtert das Einarbeiten in die Rechtsordnungen der Mitgliedstaaten. Zugleich erhöht er die Vielfalt der Ergebnisse in der Rechtsanwendung und verschärft dadurch das Problem der Gleichwertigkeit der Modelle.

Die Richtlinie über Europäische Betriebsräte hat in methodischer Hinsicht einen erfolgreichen, wenn auch (vielleicht: weil) kompromissbestimmten Weg für Rechtsetzung und Rechtsanwendung gewiesen. Er besteht in der Dualität zwischen einem verhandlungsoffenen prozeduralen Programm, das den beteiligten Sozialpartnern zur vorrangigen Selbstgestaltung durch Vertrag angeboten wird, und einer subsidiären Regelungsstruktur, die gemeinschaftsweit definierte Mindeststandards bereithält. Über dieses Spannungsverhältnis von Vertragsfreiheit und Regelungszwang kann eine gegebenenfalls auch rechtlich kontrollierbare Entwicklung zur Annäherung von Mitbestimmungsordnungen in Gang gesetzt werden. Erste Konflikterfahrungen mit Europäischen Betriebsräten, beispielsweise im Fall Renault im belgischen Vilvoorde, verweisen auf die Bedeutung einer im Streitfall mobilisierbaren normativen Grundordnung.

Am erfolgreichen Vorbild der Richtlinie über Europäische Betriebsräte haben sich die im Mai 1997 veröffentlichten Schlussfolgerungen der unter dem Vorsitz von *Etienne Davignon* stehenden Sachverständigengruppe "European Systems of Worker Involvement" orientiert. Die Überlegungen zur Arbeitnehmerbeteiligung an der Europäischen Aktiengesellschaft folgen konzeptionell dem dualen Aufbau von vorrangigen Verhandlungen (zwischen den Sozialpartnern) und Auffangregelung. Sie stehen damit im selben Spannungsverhältnis von dezentralen Entwicklungschancen einerseits, unternehmensgebundener Uneinheitlichkeit andererseits. Wie bei den Europäischen Betriebsräten lässt sich jedoch auch hier allmähliche Standardisierung durch kritischen Ergebnisvergleich erwarten. Der Abschlußbericht der Davignon-Gruppe antizipiert in mehrfacher Hinsicht bereits Kompromisse, die besser erst in einem europäischen Rechtsdiskurs gefunden worden wären, weil die Kompromisse dann nicht Anfangs-, sondern Endpunkte bleiben könnten. Dennoch dürfen die Schlussfolgerungen dieser Sachverständigengruppe in mitbestimmungsrechtlicher Hinsicht nicht nur *at face value* genommen werden. Sie setzen, im Zusammenwirken mit sozialpolitisch günstigen Änderungen in der regierungspolitischen Konstellation des Rates, einen wichtigen Entwicklungsanstoß für das Wiederaufgreifen des Projektes Europäische Aktiengesellschaft und damit eines zentralen Bausteins für die rechtliche und soziale Konstruktion der Mitbestimmung der Arbeitnehmer in Europa.

8. Mitbestimmung und Europa - abschließende Überlegungen in Thesen[366]

1)   Drei Jahrzehnte Erfahrungen mit politischen und rechtlichen Versuchen der Angleichung von Arbeitnehmermitbestimmung in Europa belegen, dass die ansonsten zügig verlaufende Europäisierung von Wirtschaft und Unternehmen im Bereich der Mitbestimmung auf besondere Widerstände stößt. Das läßt sich erklären, aber auf Dauer nicht hinnehmen: Anders als die binnenmarktgerechte Entwicklung von Unternehmen beruht die Mitbestimmung auf einem gesellschaftlichen Kompromiss machtvoller gegensätzlicher Interessen. Alle Beteiligten sind daher geneigt, im Interesse des politischen und sozialen Friedens im Grundsatz am status quo der "eigenen" Mitbestimmung festzuhalten.

2)   Die Ansätze einer gemeinschaftsrechtlichen Ausgestaltung der Mitbestimmung in den letzten drei Jahrzehnten stoßen auf Souveränitätsvorbehalte in Form des Einstimmigkeitserfordernisses und auf gegenläufige Interessen und Befürchtungen von EU-Mitgliedstaaten mit "starken" und "schwachen" Mitbestimmungsordnungen. Die Absenkung von Mitbestimmungsstandards im Zuge europäischer Kompromissbildung führt in Ländern mit hohem Ausgangsniveau zu der Sorge, dass Unternehmen in weniger anspruchsvolle Formen ausweichen könnten. Länder mit schwächerer oder fehlender Mitbestimmung hingegen befürchten rechtliche Überforderung und Gefährdung ihres Standorts, wenn Mitbestimmung bei ihnen über europäische Rechtsetzung eingeführt bzw. verstärkt werden würde.

3)   Die Rechtsgeschichte europäischer Mitbestimmung ist auch eine Geschichte von Lernprozessen bei der Rechtsetzung auf Gemeinschaftsebene.

---

366 Bei den folgenden Thesen handelt es sich um überarbeitete und teilweise ergänzte Schlussfolgerungen aus der Expertise "Mitbestimmung und Europa", die der Autor 1997 für das Projekt "Mitbestimmung und neue Unternehmenskulturen" der Bertelsmann-Stiftung und der Hans-Böckler-Stiftung erstellt hat.

Deutlich werden hier Unterschiede zwischen der Rechtsetzung innerhalb eines Mitgliedstaates und den komplizierteren Abstimmungen zwischen 14 oder 15 Rechtsordnungen samt ihren sozialen Gewohnheiten. An die Stelle eines geschlossenen Systems gesetzlich definierter Mitbestimmungsrechte und -gegenstände, wie es die deutsche Mitbestimmungsordnung kennzeichnet, treten unter europäischen Abstimmungsnotwendigkeiten verstärkt offenere Konzepte von Verfahren und Mindestvoraussetzungen. Rechtsmethodisch führt der Weg von der geschlossenen, die Handlungsmöglichkeiten der Beteiligten in den Betrieben und Unternehmen festlegenden Rechtsetzung hin zu einem stärker prozeduralen und ergebnisoffenen Programm. Mitbestimmungsrechtliche Fragen wurden von der EU-Kommission aus dem Statuten-Vorschlag für eine Europäische Aktiengesellschaft (SE: *Societas Europaea*) 1989 ausgegliedert und in Richtlinien eingebracht, die grundsätzlich Mehrheitsverfahren unterliegen. Die ursprüngliche Vorstellung eines einheitlichen Mitbestimmungsmodells für Europa im SE-Statut von 1989 wurde aufgegeben zugunsten einer Auswahl von vier Mitbestimmungsoptionen. Diese gesetzgebungspolitischen Zugeständnisse an die Traditionen der EU-Mitgliedsstaaten lassen die Zweischneidigkeit des Kompromisses erkennen: Optionen können die Bereitschaft von Mitgliedstaaten erhöhen, *überhaupt* europäisch gesetzte Mindestanforderungen an Arbeitnehmermitbestimmung anzunehmen; andererseits bliebe es bei der, wenn auch dann auf vier Modelle begrenzten Vielfalt von Mitbestimmungsregelungen und damit bei fortbestehenden Spannungen zwischen "starken" und "schwachen" Rechtsverfassungen der Arbeitnehmerbeteiligung.

4) Der Bericht der Davignon-Expertengruppe vom Mai 1997 hat dem Prozess neue Impulse gegeben. Er hat das Thema Europäische Aktiengesellschaft in realistischer Form und zu einem günstigen Zeitpunkt erneut auf die Tagesordnung der europäischen Politik gebracht. Fraglich ist, ob der politisch motivierte Konsens des Berichts in der Mitbestimmungsfrage zwischen Repräsentanten der europäischen Arbeitgeber und Arbeitnehmer die alten Widerstände überwinden kann. Die Auffanglinie, z. B. bei der Beteiligungsquote der Arbeitnehmer im Verwaltungs- bzw. Aufsichtsorgan, könnte zu früh und zu niedrig für die politische Kompromissbildung angesetzt sein. Wird bereits im Vorfeld der Kompromissbildung niedrig angesetzt, wächst die Gefahr einer Abwärtsdynamik im europäischen Rechtsangleichungs- und Rechtsetzungsprozess.

5) Die Vorschläge der Davignon-Expertengruppe markieren für die deutsche Unternehmensmitbestimmung einen historischen Wendepunkt. Sie argumentieren nicht mehr aus der positiven wie negativen Bezugsordnung der deutschen Mitbestimmung für die europäische Entwicklung. Faktisch wird die deutsche Mitbestimmung isoliert auf ihre Anwendung in Deutschland. Konzeptionell verliert sie ihre maßstabsbildende Bedeutung. Das setzt die deutsche Mitbestimmungsordnung verstärktem Rechtfertigungsdruck im europäischen Vergleich aus. Unter Rechtswissenschaftlern ist wenig umstritten, dass die gesetzliche Auffangregelung der EU-Richtlinie in den Ländern Europas insgesamt rechtsangleichend wirken wird. Damit kann es für die deutsche Mitbestimmung in der Praxis schwer werden, ihren materiellen Regelungsgehalt und ihre garantierten Beteiligungsquoten für interne und externe Arbeitnehmervertreter in den Aufsichtsorganen der Unternehmen gegenüber den deutlich schlechteren Standards in der europäischen Aktiengesellschaft durchzuhalten. Dennoch erscheint die Gefahr der Erosion der deutschen Mitbestimmung in einem mitbestimmungsrechtlich gänzlich ungeregelten Europa größer als mit einer SE "light", die ein Mitbestimmungsangebot unterhalb oder neben der deutschen Aufsichtsratsmitbestimmung enthält, aber immerhin nicht unterschreitbare Grenzen einzieht.

6) Lehrreich für die weitere Entwicklung von Mitbestimmungslinien in der Europäischen Gemeinschaft ist die Betrachtung der Richtlinie über die Einsetzung eines europäischen Betriebsrats (94/45/EG vom 22. September 1994) und ihrer bisherigen Praxiserfolge. Durch diese Richtlinie wurde die Rechtsentwicklung auf dem Feld der Arbeitnehmerbeteiligung, wenn auch beschränkt auf die tatbestandlichen Voraussetzungen gemeinschaftsweit tätiger Unternehmen und Unternehmensgruppen, kräftig belebt. Kennzeichnend für die Richtlinie ist eine gesetzgeberische Konzeption, die sich bei eigenen, d. h. europaweit vereinheitlichenden Festlegungen zurückhält und stattdessen weitgehend auf die Bereitstellung von Verfahren beschränkt. Die Ausgestaltung der Verfahren wird vorrangig und weitgehend den privaten Parteien der Unternehmensorganisation überlassen. Zum Ausdruck kommt das in dem die EBR-Richtlinie bestimmenden Vorrang freiwilliger Vereinbarungen, der allerdings eingegrenzt wird durch die bereitstehende subsidiäre Anwendung der nationalen Rechtsvorschriften am Sitz der zentralen Unternehmensleitung. Dieser hilfsweise in Kraft tretende Katalog von subsidiären Rechtsvorschriften wird seinerseits für den Fall, dass die jeweiligen nationalen Rechtsvorschriften den im Anhang der Richtlinie nieder-

gelegten Anforderungen nicht genügen, auf einen normativen Mindeststandard angehoben. Hierin liegt ein interessantes, wenn auch aufgrund der ersatzweisen Geltung eher verstecktes Wirken arbeitsrechtlicher Rechtsangleichung. Als ein außerordentlich wirkungsvoller Mechanismus gewissermaßen privater Rechtsdurchsetzung hat die fristgebundene Bestandsschutzregelung für Vereinbarungen gewirkt, die bis zum 22.9.1996 zustande gekommen sind. Die hierin angelegte Ermunterung zur Selbstrechtsetzung in den in Betracht kommenden Unternehmen hat die rasche Verbreitung von EBR-Vereinbarungen befördert und zugleich das Element der Freiwilligkeit verstärkt. Die inhaltliche Güte der Vereinbarungen bleibt genauerer Untersuchung vorbehalten. Diese darf sich nicht auf Wortlautanalysen beschränken, sondern muss auch die durch die EBR-Vereinbarungen in Gang gesetzten praktische Prozesse berücksichtigen.

7) Die Praxis der bereits bestehenden Europäischen Betriebsräte zeigt, dass die Richtlinie die Tendenz zur unternehmens- oder konzernspezifischen Rechtsentwicklung verstärkt und – jedenfalls im ersten Schritt – Partikularisierung der Mitbestimmung im Sinne einer Verstärkung von Unternehmensprofilen bewirkt hat. Den Ton gibt dabei die jeweils "leitende", d. h. die für die zentrale Leitung bestimmende Rechts- und Praxisordnung an. Alle bisher vorliegenden Berichte können belegen, dass der Arbeitsstil Europäischer Betriebsräte, ungeachtet ihrer in nationaler Hinsicht pluralen Zusammensetzung, geprägt wird durch die Informations- und Konsultationspraxis des Mutterunternehmens, die ihrerseits die rechtlichen Traditionen und Erfahrungen im heimischen Mitbestimmungskreis widerspiegelt. Naturgemäß werden solche Wirkungen stärker von den Arbeitnehmervertretern aus den "beherrschten" Unternehmen wahrgenommen als von denjenigen aus den zentralen Leitungsunternehmen selbst.

8) Europäische Betriebsräte können ihre rechtlich vorgegebenen Handlungsmöglichkeiten durch Praxis erweitern. Arbeitnehmervertreter aus allen europäischen Ländern, in denen das Unternehmen tätig ist, können das Forum des Euro-Betriebsrats einschließlich seiner grenzüberschreitenden Kommunikationsmöglichkeiten zum direkten Kontakt mit der zentralen Unternehmensleitung und zu den Repräsentanten der örtlichen Geschäftsführungen nutzen. Das verbessert vor allem die Einflussmöglichkeiten der Arbeitnehmervertreter aus mitbestimmungsrechtlich schwächeren Ländern. Es legt darüber hinaus, personelle Kontinuität im Europäischen Betriebsrat und die Fähigkeit zur Überwindung sprachlicher und kultureller Unterschie-

de vorausgesetzt, Grundlagen für die Entwicklung unternehmensweiter Arbeitnehmerkommunikation und damit für Vorformen funktionsfähiger Mitbestimmung.

9) Entscheidend dafür, dass europäische Betriebsräte dauerhaft als Vorformen europäischer Mitbestimmungsstrukturen wirken können, ist ihre rechtliche und praktische Verkoppelung mit dem Normalbetrieb der Mitbestimmung. Der Wert grenzüberschreitender Informations- und Konsultationspraxis von Arbeitnehmervertretungen für die Reaktionsfähigkeit von Mitbestimmung auch im Hinblick auf scheinbar "lokale" Sachverhalte erschließt sich nicht von selbst. Die Gefahr, dass Europäische Betriebsräte von Belegschaften und nicht beteiligten Arbeitnehmervertretern als internationale Sonderveranstaltungen ohne Praxisbezug wahrgenommen werden, ist nicht von der Hand zu weisen. Verhüten oder jedenfalls vermindern lässt sich ein solches Miss- oder Unverständnis nur durch rasche und deutliche Einbringung der Tätigkeit Europäischer Betriebsräte in die Routineabläufe der betrieblichen und unternehmensbezogenen Mitbestimmung in den beteiligten Unternehmen. Für Deutschland bedeutet dies die Verbindung der Informations- und Beratungspraxis Europäischer Betriebsräte mit der Alltagstätigkeit von Betriebsrat, Gesamtbetriebsrat und ggf. Konzernbetriebsrat einerseits, und mit der von Arbeitnehmervertretern im Aufsichtsrat andererseits. Nur die möglichst enge Verzahnung mit dem Normalbetrieb der Mitbestimmung wird im übrigen auch den Europäischen Betriebsräten auf Dauer ihre Legitimität und Arbeitsfähigkeit erhalten können.

10) Der Fall der Schließung des Renault-Werks im belgischen Villvorde im Frühjahr und Sommer 1997 hat Möglichkeiten und Grenzen des Europäischen Betriebsrats hervortreten lassen. Ein grundsätzlicher Einwand gegen seine Funktionsfähigkeit lässt sich aus diesem Fall nicht gewinnen, wohl aber eine realistischere Beurteilung der Praxisbedingungen. Der durch Art. 13 Abs. 1 der EBR-Richtlinie ausgelöste Boom an "antizipierenden", in ihrem Bestand geschützten Vereinbarungen vor dem 22.9.1996 ist bisher vor allem aus quantitativer Hinsicht und damit tendenziell zu positiv bewertet worden. Der Fall Renault-Vilvoorde hat dem reinen Zählen abgeschlossener Vereinbarungen Fragen nach deren inhaltlicher Qualität entgegengesetzt. Auch eine Rechtsetzung, die dem "prozeduralen Paradigma", d. h. dem Vorrang selbstgestalteter Verfahren und Verhandlungen folgt, benötigt im Bereich der Unterrichtung und Anhörung der Arbeitnehmer ein unverzichtbares Minimum von Wertungen und Rechtsbegriffen, die im Konfliktfall

abforderbar, gerichtlich auslegbar und durchsetzbar sind. Auch die hausge-machten und in ihrem Bestand geschützten EBR-Vereinbarungen können sich einer Überprüfung ihrer inhaltlichen Qualität durch das europäische Gemeinschaftsrecht nicht entziehen. Eine europaweit operierende Unter-nehmensgruppe kann nicht auf die Territorialität des Rechts und damit auf fehlende rechtliche Kontrollbefugnisse in einem anderen Land pochen, wenn durch Entscheidungen der Zentrale eines europaweit tätigen Unter-nehmens tiefgreifende und mitbestimmungsrelevante Wirkungen, wie bei-spielsweise die völlige oder teilweise Stillegung, für Betriebe in einem ande-ren Land, geschaffen werden.

11) Angesichts von Subsidarität, Optionalität, Freiwilligkeit und proze-duralem Charakter der Richtlinie zum europäischen Betriebsrat bleibt von der ursprünglich angestrebten europäischen Vereinheitlichung wenig übrig. Daraus folgt jedoch nicht zwingend Wirkungsschwäche, sondern zunächst nur veränderte Wirkungsweise. Die fehlende Gestaltungskraft der Rechts-konstruktion muss ersetzt oder jedenfalls nachhaltig ergänzt werden durch soziale Praxis auf der Grundlage der schlanken Verfahrensangebote der EBR-Richtlinie. Da eine solche Praxis zumindest während einer Übergangs-zeit wesentlich auf unternehmensindividuellen Verträgen beruht, wird die ohnehin vorhandene Vielfalt im Verständnis und in der Handhabung von Arbeitnehmerbeteiligung in den Mitgliedsstaaten auf Unternehmensebene wachsen. Im übrigen korrespondiert die Kontraktualisierung von Arbeit-nehmermitwirkung auf europäischer Ebene mit Entwicklungen in den deut-schen Arbeitsbeziehungen in Richtung auf eine prozedurale Verflüssigung der betrieblichen Mitbestimmung.

12) Die Richtlinie über Europäische Betriebsräte hat in methodischer Hinsicht einen erfolgreichen, wenn auch (vielleicht: weil) kompromissbe-stimmten Weg für Rechtsetzung und Rechtsanwendung gewiesen. Er besteht in der Wechselwirkung zwischen einem von den Betriebsparteien durch Verhandlungen auszufüllenden prozeduralen Rahmen und einer hilfsweise bereitstehenden Regelungsstruktur mit gemeinschaftsweit definierten Min-deststandards. Über dieses Wechselverhältnis von Vertragsfreiheit und Re-gelungszwang kann in Europa eine auch rechtlich kontrollierbare Annähe-rung von Mitbestimmungsordnungen in Gang gesetzt werden.

13) Bei perspektivischer Betrachtung werden sich die Rechts- und Pra-xisordnungen der Arbeitnehmermitbestimmung in den Mitgliedstaaten der Europäischen Union der Europäisierung nicht entziehen können. Ungeachtet

der Interessen von Regierungen und Sozialpartnern am nationalen status quo und damit am Schutz vor rechtlicher "Abwertung" oder vor rechtlicher "Aufwertung" der jeweiligen Mitbestimmungsordnung wirkt europäischer Integrationsdruck in die Richtung von Kompromissbildung. Mitbestimmungsrechtliche Kompromisse bedeuten nicht Stillstand der praktischen Entwicklung, sondern Herstellung minimaler gemeinsamer Formen und Bedingungen. Bereits diese Herstellung verläuft im Wege eines Prozesses. Dessen Grundlage bilden die unterschiedlichen Arbeitsrechtsordnungen der Mitgliedstaaten. Diese werden in Teilen aus ihrem jeweiligen Geltungsrahmen herausgelöst und in ein Verhältnis praktischer europaweiter Vergleichbarkeit gebracht.

Literatur

Abeltshauser, Thomas E., Der neue Statutsvorschlag für eine Europäische Aktiengesellschaft. Formelle und rechtliche Probleme, Die Aktiengesellschaft (AG) 1990, 289-297
Albach, Horst, Strategische Unternehmensplanung und Aufsichtsrat, ZGR 1997, 32-40

Baade, Hans W., Codes of Conduct for Multinational Enterprises: An Introductory Survey, in: N. Horn (ed.), Legal Problems of Codes of Conduct for Multinational Enterprises, 1980, 407-441
Beckedahl, Erik, Der Europäische Betriebsrat, Dissertation Köln 1996
Behrens, Peter, Das Internationale Gesellschaftsrecht nach dem Centros-Urteil des EuGH, IPrax 1999, 323-331
Behrens, Peter, Gesellschaftsrecht, in: Manfred A. Dauses (Hrsg.), Handbuch des EG-Wirtschaftsrechts (Hdb. EG-WirtschaftsR), Abschnitt E III, Stand November 1996, München 1997
Bercusson, Brian, Maastricht: a fundamental change in European labour law, Industrial Relations Journal 23 (1992), 117-190
Bercusson, Brian / Dickens, Linda, Equal Opportunities and Collective Bargaining in Europe, Dublin 1996
Blank, Michael / Geissler, Sabine / Jaeger, Rolf, Euro-Betriebsräte. Grundlagen - Praxisbeispiele - Mustervereinbarungen, Köln 1996
Blanke, Hermann, Europäischer Betriebsrat und Tendenzbestimmung, AiB 1996, 204-208
Blanpain, Roger, The OECD Guidelines for Multinational Enterprises and Labour Relations. Experience and Mid-Term Report 1979-1982, Deventer 1983
Bleckmann, Albert, Europarecht. 6., neubearbeitete und erweiterte Auflage, Köln, Berlin, Bonn, München 1997
Bonneton, Pascale / Carley, Mark / Hall, Mark / Krieger, Hubert, Überblick über bestehende Vereinbarungen über Unterrichtung und Anhörung in europäischen multinationalen Unternehmen, Luxembourg 1996 (EF/96/10/DE)
Braselmann, Petra, Transnational Law and Multilingualism, in: Volkmar Gessner / Armin Hoeland / Csaba Varga, European Legal Cultures, Aldershot u.a. 1996, 532-538
Brouwer, Bodo F. L., Die Europäische wirtschaftliche Interessenvereinigung (EWIV) in der Praxis, Diplomarbeit, vorgelegt am 14. März 1997 am Studiengang Diplom-

Betriebswirtschaftslehre mit juristischem Schwerpunkt der Carl von Ossietzky Universität Oldenburg (Gutachter. Dr. Joesf Falke, Prof.Dr. Jürgen Taeger)

Buda, Dirk, Auf dem Weg zu europäischen Arbeitsbeziehungen? Zur Perspektive des Sozialen Dialogs in der Europäischen Union, in: Michael Mesch (Hrsg.), Sozialpartnerschaft und Arbeitsbeziehungen in Europa, Wien 1995, 289-319

Bücker, Andreas / Feldhoff, Kerstin / Kohte, Wolfhard, Vom Arbeitsschutz zur Arbeitsumwelt. Europäische Herausforderungen für das deutsche Arbeitsrecht, Neuwied/Kriftel/Berlin 1994

Bundestagsdrucksache 13/4520 vom 6.5.1996 (zum EBR-Gesetz)

Buschak, Willy, EU-Richtlinie zum Europäischen Betriebsrat, AiB 1996, 208-214

Buschak, Willy, Umsetzung der EBR-Richtlinie in nationales Recht, WSI Mitteilungen 8/1996, 519-524

Busse, Gerd / Jürgenhake, Uwe / Kruse, Wilfried, Europäische Gemeinschaft für Kohle und Stahl - Auswirkungen auf Mitbestimmung und Industriepolitik in Europa. Gutachten des Landesinstituts Sozialforschungsstelle Dortmund, Bochum 1994

Carley, Mark / Geissler, Sabine / Krieger, Hubert, European Works Councils in Focus. The contents of voluntary agreements on European-level information and consultation: preliminary findings of an analysis of 111 agreements, European Foundation, Dublin, September 1996

Coen, Martin, Abgestufte soziale Integration nach Maastricht, EuZW 1995, 50-52

Coen, Martin, Vorschläge zur Europa AG - Mitbestimmung, EuroAS 3/1997, 66-67

Däubler, Wolfgang / Klebe, Thomas, Der Euro-Betriebsrat, Arbeitsrecht im Betrieb 1995, 557-574

Däubler, Wolfgang, Grenzüberschreitende Fusion und Arbeitsrecht. Zum Entwurf der Zehnten gesellschaftsrechtlichen Richtlinie, Der Betrieb 1988, 1850-1854

Däubler, Wolfgang, Mitbestimmung - ein Thema für Europa?, Kritische Justiz (KJ) 1/1990, 14-30

Deppe, Frank / Weiner, Klaus-Peter (Hrsg.), Binnenmarkt '92. Zur Entwicklung der Arbeitsbeziehungen in Europa, Hamburg 1991

Deppe, Joachim, Euro-Betriebsräte in deutschen Unternehmen, Personalwirtschaft 1992, 14-18

Diawara-Lindorfer, Maria-Luise, Der soziale Dialog in der EG, WISO 1993, 13-28

Diefenbacher, Hans / Nutzinger, Hans G., Mitbestimmung in Europa. Erfahrungen und Perspektiven in Deutschland, der Schweiz und Österreich, Heidelberg 1991

Dreher, Meinrad, Sockellösung statt Optionsmodell für die Mitbestimmung in der Europäischen Aktiengesellschaft?, EuZW 1990, 476-478

Ebbinghaus, Bernhard / Visser, Jelle, Barrieren und Wege „grenzenloser" Solidarität. Gewerkschaften und Europäische Integration, in: W. Streeck (Hrsg.), Staat und Verbände, Opladen 1994, 223-255

166

Eidenmüller, Horst / Rehm, Gerhard M., Gesellschafts- und zivilrechtliche Folgeprobleme der Sitztheorie, ZGR 1997, 89-114

Fabricius, Fritz / Kraft, Alfons / Thiele, Wolfgang / Wiese, Günther / Kreutz, Peter, Gemeinschaftskommentar zum Betriebsverfassungsgesetz (GK-BetrVG), Band 2: §§ 74-132, 4. Auflage, Neuwied 1990
Figge, Jutta, Mitbestimmung auf Unternehmensebene in Vorschlägen der Europäischen Gemeinschaften, Baden-Baden 1992
Frick, Bernd, Mitbestimmung und Personalfluktuation. Zur Wirtschaftlichkeit der bundesdeutschen Betriebsverfassung im internationalen Vergleich, München und Mering 1997
Fröhlich, Dieter / Pekruhl, Ulrich, Direct Participation and Organisational Change - Fashionable but Misunderstood? An Analysis of Recent Research in Europe, Japan and the USA, European Foundation for the Improvement of Living and Working Conditions, Dublin 1996

Gaul, Björn, Die Einrichtung Europäischer Betriebsräte, NJW 1995, 228-232
Gaul, Björn, Das neue Gesetz über die Europäischen Betriebsräte, NJW 1996, 3378-3385
Geary, John/Sisson, Keith, Conceptualising Direct Participation in Organisational Change - The EPOC Project, European Foundation for the Improvement of Living and Working Conditions, Dublin 1994
Gill, Colin, Participation in Health and Safety Within the European Community, European Foundation for the Improvement of Living and Working Conditions, Dublin 1993
Gleichmann, Karl, Europäische wirtschaftliche Interessenvereinigung, ZHR 149 (1985), 633-650
Gleichmann, Karl, „Europäisches Unternehmensrecht", in: Groeben / Thiesing / Ehlermann, EWG-Vertrag, 4. Auflage, Band 4, Anhang C, 6333 ff.
Göke, Christian, Arbeitsrechtliche Probleme des Richtlinienvorschlages KOM(919) endg. - SYN 219 zur Ergänzung des SE-Statuts im Verhältnis zum deutschen und italienischen Arbeitsrecht, Diss. Münster 1993Götz, Heinrich, Zustimmungsvorbehalt des Aufsichtsrates der Aktiengesellschaft, ZGR 1990, 633-656Grabitz, Eberhard / Hilf, Meinhard, Kommentar zur Europäischen Union (KEU), Stand Oktober 1996Groeben, Hans von der / Thiesing, Jochen / Ehlermann, Claus-Dieter, Kommentar zum EWG-Vertrag. Vierte, neubearbeitete Auflage, Baden-Baden 1991, Bände 1-4
Gundelach, Finn Olav, Mitbestimmung in Europa, Das Mitbestimmungsgespräch 1975, 150-152
Gundelach, Finn Olav, Mitbestimmung in Europa, Das Mitbestimmungsgespräch 1976, 23-29

Habermas, Jürgen, Faktizität und Geltung. Beiträge zur Diskurstheorie des Rechts und des demokratischen Rechtsstaats, Zweite Auflage, Frankfurt am Main 1992
Hallstein, Walter, Die Europäische Gemeinschaft, 5. überarbeitete und erweiterte Auflage 1979

Hauschild, Das Statut für Europäische Aktiengesellschaften, Revue du Marché Commun 1968, 321 ff.

Heidemann, Winfried / Kruse, Wilfried / Paul-Kohlhoff, Angela / Zeuner, Christine, Sozialer Dialog und Weiterbildung in Europa - neue Herausforderungen für die Gewerkschaften, Berlin 1994 (Ed. Sigma)

Heinze, Meinhard, Die Rechtsgrundlagen des sozialen Dialogs auf Gemeinschaftsebene, in: 6. Bonner Europa-Symposion „Der Soziale Dialog in Europa - Entwicklungen und Perspektiven", Sammelband Nr. 67, Bonn 1996, 39-72

Henkel, Hardo, Mitbestimmung der Arbeitnehmer in der Europäischen Gemeinschaft, Das Mitbestimmungsgespräch 1977, 100-102

Hepple, Bob, The Implementation of the Community Charter of Fundamental Social Rights, The Modern Law Review 53 (1990), 643-654

Höland, Armin, Partnerschaftliche Setzung und Durchführung von Recht in der Europäischen Gemeinschaft - Die Beteiligung der Sozialpartner nach dem Maastrichter Sozialabkommen, Zeitschrift für ausländisches und internationales Arbeits- und Sozialrecht (ZIAS) 1995, 425-451

Hoffmann-Becking, Michael, Rechtliche Möglichkeiten und Grenzen einer Verbesserung der Arbeit des Aufsichtsrats, in: Internationale Wirtschaftsprüfung. Festschrift zum 65. Geburtstag von Hans Havemann, Düsseldorf 1995, 231-246

Hohenstatt, Klaus-Stefan, Der Europäische Betriebsrat und seine Alternativen, EuZW 1995, 169-172

Hopt, Klaus J., Arbeitnehmervertretung im Aufsichtsrat, in: Festschrift für Everling, Band 1, Baden-Baden 1995, 475- 492

Hopt, Klaus J., Grundprobleme der Mitbestimmung in Europa, ZfA 1982, 207-235

Horn, Norbert (ed.), Legal Problems of Codes of Conduct for Multinational Enterprises, 1980

Hornung-Draus, Renate, Der europäische soziale Dialog aus der Sicht der deutschen Arbeitgeber, in: 6. Bonner Europa-Symposion „Der Soziale Dialog in Europa - Entwicklungen und Perspektiven", Bonn 1996, 123-140

Ipsen, Hans Peter, Europäisches Gemeinschaftsrecht in Einzelstudien, Baden-Baden 1984

Jaeger, Rolf, Euro-Betriebsräte und Entwicklung transnationaler Kommunikationsstrukturen, WSI Mitteilungen 8/1996, 483-488

Joerges, Christian / Neyer, Jürgen, Constitutionalising the European Polity through the Transformation of Intergouvernmentalist Bargaining into Deliberative Political Processes: An Interdisciplinary Analysis of the Comitology System in the Foodstuffs Sector, MS. Bremen, April 1997

Kahn-Freund, Otto, Collective bargaining and legislation, in: Ius privatum gentium. Festschrift für Max Rheinstein zum 70. Geburtstag am 5. Juli 1969, Band II, Tübingen 1969, 1023-1042

Keller, Berndt, Nach der Verabschiedung der Richtlinie zu Europäischen Betriebsräten, WSI Mitteilungen 8/1996, 470-482

Keller, Berndt, Perspektiven europäischer Kollektivverhandlungen - vor und nach Maastricht, Zeitschrift für Soziologie 24, 1995, 243-262

Kindler, Peter, Niederlassungfreiheit für Scheinauslandsgesellschaften?, NJW 1999, 1993-2000

Klebe, Thomas, Der Euro-Betriebsrat: Zurück aus dem Bermuda-Dreieck?, Arbeitsrecht im Betrieb (AiB) 1994, 515-516

Kölner Kommentar zum Aktiengesetz, Band 2, Zweite Auflage, Köln / Berlin / Bonn / München 1996

Koenig, Christian, Die Europäische Sozialunion als Bewährungsprobe der supranationalen Gerichtsbarkeit, EuR 1994, 175-195

Kohte, Wolfhard, Zum Entwurf eines Gesetzes über Europäische Betriebsräte, EuroAS 7-8/1996, 115-120

Kolvenbach, Walter, Statut für die Europäische Aktiengesellschaft, DB 1988, 1837 ff.

Kolvenbach, Walter, Statut für die Europäische Aktiengesellschaft (1989), DB 1989, 1957-1962

Kolvenbach, Walter, Die Europäische Aktiengesellschaft - eine wohlgemeinte Utopie?, in Festschrift für Theodor Heinsius zum 65. Geburtstag, Berlin / New York 1991, 379-395

Kolvenbach, Walter, Vom „Europäischen Betriebsrat" zum „Europäischen Ausschuß", RdA 1994, 279-284

Kolvenbach, Walter, Neue Initiative zur Weiterentwicklung des Europäischen Gesellschaftsrechts?, EuZW 1996, 229-234

Köpke, Günter, Tendenzen der Kollektivvertragspolitik in Europa, Wirtschaft und Gesellschaft 1993, 477-489

Kraft, Alfons, Betriebliche Mitbestimmung und unternehmerische Entscheidungsfreiheit in der Rechtsprechung des Bundesarbeitsgerichts, in: Festschrift für Rittner, München 1991, 285-302

Krieger, Albrecht, Muß die Mitbestimmung der Arbeitnehmer das europäische Gesellschaftsrecht blockieren?, in: Festschrift für Fritz Rittner zum 70. Geburtstag, München 1991, 303-321

Krieger, Hubert, Mitbestimmung in Europa in den neunziger Jahren. Bestandsaufnahme, Konzepte und Perspektiven, in: Politik und Zeitgeschichte B 13, 1991, 20-34

Kübler, Friedrich, Gesellschaftsrecht, 4., neubearbeitete und erweiterte Auflage, Heidelberg 1994

Kunz, Olaf, Der Entwurf zum Gesetz über Europäische Betriebsräte aus Sicht der IG Metall, AiB 1996, 50-51

Lang, Temple, The Fifth EEC Directive on the Harmonization of Company Law, 12 CMLR 1975, 155-170 (first part) und 345-368 (second part)

Lecher, Wolfgang, Konturen europäischer Tarifpolitik, WSI Mitteilungen 1991, 194-201

Lecher, Wolfgang, Betriebliche Funktionsfähigkeit der französischen und deutschen Arbeitnehmerinteressenvertretung - ein empirisch gestützter Vergleich, in: Industrielle Beziehungen 1 (1994), 179-202

Lecher, Wolfgang, Euro-Betriebsräte: Ein empirisch gestützter deutsch-französischer Vergleich, WSI Mitteilungen 2/1994, 108-116

Lecher, Wolfgang, Supranationale Tarifpolitik: Ihre Möglichkeiten und Grenzen in der Europäischen Union, Internationale Politik und Gesellschaft 1996, 36-46

Lecher, Wolfgang, Forschungsfeld Europäische Betriebsräte, WSI Mitteilungen 11/1996, 710-715

Lecher, Wolfgang, Gewerkschaften und internationale Beziehungen in Frankreich, Italien, Großbritannien und Deutschland - Rahmenbedingungen für die EBR, WSI-Diskussionspapier Nr. 30, Düsseldorf Januar 1997

Lecher, Wolfgang / Nagel, Bernhard / Platzer, Hans-Wolfgang, Die Konstituierung Europäischer Betriebsräte - Vom Informationsforum zum Akteur?, Baden-Baden 1998

Lecher, Wolfgang / Platzer, Hans-Wolfgang, Europäische Betriebsräte: Fundament und Instrument europäischer Arbeitsbeziehungen? Probleme der Kompatibilität von nationalen Arbeitnehmervertretungen und EBR, WSI Mitteilungen 8/1996, 503-512

Lecher, Wolfgang / Platzer, Hans-Wolfgang, Preface, in: dies. (eds.), European Union - European Industrial Relations? Global challenges, national developments and transnational dynamics, 'Routledge' 1997

Lecher, Wolfgang / Platzer, Hans-Wolfgang / Rüb, Stefan u. a., Europäische Betriebsräte. Perspektiven ihrer Entwicklung und Vernetzung, Baden-Baden 1999

Lenz, Carl Otto, EG-Vertrag. Kommentar, 1. Auflage, Köln 1994

Luhmann, Niklas, Rechtssoziologie, 2., erweiterte Auflage, Opladen 1983

Lutter, Marcus, Die Entwicklung des Gesellschaftsrechts in Europa, Europarecht 10 (1975), 44-72

Lutter, Marcus (Hrsg.), Die Europäische Aktiengesellschaft. 2., unveränderte Auflage, Köln u.a. 1978

Lutter, Marcus, Zur Wirkung von Zustimmungsvorbehalten nach § 111 Abs. 4 Satz 2 AktG auf nahestehende Gesellschaften, in: Festschrift für Robert Fischer, hrsg. von Marcus Lutter, Walter Stimpel, Herbert Wiedemann, Berlin / New York 1979, 419-436

Lutter, Marcus, Genügen die vorgeschlagenen Regelungen für eine „Europäische Aktiengesellschaft"?, AG 1990, 413-421

Lyon-Caen, Antoine, La négociation collective dans ses dimensions internationales, Droit Social 4/1997, 352-367

Lyon-Caen, Antoine, Le rôle des partenaires sociaux dans la mise en oeuvre du droit communautaire, Droit Social 1997, 68-74

Manzella, Gian-Paolo, Brèves réflexions relatives au Comité d'entreprise européen, Revue du Marché commun et de l'Union européenne, no. 393, décembre 1995, 647-655

Marginson, P. / Buitendam, A. / Deutschmann, Ch. / Perulli, P., The Emergence of the Euro-Company: Towards a European Industrial Relations, Industrial Relations Journal 24 (1993), 182-190

Markmann, Heinz, Die Rolle der Verbände in der EG, in: R. Wildemann (Hrsg.), Staatswerdung Europas? Optionen für eine Europäische Union, Baden-Baden 1991, 269-283

Maydell, Bernd von, Die vorgeschlagenen Regeln zur Mitbestimmung für eine Europäische Aktiengesellschaft, AG 1990, 442-448

Mayer, Udo R., Richtlinie Europäische Betriebsräte - Harmonisierungsprobleme bei der Umsetzung, Betriebs-Berater 1995, 1794-1798

Merkt, Hanno, Europäische Aktiengesellschaft: Gesetzgebung als Selbstzweck? Kritische Anmerkungen zum Entwurf von 1991, BB 1992, 652-661

Mertens, Volker, Europaweite Kooperation von Betriebsräten multinationaler Konzerne. Das Beispiel des Volkswagen-Konzerns, Wiesbaden 1994

Mesch, Michael (Hrsg.), Sozialpartnerschaft und Arbeitsbeziehungen in Europa, Wien 1995

Meyer-Landrut, Andreas, Die Europäische Wirtschaftliche Interessenvereinigung. Gründungsvertrag und innere Verfassung einer EWIV mit Sitz in der Bundesrepublik Deutschland, Studienreihe Der Betrieb 1988

Mozet, Peter, Beteiligung der Arbeitnehmer auf europäischer Ebene, ZEuP 1995, 552-563

Mozet, Peter, Vereinbarungen über Europäische Betriebsräte, DB 1997, 477-479

Müller, Gloria, Strukturwandel und Arbeitnehmerrechte. Die wirtschaftliche Mitbestimmung in der Eisen- und Stahlindustrie 1945-1975, Essen 1991

Nagel, Bernhard, Erosion der Mitbestimmung und EG-Kommissionsentwürfe zur Europa-AG, Arbeit und Recht 1990, 205-213

Nagel, Bernhard / Riess, Birgit / Rüb, Stefan / Beschorner, Andreas, Information und Mitbestimmung im internationalen Konzern, Baden-Baden 1996

Neumann, Lothar F., Die Idee der Mitbestimmung im Widerstreit konkurrierender Perspektiven, in: Sozialforschung und soziale Demokratie. FS für Otto Blume zum 60. Geburtstag, Bonn 1979, 249-264

Neye, Hans-Werner, Kurzkommentar zu EuGH 9.3.1999 - Rs. C-212/97, ZIP 1999, 438, EWiR 1999, 259

Niedenhoff, Horst-Udo, Mitbestimmung in den Staaten der Europäischen Union, 2., überarbeitete Auflage, Köln 1995

Obradovic, Daniela, Prospects for corporatist decision-making in the European Union: the social policy agreement, Journal of European Public Policy 1995, 261-283

Oppermann, Thomas, Europarecht, 2. Auflage, München 1999

Pipkorn, Jörn, The role of legal harmonization of employee participation methods, in: Workers' participation in an internationalized economy, ed. by B. Wilpert, A. Kudat, Y. Ozkan, Kent (Ohio) 1978, 134-156

Pipkorn, Jörn, The Draft Directive on the Procedures for Informing and Consulting Employees, CMLR 20 (1983), 725-755

Pipkorn, Jörn, Die Mitwirkungsrechte der Arbeitnehmer aufgrund der Kommissionsvorschläge der Strukturrichtlinie und der Richtlinie über die Unterrichtung und Anhörung der Arbeitnehmer, Zeitschrift für Unternehmens- und Gesellschaftsrecht (ZGR) 1985, 567-593

Pipkorn, Jörn, Europäische Aspekte der Informations- und Mitwirkungsrechte der Arbeitnehmer, in: Festschrift für Ulrich Everling, Band 2, Baden-Baden 1995, 1113-1131

Pipkorn, Jörn, Europäische Aspekte der Informations- und Mitwirkungsrechte der Arbeitnehmer, in: Zentrum für Europäisches Wirtschaftsrecht, Vorträge und Berichte Nr. 50, Bonn 1995

Platzer, Wolfgang, Die europäischen Interessenverbände, Jahrbuch der europäischen Integration 1995/96, 269-274

Raiser, Thomas, Die Europäische Aktiengesellschaft und die nationalen Aktiengesetze, in: Festschrift für Johannes Semler zum 70. Geburtstag am 28. April 1983, Berlin / New York 1993, 277-297

Regalia, Ida, Humanize Work and Increase Profitability? Direct participation in organisational change viewed by the social partners in Europe, European Foundation for the Improvement of Living and Working Conditions, Dublin 1995

Sanders, Pieter, Vorentwurf eines Statuts für Europäische Aktiengesellschaften, EG-Kommission, Generaldirektion Wettbewerb, Dezember 1966 = Kollektion Studien Reihe Wettbewerb Nr. 6, 1967, 5

Sandmann, Bernd, Die Euro-Betriebsrats-Richtlinie 94/45/EG. Europäischer Betriebsrat und alternative Verfahren zur Unterrichtung und Anhörung der Arbeitnehmer in transnationalen Unternehmen, Heidelberg 1996

Scherl, Hermann, Arbeitnehmermitbestimmung in der Europäischen Gemeinschaft. Perspektiven einer Angleichung durch eine europäische Sozialpolitik?, in: G. Kleinhenz (Hrsg.), Soziale Integration in Europa I, Berlin 1993, 131-178

Schmidt, Eberhard, Beteiligung an betrieblichen Umweltschutzmaßnahmen (insbesondere Öko-Audits) als Gestaltungsaufgabe für Europäische Betriebsräte in der Chemischen Industrie. Schlußbericht des Projekts für die Hans Böckler Stiftung (Projekt Nr. 95-755-2), 1997

Schmidt, Monika, Der Europäische Betriebsrat, NZA 1997, 180-183

Schulten, Thorsten, Internationalismus von unten: europäische Betriebsräte in transnationalen Konzernen, Marburg 1992

Schulten, Thorsten, "Europäische Betriebsräte" - Stand und Perspektiven einer europaweiten Regulierung der Arbeitsbeziehungen auf der Ebene transnationaler Konzerne, in: Michael Mesch (Hsrg.), Sozialpartnerschaft und Arbeitsbeziehungen in Europa, Wien 1995, 335-363

Schulten, Thorsten, Der „Europäische Betriebsrat" bei Nestlé, Information über Multinationale Konzerne (IMK) 4/96 (hrsg. vom AK Wien), 45-52

Schulten, Thorsten, European Works Councils: Prospects for a New System of European Industrial Relations, European Journal of Industrial Relations, Vol. 2, no. 2, Nov. 1996, 303-324

Schulten, Thorsten,"European Works Councils in Action" - Experiences from the Food Sector. Case Studies on BSN / Danone, Nestlé and Unilever, MS. o.J.

Schuster, Gunnar, Rechtsfragen der Maastrichter Vereinbarung zur Sozialpolitik, EuZW 1992, 178-187

Simitis, Spiros, Internationales Arbeitsrecht - Standort und Perspektiven, in: Internationales Privatrecht und Rechtsangleichung im Ausgang des 20. Jahrhunderts - Bewahrung oder Wende? Festschrift für Gerhard Kegel, hrsg. von Alexander Lüderitz und Jochen Schröder, Frankfurt am Main 1977, 153-186

Simitis, Spiros, Dismantling or Strengthening Labour Law: The Case of the European Court of Justice, European Law Journal, Vol. 2, No- 2, 1996, 156-176

Snyder, Francis (ed.), European Community Law, Volume II, Aldershot / Hong Kong / Singapore / Sidney 1993

Snyder, Francis, The Effectiveness of European Community Law: Institutions, Processes, Tools and Techniques, The Modern Law Review 56 (1993), 19-54

Steindorff, Ernst, EG-Vertrag und Privatrecht, Baden-Baden 1996

Streeck, Wolfgang / Vitols, Sigurt, European Works Councils: Between Statutory Enactment and Voluntary Adoption, WZB, disucssion paper FS I 93-312, Berlin, September 1993

Streeck, Wolfgang, Works Councils in Western Europe: From Consultation to Participation, in: Rogers / W. Streeck (eds.), Works Councils: Consultation, Representation and Co-operation in Industrial Relations, University of Chicago Press 1995

Tegtmeier, Werner, Wirkungen der Mitbestimmung der Arbeitnehmer. Eine sozial-ökonomische Analyse potentieller und faktischer Wirkungen der Mitbestimmung im Unternehmen und im unternehmensexternen Bereich, Göttingen 1973

Teuteberg, Hans-Jürgen, Geschichte der industriellen Mitbestimmung in Deutschland. Ursprung und Entwicklung ihrer Vorläufer im Denken und in der Wirklichkeit des 19. Jahrhunderts, Tübingen 1961

Timmesfeld, Andrea / Sadowski, Dieter, Sozialer Dialog - Die Chancen zur Selbstregulierung der europäischen Sozialparteien, in: V. Eichener und H. Voelzkow (Hrsg.), Europäische Integration und verbandliche Interessenvermittlung, Marburg 1994, 503-527

Traxler, Franz, Entwicklungstendenzen in den Arbeitsbeziehungen Westeuropas - Auf dem Weg zur Konvergenz?, in: Michael Mesch (Hrsg.), Sozialpartnerschaft und Arbeitsbeziehungen in Europa, Wien 1995, 161-214

Traxler, Franz / Schmitter, Philippe C., Perspektiven europäischer Integration, verbandliche Interessenvermittlung und Politikformulierung, in: V. Eichener und H. Voelzkow (Hrsg.), Europäische Integration und verbandliche Interessenvermittlung, Marburg 1994, 45-70

Traxler, Franz / Schmitter, Philippe C., Arbeitsbeziehungen und europäische Integration, in: Michael Mesch (Hrsg.), Sozialpartnerschaft und Arbeitsbeziehungen in Europa, Wien 1995, 231-256

Trojan-Limmer, Ursula, Die Geänderten Vorschläge für ein Statut der Europäischen Aktiengesellschaft (SE). Gesellschaftsrechtliche Probleme, RIW 1991, 1010-1017

Turner, Lowell, Beyond national unionism? Cross-national labor collaboration in the European Community, WZB, FS I 93-203, Berlin 1993

Vagts, Detlef F., Multinational Corporations and International Guidelines, CMLR 18 (1981), 463-474

Wahlers, Henning W., Art. 100a EWGV - Unzulässige Rechtsgrundlage für den geänderten Vorschlag einer Verordnung über das Statut der Europäischen Aktiengesellschaft?, AG 1990, 448-458

Wank, Rolf, Arbeitsrecht nach Maastricht, RdA 1995, 10-26

Weiss, Manfred, Die Bedeutung von Maastricht für die EG-Sozialpolitik, in: Däubler / Bobke / Kehrmann (Hrsg.), Arbeit und Recht, FS für Albert Gnade, Köln 1992, 583-596

Weiss, Manfred, Der soziale Dialog als Katalysator koordinierter Tarifpolitik in der EG, in: Arbeitsrecht in der Bewährung, Festschrift für Otto Rudolf Kissel zum 65. Geburtstag, München 1994, 1253-1267

Weiss, Manfred, Die Umsetzung der Richtlinie über Europäische Betriebsräte, ArbuR 1995, 438-444.

Weiss, Manfed, Europäische Betriebsräte und Konzern - 20 Thesen, Zeitschrift für ausländisches und internationales Arbeits- und Sozialrecht (ZIAS) 1995, 633-639

Weiss, Manfred, Arbeitnehmermitwirkung in der europäischen Gemeinschaft, in: Arbeitsgesetzgebung und Arbeitsrechtsprechung. Festschrift zum 70. Geburtstag von Eugen Stahlhacke, Neuwied/Kriftel/Berlin 1995, 657-673

Weiss, Manfred, "Germany", in: European Works Councils. The Implementation of the Directive in the Member States of the European Union, ed. by Roger Blanpain and Tadashi Hanami, 'Peeters' 1995, 150-163

Weiss, Manfred, Arbeitnehmermitwirkung in der europäischen Gemeinschaft, in: Farthmann / Hanau / Isenhardt / Preis (Hrsg.), Arbeitsgesetzgebung und Arbeitsrechtsprechung. Festschrift zum 70. Geburtstag von Eugen Stahlhacke, 1995, 657-673

Weiss, Manfred, Fundamental Social Rights for the European Union, Sinzheimer Lecture 1996, Hugo Sinzheimer Instituut 1996, 1-28

Weiss, Manfred, The European Community's Approach to Workers' Participation, in: Alan C. Neal & Sten Foyn, Developing the Social Dimension in an Enlarged European Union, University of Oslo 1996, 100-124

Weiss, Manfred, Workers' Participation in the European Union, in: Liber Amicorum Lord Wedderburn of Charlton, ed. by Paul Davies, Antoine Lyon-Caen, Silvana Sciarra and Spiros Simitis, Oxford 1996, 213-235

Weitbrecht, Hansjörg, Entwicklungstendenzen betrieblicher Arbeitsbeziehungen in Deutschland, in: Arbeitsstrukturen im Umbruch, Festschrift für Friedrich Fürstenberg, München 1995, 197-208

Wendeling-Schröder, Ulrike, Grundprobleme der Mitbestimmung in Konzernstrukturen, WSI Mitteilungen 1983, 34-43

Wenz, Martin, Die Societas Europaea (SE). Analyse der geplanten Rechtsform und ihrer Nutzungsmöglichkeiten für eine europäische Konzernunternehmung, Berlin 1993

Westermann, Harm Peter, Tendenzen der gegenwärtigen Mitbestimmungsdiskussion in der Europäischen Gemeinschaft, RabelsZ 48 (1984), 123-184

Wiesner, Peter M., Europäische Aktiengesellschaft im Meinungsstreit, AG 1989, R 2

Wiesner, Peter M., Stand des Europäischen Unternehmensrechts, EuZW 1993, 500-510

Wieshoff, Dieter, Die Europäisierung der Stahlpolitik. Mitwirkungsmöglichkeiten der Arbeitnehmer und Auswirkungen auf die Unternehmensmitbestimmung, in: Rudolf Judith (Hrsg.), 40 Jahre Mitbestimmung: Erfahrungen, Probleme, Perspektiven, Köln 1986, 238-243

Wilpert, Bernhard, Die Harmonisierung nationaler Mitbestimmungsmodelle in Europa, WZB, IIM/pre I 75-68, Berlin 1975

Wilpert, Bernhard, Die Messung von Mitbestimmungsnormen. Darstellung eines international vergleichenden Forschungsansatzes, in: Jahrbuch für Rechtssoziologie und Rechtstheorie Band 7, 1980, 310-327

Windolf, Paul, Mitbestimmung und 'corporate control' in der Europäischen Gemeinschaft, in: M. Kreile (Hrsg.), Die Integration Europas, Sonderheft der PVS, Opladen 1992, 120-142

Wirmer, Anton, Die Richtlinie Europäische Betriebsräte - Ein zentraler Baustein europäischer Sozialpolitik, DB 1994, 2134-2137

Wisskirchen, Alfred, Der Soziale Dialog in der Europäischen Gemeinschaft, in: Die Arbeitsgerichtsbarkeit. Festschrift zum 100jährigen Bestehen des Deutschen Arbeitsgerichtsverbandes, Neuwied / Kriftel / Berlin 1994, 653-677

Wißmann, Hellmut, Die Mitbestimmung der Arbeitnehmer in der Europäischen Aktiengesellschaft (SE), RdA 1992, 320-330

Wunsch-Semmler, Bettina, Entwicklungslinien einer europäischen Arbeitnehmermitwirkung, Baden-Baden 1995

Zuleger, Thomas, Unverzichtbares Element des Europäischen Binnenmarktes - der Europäische Betriebsrat, Arbeit und Sozialpolitik 45, 1991, 9-13